权威·前沿·原创

皮书系列为
“十二五”“十三五”国家重点图书出版规划项目

BLUE BOOK

智库成果出版与传播平台

少数民族发展蓝皮书

BLUE BOOK OF
THE DEVELOPMENT OF ETHNIC MINORITIES

中国少数民族事业发展报告（2019~2020）

ANNUAL REPORT OF THE DEVELOPMENT OF ETHNIC MINORITIES IN CHINA (2019-2020)

主　编／丁　宏　马金生
教育部人文社会科学重点研究基地中央民族大学中国少数民族研究中心
少数民族事业发展协同创新中心

社会科学文献出版社
SOCIAL SCIENCES ACADEMIC PRESS (CHINA)

图书在版编目（CIP）数据

中国少数民族事业发展报告. 2019－2020 / 丁宏，马金生主编. －－ 北京：社会科学文献出版社，2020. 10
（少数民族发展蓝皮书）
ISBN 978－7－5201－7187－8

Ⅰ. ①中…　Ⅱ. ①丁…　②马…　Ⅲ. ①少数民族－民族工作－研究报告－中国－2019－2020　Ⅳ. ①D633

中国版本图书馆 CIP 数据核字（2020）第 159863 号

少数民族发展蓝皮书
中国少数民族事业发展报告（2019～2020）

主　　编 / 丁　宏　马金生

出 版 人 / 谢寿光
责任编辑 / 王　展

出　　版 / 社会科学文献出版社 · 皮书出版分社（010）59367127
地址：北京市北三环中路甲 29 号院华龙大厦　邮编：100029
网址：www. ssap. com. cn
发　　行 / 市场营销中心（010）59367081　59367083
印　　装 / 天津千鹤文化传播有限公司

规　　格 / 开　本：787mm × 1092mm　1/16
印　张：19　字　数：314 千字
版　　次 / 2020 年 10 月第 1 版　2020 年 10 月第 1 次印刷
书　　号 / ISBN 978－7－5201－7187－8
定　　价 / 158. 00 元

本书如有印装质量问题，请与读者服务中心（010－59367028）联系

前　言

国务院《少数民族事业“十二五”规划》指出：少数民族事业，是党和国家坚持与完善民族区域自治制度，加快少数民族和民族地区发展，保障少数民族合法权益，巩固和发展平等、团结、互助、和谐的社会主义民族关系，促进各民族共同团结奋斗、共同繁荣发展的一项综合事业。大力发展少数民族事业，是适应我国多民族基本国情的客观需要，是增进民族团结和维护社会稳定的重要保障，是实现全面建设小康社会战略任务的重要内容。少数民族事业的发展，事关各族群众的福祉，事关社会主义现代化建设的全局，事关国家团结统一和长治久安，具有重大的现实意义和深远的历史意义。

中央民族大学是中国少数民族教育的最高学府，在少数民族事业发展中肩负着历史重任。中央民族大学从建校之初就服务于党和国家的民族团结进步事业，特别是在承担完成民族识别、少数民族社会历史和语言调查等国家重大任务中，在创建中华民族多元一体理论、加快西部地区发展和推动扶持人口较少民族发展等方面，都为中央相关政策的出台做出了不可替代的贡献。2015 年，为贯彻教育部、财政部《关于实施高等学校创新能力提升计划的意见》（简称“2011 计划”）重要精神，按照“国家急需、世界一流”的原则，中央民族大学再次以其民族研究的优势、特色学科为基础，并协同我国在少数民族事业发展领域最具实力、特色的教学、研究与决策咨询机构，包括国家民委民族问题研究中心、国家宗教局、国务院发展研究中心、中国社会科学院世界宗教研究所、中国社会科学院民族学与人类学研究所、西北民族大学、西南民族大学、中南民族大学、北方民族大学及大连民族大学等，组建了“少数民族事业发展协同创新中心”（以下简称中心）。中心聚焦于决定少数民族事业发展的最重要的前沿问题、核心问题，紧紧围绕“铸牢中华民族共同体意识”这条主线，以民族团结进步、共同繁荣发展为目标，建立了“民族团结理论与政策”“和谐民族关系建设”“民族地区经济发展与科技创新”“民族团结教育”“少数民族事业发展信息”五大平台。希望能够通过各协同单位的强强合作，对少数民族事业发展进行战略规划，为国家解决少数民族事业发展问题提供战略咨询、舆论引导、理论贡献、政策献言、学术支持与人才保障。2016年6月，中心通过国家民委的评审和认定。

为进一步增强协同创新能力、凝聚研究力量，2018年5月中心与教育部人文社科重点研究基地中央民族大学中国少数民族研究中心实现合署办公，其发展定位是聚焦民族领域的重大理论与现实问题，围绕民族地区社会稳定、经济文化发展和“一带一路”倡议等国家发展战略开展基础性与实证性对策研究，致力于建成研究促进中国少数民族事业发展的国家一流智库，并为中央民族大学“双一流”建设提供有力支持。

少数民族事业发展是一项伟大的事业，几乎包罗万象，但总结其在中国发展的历史脉络，其核心就是“民族团结进步”。“民族团结”就是处理好民族关系；“民族进步”就是促进民族地区的经济发展和社会发展。民族团结进步了，少数民族事业就得到了最好的发展。这项事业便为中国的强盛、为实现中华民族伟大复兴的“中国梦”做出了巨大贡献。为此，编制年度（每年一本）《中国少数民族事业发展报告》就是从少数民族事业发展的重要性出发，通过对少数民族各项事业发展的梳理，全面展示其成果、发展轨迹、政策导向，并在此基础上提出意见和建议，以此发挥中央民族大学中国少数民族研究中心、少数民族事业发展协同创新中心在少数民族事业发展中的“思想库”与“智囊团”作用，为国家正确处理和有效解决民族问题、不断提升民族事务治理能力和完善民族事务治理体系、促进民族地区社会协调发展和维护边疆地区长治久安等提供政策参考和咨询服务，同时为相关学术研究提供基础信息。

《中国少数民族事业发展报告》迄今已出版四部。本年度发展报告的总报告主要总结了2019年度中国少数民族事业发展的整体情况；分报告则对中国少数民族事业发展的重点领域和热点问题进行了研究和分析。此外，我们还专门设置了城市民族研究专题报告板块，希望围绕城市民族事务发展提出具有建设性的对策建议。本年度的报告将由社会科学文献出版社出版，非常高兴能够加入中国皮书研创这个大家庭，我们也将向编撰皮书的兄弟单位认真学习，取长补短，不断提升皮书的研究质量！

丁　宏　马金生

2020年6月9日

摘 要

本报告是由教育部人文社会科学重点研究基地中央民族大学中国少数民族研究中心、少数民族事业发展协同创新中心联合有关专家、学者共同撰写的2019年度中国少数民族事业发展的年度报告。此前，该报告已连续出版四部。

2019年，我国民族地区深入贯彻落实党和国家的各项民族政策，紧紧围绕“铸牢中华民族共同体意识”这条主线，在各项民族事务工作上都取得了显著成绩。在这一年里，我国民族政策理论获得重大发展，民族社会治理能力取得显著提升，民族社会经济稳步前进，民族地区脱贫攻坚工作取得实质性进展，民族特色旅游日益成为民族地区经济发展的引擎和动力，民族地区社会保障体系不断完善，民族院校智库发展迅速。与此同时，随着国内外形势的复杂化和不稳定因素的增多，民族地区社会经济发展特别是全面实现脱贫依然面临严峻的挑战和压力。2020年，为实现全面决胜小康社会的伟大目标，要继续深化改革、加强政策体制创新，以有效应对各种不确定因素和不可预期的困难。

本报告以相对扎实的调查资料为基础，由总报告、政策理论篇、事业产业篇、专题报告、附录组成。总报告主要总结了2019年度中国少数民族事业发展的主要成绩，分析了民族地区发展面临的问题，提出了2020年少数民族事业发展的若干对策建议。分报告对民族政策理论和实践、民族理论研究热点问题、民族地区脱贫减贫、民族地区畜牧业发展、少数民族高考加分政策、民族地区医疗发展、民族地区殡葬事业发展等议题进行了调查研究。专题报告则主要围绕城市民族发展中的农民工权益、对口援疆和上海城市民族工作进行了研究分析，并分别提出了具有针对性的对策建议。附录则为2019年国内少数民族发展大事记和有关“中华民族共同体意识”的科研信息。

Abstract

The*Development Report of Ethnic Minorities in China* (2019 – 2020) is co-written by experts and scholars from the Center for the Study of Chinese Ethnic Minorities (a Key Research Base of Humanities and Social Sciences of the Ministry of Education of the People's Republic of China) and the Collaborative Innovation Center for Ethnic Minority Development at Minzu University of China. Prior to this, the report has been published continuously for four years.

In 2019, China's ethnic regions thoroughly implemented various policies and achieved remarkable results in ethnic affairs. The policies firmly focused on the main line of "A Sense of Community for the Chinese Nation" . In 2019, China's ethnic policies and theories achieved major development, the governance capacity of ethnic society has been significantly improved, the economy of ethnic society has been progressed steadily, poverty alleviation of ethnic regions has experienced substantial progress; ethnic tourism has increasingly become the engine and power of economic development in ethnic regions, the social security systems in ethnic regions have been continuously improved, the construction of think tanks in ethnic universities developed rapidly. Meanwhile, with the complication of domestic and foreign situations and the increasing number of instability factors, the socio-economic development of ethnic regions, especially the comprehensive realization of poverty alleviation, still faces severe challenges and pressure. In 2020, in order to become a well-off society and to effectively respond to various uncertainties and unexpected difficulties, China should continue to deepen reforms and strengthen innovation in policies and other systems.

Based on survey data, this report is divided into five parts. the main report summarizes the major achievements made in the development of ethnic work in 2019, which also analyzes difficulties and solutions for the development of ethnic regions. The reports of policy and theory, career and industry conducted research on the theories and practices of ethnic policy, hotspot research on ethnic theories, poverty alleviation in ethnic regions, the development of pastoralism in ethnic regions, the National College Entrance Exam Bonus Points Policy for ethnic students, the development of the institutional ethnic medicine service, the development of the funeral industry in ethnic regions, etc. The special reports mainly focused on urban ethnic people, including the rights and interests of ethnic migrant workers, Beijing's Counterpart Support to Xinjiang, and ethnic work in Shanghai. The appendix is a chronicle of the development of ethnic minorities in China in 2019 and the research information about "a sense of community for the Chinese Nation".

目 录

Ⅰ 总报告

Ⅱ 政策理论篇

Ⅲ 事业产业篇

Ⅳ 专题报告：城市民族篇

Ⅴ 附录

皮书数据库阅读**使用指南**

CONTENTS

I General Report

II Reports on Policy and Theory

III Reports on Career and Industry

Ⅳ Research Reports: Ethnic Minorities in Urban Cities

Ⅴ Appendix

总 报 告

General Report

B.1

2019年中国少数民族事业发展报告

马金生 王 丹 文 晖 马衣努·沙那提别克 马 欣*

摘 要： 2019 年，我国民族地区深入贯彻落实党和国家的民族政策，紧紧围绕“铸牢中华民族共同体意识”这条主线，在民族政策理论发展、民族地区脱贫攻坚、城市民族工作推进、民族事务综合治理、民族地区旅游文化产业发展、民族院校智库建设等方面都取得了显著成绩。与此同时，随着国内外不确定因素的增加，民族地区社会经济的发展特别是在全面实现脱贫上依然面临着严峻的挑战和压力。为实现全面建成小康社会的宏伟目标，2020 年格外需要采取强有力的举措予以有效应对。

关键词： 少数民族事业 民族团结进步 脱贫攻坚 全面发展

* 马金生、王丹、文晖、马衣努·沙那提别克、马欣均为教育部人文社会科学重点研究基地中央民族大学中国少数民族研究中心、少数民族事业发展协同创新中心科研人员。

2019年是新中国成立70周年，同时也是决胜全面建成小康社会的关键之年，更是民族工作奋发有为的重要一年。一年来，我国民族地区认真贯彻落实党和国家的民族政策，紧紧围绕“铸牢中华民族共同体意识”这条主线，广泛深入开展民族团结进步教育创建工作，积极推动民族地区经济稳步发展，着力推进民族地区的扶贫脱贫工作，依法管理民族事务，切实维护边疆社会和谐稳定，为推动新时代民族团结进步工作再上新台阶做出了重要贡献。

一　2019年少数民族事业发展的主要成绩

（一）全国民族团结进步表彰大会召开，民族政策理论取得重大进展

2019年以来，各地围绕民族团结进步创建工作，从加强顶层设计、坚持典型引路、创新工作方式上下功夫，促进了民族团结进步制度化、规范化建设，健全了民族团结进步教育常态化机制，进一步丰富了民族团结进步创建工作内涵，构建了民族团结进步创建工作的新格局。一年来，各地结合实际情况，加强顶层设计，充分发挥地方立法对民族团结的引领和保障作用，促进民族团结进步创建工作常态化。甘肃、海南、山东、湖北、吉林、广西等省区纷纷出台开展民族团结进步创建的实施意见，为民族团结进步创建工作提供了制度保障。青海、四川、云南、西藏、吉林等地分别出台了民族团结进步条例，相关立法对依法加强民族事务管理、促进民族地区团结发展发挥了法治保障作用。此外，各地不断创新工作方式，积极运用新媒体丰富创建形式，全方位提升创建工作水平，在民族团结进步创建事业上做出了突出贡献。

2019年9月，全国民族团结进步表彰大会在北京隆重召开。习近平总书记在大会上做重要讲话，首次提出新时代的民族工作要以“铸牢中华民族共同体意识”为主线，高屋建瓴地指出我国“辽阔的疆域是各民族共同开拓的”“悠久的历史是各民族共同书写的”“灿烂的文化是各民族共同创造的”“伟大的精神是各民族共同培育的”。与此同时，习近平总书记在讲话中还着重从坚持准确把握我国统一的多民族国家的基本国情，把维护国家统一和民族团结作为各民族最高利益；坚持马克思主义民族理论中国化，坚定走中国

特色解决民族问题的正确道路；坚持和完善民族区域自治制度，做到统一和自治相结合、民族因素和区域因素相结合；坚持促进各民族交往交流交融，不断铸牢中华民族共同体意识；坚持加快少数民族和民族地区发展，不断满足各民族群众对美好生活的向往；坚持文化认同是最深层次的认同，构筑中华民族共有精神家园；坚持各民族在法律面前一律平等，用法律保障民族团结；坚持在继承中发展、在发展中创新，使党的民族政策既一脉相承又与时俱进；坚持加强党对民族工作的领导，不断健全推动民族团结进步事业发展的体制机制等九个方面对中国共产党成功处理民族问题的基本经验进行了新的总结。

习近平总书记的重要讲话，是对我们党和国家民族政策理论的全新总结和重大发展，也为开展新时期的民族工作提供了新的指引和方向。在这次会议上，党和国家表彰了812名模范个人及665个模范集体，表彰其为我国民族团结进步事业做出的重大贡献。通过表彰先进、弘扬正气，使这些先进典型的事迹和经验得到传播，激励和引领各族人民共同团结奋斗，进一步推进我国的民族团结进步事业。2019年12月，国家民委命名183家单位为第七批“全国民族团结进步示范区（单位）”，充分肯定了它们在民族团结进步创建实践中发挥的示范表率作用，谱写的各民族共同团结奋斗、共同繁荣发展新篇章。

（二）民族地区经济稳定增长，脱贫攻坚成效显著

2019年，民族八省区地区生产总值共为100452.09亿元，占全国的10.14%，比2018年的10.06%比重略有升高。其中贵州增速为8.3%，在全国各省区市中排名第一。云南和西藏紧随其后，均为8.1%。宁夏、青海和新疆增速分别为6.5%、6.3%和6.2%，皆超过全国平均水平。此外，广西的地区生产总值为21237.14亿元，在民族八省区中为最高（见图1）。

2019年，民族八省区第一产业增加值为11801.88亿元，占三次产业增加值的13.01%；第二产业增加值占35.93%；第三产业增加值占51.06%。第三产业增加值增速最快的为西藏，为9.2%（见图2）。

民族八省区2019年一般公共预算收入总额为10716.69亿元，占全国总数190382亿元的5.63%。全国社会消费品零售总额为411649亿元，民族八省区

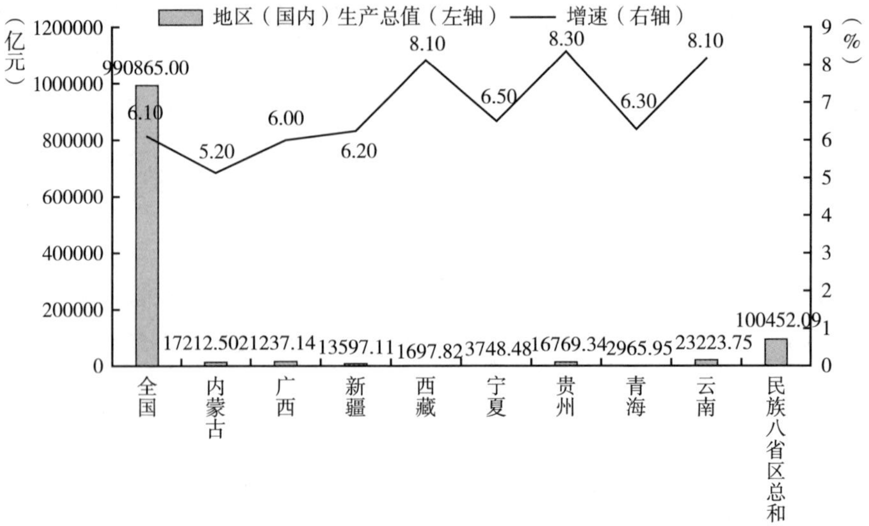

图 1　2019 年民族八省区地区生产总值及增速

资料来源：中华人民共和国 2019 年国民经济和社会发展统计公报、民族八省区 2019 年国民经济和社会发展统计公报。

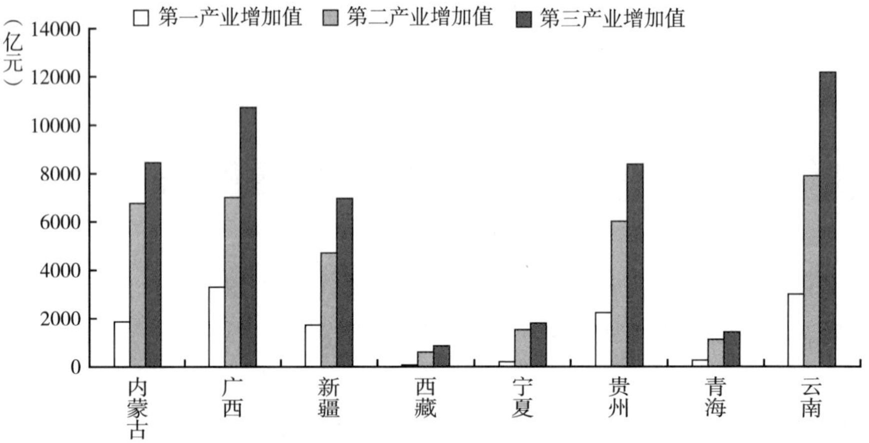

图 2　2019 年民族八省区三大产业增长情况

总额为 34073.2 亿元，占全国的 8.28%，所占比重略有下降。民族八省区全体居民人均可支配收入均低于全国平均水平。其中，云南、青海分别为 19501 元和 20397 元，约为全国平均水平的 2/3。

表1　2019年民族八省区一般公共预算收入、社会消费品零售总额和全体居民人均可支配收入情况

	一般公共预算收入（亿元）	社会消费品零售总额（亿元）	全体居民人均可支配收入（元）
全国	190382.0	411649.0	30733
内蒙古	2059.7	7610.6	30555
广西	1811.89	8873.0	23328
贵州	1767.36	4174.2	23103
云南	2073.53	7539.2	19501
西藏	222.00	649.3	24412
青海	456.85	880.8	20397
宁夏	747.76	984.5	22618
新疆	1577.60	3361.6	22082
民族八省区	10716.69	34073.2	—

资料来源：中华人民共和国2019年国民经济和社会发展统计公报、民族八省区2019年国民经济和社会发展统计公报、国家统计局官方网站公布统计数据。

截至2019年11月底，民族八省区贫困人口从2018年的603万人下降到119万人，累计484万贫困人口实现脱贫，贫困发生率从4%下降到0.79%。2019年，中央财政安排少数民族发展支出方向的专项扶贫资金67.5亿元，安排民贸民品生产贷款贴息20亿元。

表2　民族八省区贫困发生率

省份	贫困发生率（%）	降幅（个百分点）
内蒙古	0.11	11.59
广西	1.2	2.1
贵州	0.85	3.44
云南	1.8	3
西藏	—	—
青海	—	—
宁夏	0.47	2.53
新疆	1.24	5.27

注：统计时间截至2019年12月31日。

资料来源：民族八省区2019年国民经济和社会发展统计公报。

（三）大力推进城市民族服务管理工作，维护城市少数民族合法权益

新时代的城市民族工作，是我国民族工作的重点和难点。特别是城市少数民族流动人口的服务与管理工作更是重中之重的问题。2019 年，各地对少数民族流动人口的服务管理进一步规范化、协作化、智能化与精细化，有力地维护了少数民族流动人口的合法权益，其市民化进程进一步加快。

权益保护，立法先行。各地积极完善政策法规，统筹谋划少数民族流动人口服务管理工作。2019 年 11 月，作为少数民族流入大省，广东省对《广东省散居少数民族权益保障条例》进行了第二次修订。四川省民宗委和大连市通过了关于加强和改进少数民族流动人口服务管理工作的意见或方案。这些举措将推动少数民族流动人口服务管理进一步制度化、规范化。

同时，针对少数民族流动人口的服务管理工作方式不断创新，日益体现出协作化、智能化、精细化的特点。部分地区建立完善的少数民族流动人口“双向对接”的沟通协作机制。如云南省民宗委与浙江省、江苏省民宗委，西安市民宗委与天水市、阿坝藏族羌族自治州、凉山彝族自治州民族工作部门，新疆驻津工作组与天津红桥区民宗委等建立少数民族流动人口流出地、流入地区域协调合作机制，签订相关的跨区域、对口合作协议书。通过有效协作、信息互通，在少数民族的权益保障、纠纷调处、应急处置、维护稳定等方面形成了强有力的工作合力。信息互通有赖于信息管理平台的建设。各地积极优化信息采集工作，探索建立大数据应用程序，既可以实现信息共享，又可以优化服务，为少数民族流动人口提供便民窗口，提供一站式服务。此外，各地还纷纷建立了少数民族流动人口服务站或联络点，集中为后者提供法律援助、政策咨询，解决子女教育、就业创业、住院医疗、住房租赁、食品供应等方面的实际困难，有效提升了少数民族流动人口融入城市的能力。如广州市在重点街道创新建立“两站一队”（少数民族社会服务管理工作站、少数民族法律援助工作站、少数民族志愿者服务队）①；广西壮族自治区建立“13456”立体服务平台，少数民族服务网络体系累计为少数民族群众提供就业创业服务 10.88 万人

① 黄宁生：《不断提升少数民族流动人口服务管理工作水平》，《中国民族报》2019 年 7 月 26 日，第 5 版。

次，解决住（租）房问题6.25万人次，开展技能培训20.92万人次，提供法律咨询2.29万人次，解决近5.14万名随迁子女入学问题。

（四）着力完善民族事务治理体系，全方位推进民族事务依法治理能力

党的十九届四中全会对推进国家治理体系和治理能力现代化做出了重要部署。一年来，各地围绕创新民族治理方式、健全民族法律法规体系、依法依规处理民族事务、进一步强化法制宣传等开展工作，成效显著。

当前民族事务治理面临全球化、城市化、网格化的复杂态势，各地积极创新治理方式，提升治理能力现代化。有的地方针对少数民族流动人口，设立了专门的服务管理机构，如广州市设立来穗人员服务管理局，协调全国各地来穗人员包括少数民族人员的服务管理工作。还有的地方建立涉民族因素的矛盾纠纷监测评价指标。如广东省每年召开一次珠三角城市民族工作联席会议，定期召开涉及民族因素矛盾纠纷的形势分析会，加强省内区域协调联动。此外，还专门制定了《珠江三角洲地区联动处置涉及民族因素矛盾纠纷案（事）件工作方案》，进一步规范联动处置工作要求。① 广西南宁则在市、县（区）均成立应急指挥部，建立了民族工作信息员、民族关系协调员和民族工作专家顾问三支队伍，在预防和依法妥善处理影响民族团结的矛盾纠纷工作中发挥了积极作用。②

依法治理民族事务，是促进民族事务治理现代化的保障。2019年以来，民族法律法规体系不断完善，民族事务治理有法可依。2019年民族地区所新制定或修改多部自治条例、单行条例和补充（变通）条例，自治州共制定或修改40项，与2018年基本持平，其中修改变通（补充）条例3项；自治县共制定或修改38项，比2018年有了大幅增加。在规定的具体内容上，涉及面非常广，包含了立法、生态环境、民族团结进步、语言文字、民族文化、村落古寨、民族教育、气象水文、藏医药等方方面面。民族法律法规体系的完善，为

---

① 黄宁生：《不断提升少数民族流动人口服务管理工作水平》，《中国民族报》2019年7月26日，第5版。

② 姜雯媛：《八桂大地民族花开 邕江两岸谱写新篇——南宁市打造民族团结进步示范品牌纪实》，《中国民族报》2019年9月3日，第4版。

依法有效治理民族事务提供了必要的法律支撑。另外，各地积极提升依法行政水平，不断优化行政决策机制。青海省结合法治政府建设工作要点，健全完善11 项工作制度，依法保障民族宗教领域执法信息公开透明、执法决定合法有效，确保了各级民宗部门依法履行法定职责。此外，各地还通过提供法律服务、举办法治知识竞赛和法治文艺汇演、赠送民族语文类普法书籍等活动，不断提升各族干部群众的法律意识。云南省民宗委深入开展了“中国宪法边境行”活动，推动宪法宣传教育在边境沿线村居实现全覆盖。各地还充分发挥“互联网 +”作用，常态化推送发布群众密切关注的法律知识。四川省阿坝州金川县积极利用新媒体、新平台，盘活抖音官方账号，持续做精、做细、做强普法宣传服务。

少数民族干部队伍建设，也是提升民族事务治理水平的关键。这一年来，各地积极加强培养少数民族干部，一些地方还出台专门文件，对少数民族干部的配置、培养锻炼等方面进行了明确要求。又如四川省广安市建立市县交流培训长效机制，重点培养基层少数民族干部，推动少数民族干部双向交流和提拔任用。

（五）生态保护政策密集出台，助推民族地区绿色产业发展

我国少数民族地区文化资源富集，生态环境良好，有利于从基础设施建设、生态环境保护、生态资源利用等多角度助力民族文化产业与绿色生态经济融合发展。2019 年，《关于建立以国家公园为主体的自然保护地体系的指导意见》《中央生态环境保护督察工作规定》《建立市场化、多元化生态保护补偿机制行动计划》《长江保护修复攻坚战行动计划》《关于统筹推进自然资源资产产权制度改革的指导意见》等政策、规划密集出台，为深入促进生态文明建设提供制度保障，为少数民族文化产业发展创造良好条件。相关政策文件强调在经济发展过程中统筹协调，合理有序开发，成为少数民族文化产业生态优先、绿色发展的有力支撑。少数民族地区践行“绿水青山就是金山银山”的发展理念，积极稳妥推进少数民族文化产业发展，将生态优势转化为经济优势。

2019 年 1 月，在中央农村工作领导小组办公室、农业和农村部、自然资源部、国家发展改革委、财政部联合发布的《关于统筹推进村庄规划工作的

意见》中，明确把加强村庄规划作为实施乡村振兴战略的基础性工作，基本明确集聚提升类、城郊融合类、特色保护类等村庄分类，将历史文化名村、传统村落、少数民族特色村寨、特色景观旅游名村等特色资源丰富的村庄，确定为特色保护类村庄，并按照产业兴旺、生态宜居、乡风文明、治理有效、生活富裕的总要求，通过生态文明建设，打造成各具特色、不同风格的少数民族特色村寨。① 相关举措有力地推动了少数民族文化产业的绿色、科学发展。比如，全国乡村旅游重点村新疆琼库什台村在严格保护生态环境的条件下，通过禁牧、划区轮牧、执行草畜平衡等方式，一方面从事畜牧生产和旅游开发，另一方面加大保护自然资源的力度。广西兴安县高寨村梁家寨依靠“绿色、红色（长征文化）、原色（民族文化）”发展旅游康养产业，将禁伐、禁采、禁渔等环保措施写进村规民约，使生态保护与民生发展相得益彰。云南省继续将推进民族文化生态保护区建设作为民族团结进步示范区建设的重要内容和任务，当前云南有迪庆和大理两个国家级文化生态保护区、66 个省级民族文化生态保护区，争取到2020 年保护区数量达到100 个。

（六）“文旅融合”引擎发力，民族地区旅游业蓬勃发展

2019 年是我国文化部和国家旅游局机构合并重组的关键年份，也是“文化 + 旅游”融合发展的重要阶段。文化和旅游部通过资源普查和研究整合，公示“中国民间文化艺术之乡”“国家公共文化服务体系示范区（项目）”“全国乡村旅游重点村”“国家全域旅游示范区”等重要名单以摸清家底，明确资源界限，厘清资源类型，加强资源管理，找准文化和旅游的融合点，将少数民族文化资源要素转化为旅游产品，推进少数民族文化和旅游的全领域、全方位、全链条融合。在 2018 ~2020 年度“中国民间文化艺术之乡”名单中，蒙古族二人台、安代舞、走马、驯鹿文化、阿斯尔音乐、马头琴音乐，朝鲜族伽倻琴，苗族歌鼟、舍巴日，侗族大歌，布依族马尾绣，彝族歌舞、跳菜、撒尼舞蹈，拉祜族摆舞，藏族藏戏、拉孜堆谐、热贡艺术等少数民族民间文化艺术榜上

① 《五部门联合发文统筹推进村庄规划工作 少数民族特色村寨等被确定为特色保护类村庄》，《中国民族报》http：//www. mzb. com. cn/html/report/190134994 - 1. htm，2019 年 1 月 22 日。

有名。佳木斯市同江市中国同江“赫哲族文化辐射带”项目、湘西土家族苗族自治州民族传统节庆活动、黔东南苗族侗族自治州“千村百节”活跃民族地区群众文化生活项目、那曲市班戈县“乡音乡情”牧区流动文化服务机制、阿里地区噶尔县民间艺术团队伍建设机制等入选第三批国家公共文化服务体系示范区项目。文化和旅游部所代表的政府主体对少数民族文化资源的认定，是少数民族地区进行文旅顶层设计、推动文旅深度融合、实施融合发展行动的重要保障。

民族地区将基础设施建设作为助力当地文化产业跨越式发展的重要条件。2019 年 3 月，延边朝鲜族自治州举行“移动 5G 首发启动会”，满足个性化、多层次的通信服务新需求，加快推动延边州城市群数字经济协同发展。5 月，青海省财政向全省人口较少民族地区下达 11750 万元资金，用于基础设施和基本公共服务设施建设、生态环境保护以及人居环境整治、民族文化传承等领域，进一步补齐了少数民族文化产业和文化事业的发展短板。12 月，敦煌铁路全线开通，结束了甘肃阿克塞哈萨克族自治县和肃北蒙古族自治县不通火车的历史，有助于西北四省区经济往来与交流合作，推进柴达木盆地资源开发，带动西部地区旅游业发展。

2019 年，民族八省区旅游总收入为 3. 07 万亿元①（见表 3），占全国旅游总收入的 46. 3%。此外，民族八省区旅游收入增速均高于全国平均增速，新疆增速更是达到 40. 8%，是全国平均水平的近 4 倍。民族地区旅游业发展迅速，旅游产业已是多地名副其实的主导产业、支柱产业，也成为整个民族地区社会经济发展的动力产业。

表 3　2019 年民族八省区旅游收入情况

单位：万亿元，%

	旅游收入	增速
全国	6. 63	11. 0
内蒙古	0. 47	12. 0
广西	1. 02	34. 4
新疆	0. 36	40. 8

① 统计数据中不包括宁夏和贵州两省区 2019 年旅游收入。

续表

	旅游收入	增速
西藏	0.06	14.1
宁夏	—	—
贵州	—	30.1
青海	0.06	20.4
云南	1.10	22.7
民族八省区	3.07	—

资料来源：民族八省区2019年国民经济和社会发展统计公报。

（七）社会保障工作稳步推进，民生福祉有明显进步

让社会经济发展更多地惠及人民群众、让人人享有公平的社会保障，是党和各级政府“以人民为中心、增进民生福祉”的奋斗目标。自党的十九大以来，党中央对民族地区的民生工作日益重视，民族地区的社会保障工作稳步推进。特别是在各地政府部门扶贫脱贫工作的深入开展下，2019年民族地区的社会保障工作成绩明显。

以最低生活保障为例，在“加大补助”“应保尽保”“提高水平”的原则下，我国城乡居民的受惠人群在持续扩大，最低生活的保障标准也在逐步提升。随着近年来党中央脱贫攻坚工作不断取得实质进展，民族地区的民众收入不断提高，享受社会最低生活保障的人口也发生了显著变化。以城乡居民最低生活保障为例，部分民族地区享受最低生活保障的人口依然在持续增加。如2019年广西壮族自治区共有30.5万人享受城市居民最低生活保障，比2018年增加了18.5万人；247.1万人享受农村居民最低生活保障，比2018年增加了64.9万人。贵州省2019年城市居民最低生活保障人数为48.70万人，比2018年增加了14.9万人。另外，部分民族地区城乡居民享受最低生活保障的人口数量呈现明显减少态势。2019年西藏城镇居民共有2.57万人享受政府最低生活保障，比2018年减少了0.5万人；农村居民共有13.25万人享受政府最低生活保障，比2018年减少了5.5万人；新疆全区2019年共有25万人享受城市最低生活保障，比2018年减少20.9万人；166万人享受农村最低生活保障，比2018年减少35.6万人。青海全省享受城镇最低生活保障人数为6.44万人，

比2018年减少1.2万人；享受农村最低生活保障人数为28.07万人，比2018年减少了1.93万人。相关数据表明在过去的一年中，国家和各地政府在社会保障上做到应保尽保、不断拓展覆盖面的同时，也有部分民族地区人员实现了脱贫，民众生活有了明显改善。

此外，一些民族地区的最低生活保障标准，近年来也在稳步提升。如贵州省2019年月人均保障标准为615元，比上年增长了2.8%；农村年人均保障标准为4103元，比上年增长了5.0%。不仅如此，从民族八省区所发布的统计公报来看，2019年民族地区城乡居民基本养老参保人数、基本医疗参保人数、失业保险人数、工伤保险人数、生育参保人数等也都有明显增加，无不反映了民族地区的社会保障工作不断取得新的进展。

（八）少数民族语言文字工作稳中求进，各项工作取得显著成效

近年来，我国少数民族语言文字工作坚持稳中求进总基调，国家通用语言文字推广普及持续深入，少数民族语言文字规范化、标准化、信息化建设不断加强，少数民族语言保护工作扎实推进。

2019年，教育部委托“三区三州”所在省区以及内蒙古、广西、贵州等中西部省区开展少数民族教师、农村骨干教师国家通用语言文字能力提升示范培训，提高教师国家通用语言文字教育教学水平和应用能力。指导推动地方开展建档立卡贫困人口中的青壮年农牧民、基层干部等普通话示范培训，并与职业教育和技能培训相结合，增强青壮年农牧民学习普通话的针对性、有效性。据统计，2019年，中西部12个省区市培训教师46.3万人次、青壮年农牧民195.8万人次、基层干部21.3万人次，其中包括52个未摘帽贫困县的5200名少数民族教师、农村教师。[①] 在少数民族语言文字信息化建设上，2019年政府及相关企事业单位有计划、有步骤地推动民族语文规范标准建设，在民族文字基础软件、通用软件的研发，统一平台的建设等方面取得了显著成绩。民族语文翻译局成功研发了7个语种的民族语文智能翻译、语音识别和合

① 《2019年中国语言文字工作有哪些“靓”点？这场发布会告诉你》，国家语委科研机构国家语言文字政策研究中心，http://yyzk.shyywz.com/ltt/message!detailMessage.do?id=b40ad521-9625-4005-8d44-0367d9388e0e，2020年6月2日。

成、图像识别系统，以及相关语种民族语文手机输入法、民汉对话通、语音转写通、民汉实时翻译、民汉网页互译等50余款应用软件；搭建了中国民族语文翻译局民族语文在线翻译网，广泛应用于党和国家重大会议、重要文献的翻译，以及新闻宣传、司法工作、双语学习、社会服务等领域。① 此外，2019年也是“中国语言资源保护工程”一期收官之年，共完成1712个点的调查任务，超额完成总体规划的14.3%。在语言服务能力提升上，中央和民族地区各级民族语文翻译机构翻译出版了众多少数民族文字书籍刊物。比如，中共中央宣传部会同国家民族事务委员会，组织中国民族语文翻译局和民族出版社，完成蒙古、藏、维吾尔、哈萨克、朝鲜等5种民族文字版《习近平谈治国理政》第二卷翻译出版工作，为各民族同胞深入学习习近平总书记治国理政的思想提供了便利。②

（九）民族院校智库建设发展迅速，为国家民族事务治理发挥作用

据《中国智库名录》统计，2016年10月底，我国共有各类智库1192家（港澳台地区除外）。其中，高校智库447家，研究范围包括民族问题的高校智库仅有14家，民族院校智库只有2家。③ 近些年来，在国家政策和各地政府部门的推动下，民族院校智库建设有了快速发展。目前，我国民族院校在建的新型智库应不少于25家（见表4）。其中，过半数为协同创新型智库。相关智库多数成立于2012年后，与2011年教育部启动《高等学校创新能力提升计划》（即“2011协同创新计划”）直接相关。为更好地服务于国家的发展战略，2019年民族院校新型智库建设又迈出了新步伐。其中，中央民族大学、西南民族大学分别筹建了“铸牢中华民族共同体意识研究院”和“铸牢中华民族共同体意识研究中心”，正在朝国家级高端智库单位

① 《中国民族语文翻译局举行民族语文智能语音翻译软件发布会暨赠送仪式》，中国民族语文翻译局办公室，http：//www.mzfy.org.cn/news_ detail/newsId＝2121.html，2020年1月10日。

② 《〈习近平谈治国理政〉第二卷少数民族文字版出版发行》，《人民日报》2019年5月31日。

③ 相关数据依据谢寿光、蔡继辉主编的《中国智库名录（2016）》（社会科学文献16第403～409页）所列“类别索引”部分计算得出。

方向积极培育。

从智库发挥的作用来看，近年来各民族院校智库立足于学科优势和现实需求，统筹自身力量与国家政府部门多方互动，通过召开国际性论坛、编撰大型学术书籍、研发核心技术、承接部门课题、撰写研究内参等多种途径，为国家有效处理和解决民族问题、不断提升民族事务治理能力和完善民族事务治理体系、促进民族地区社会协调发展以及维护边疆地区长治久安提供政策参考和咨询服务。如中央民族大学中国少数民族研究中心、少数民族事业发展协同创新中心与教育部《高校智库专刊》民族宗教编辑室联合推出了《民族宗教调研内参》。内参文章围绕民族宗教工作中的前沿与热点难点问题，向政府有关部门、决策机构以及研究单位报送调研报告及研究成果，为党和国家提供咨询和政策参考。西南民族大学青藏高原生态畜牧业协同创新中心长期围绕青藏高原生态畜牧业建设开展重大项目攻关，针对青藏高原三江源地区植被退化严重、生态治理技术薄弱和生态牧畜业发展滞后等问题，系统研发和集成了退化草地生态恢复重建技术，有效地支撑了三江源生态保护工程。云南民族大学民族团结进步协同创新中心聚焦于民族团结进步主线，在总结云南民族团结进步、边疆繁荣稳定地方性经验的基础上，探索能在国家层面推广的民族工作新思维、新理论，可用于指导全国民族工作具体实践。中南民族大学武陵山片区减贫与发展协同创新中心聚焦武陵山片区经济社会发展中的突出问题，形成了大量有价值的研究成果。其他民族院校智库建设也有着各自的成绩，限于篇幅不再赘述。

表4　我国主要民族院校智库建设情况

序号	牵头高校	名　称	成立时间(年)
1	中央民族大学	中国少数民族研究中心	2000
2		少数民族事业发展协同创新中心	2015
3		马克思主义与民族团结教育协同创新中心	2016
4		铸牢中华民族共同体意识研究院	2019
5	中南民族大学	武陵山片区减贫与发展协同创新中心	2015
6		湖北全面小康建设研究院	2016
7	西南民族大学	青藏高原生态畜牧业协同创新中心	2015
8		铸牢中华民族共同体意识研究中心	2019

续表

序号	牵头高校	名　称	成立时间(年)
9	西北民族大学	中华多民族文化遗产与文化凝聚协同创新中心	2014
10		甘肃省民族信息技术协同创新中心	2014
11		甘肃省宗教问题研究智库	2017
12	北方民族大学	科学计算与智能信息处理协同创新中心	2013
13		风光发电及自动化技术协同创新中心	2013
14	云南民族大学	民族团结进步协同创新中心	2015
15		云南扶贫开发研究院暨云南扶贫大数据中心	2016
16	广西民族大学	民族法与区域治理研究协同创新中心	2014
17		中华民族共同体研究院	2019
18	贵州民族大学	多彩贵州文化协同创新中心	2013
19		社会建设与反贫困研究院(反贫困)	2013
20	湖北民族大学	武陵山民族文化与旅游产业发展协同创新中心	2012
21	青海民族大学	中亚－土库曼斯坦研究中心	2015
22		藏传佛教与喜马拉雅山地国家研究中心	2015
23	内蒙古民族大学	生态文明与绿色发展研究院	2019
24		内蒙古社会主义核心价值观研究基地	2014
25	西藏民族大学	西藏文化传承发展协同创新中心	2013

二　2019年少数民族事业发展面临的主要问题

2019年，在党中央坚强有力领导下，民族地区奋发有为，少数民族事业发展取得了可喜的成绩，但受全球化、城市化等因素的影响，我国的民族工作面临的新情况、新形势越来越复杂，对民族治理体系和治理能力的要求也越来越高。2020年，我国的民族事务工作仍然需要面对一些挑战和压力。

（一）民族团结进步教育事业仍有待进一步加强

民族团结进步教育事业，是坚持各民族团结奋斗、共同繁荣发展的民族工作主题的内在要求。目前，在民族团结进步教育事业上，依然存在一些须继续推动破解的难题。比如，目前我国《民族区域自治法》的配套法规建设进展还不够平衡、社会主体参与民族事务治理的机制还有待建立完善、参与民族事务治理的途径和形式还要不断探索、现实工作中重政策轻法治问题在个别地区依然比较突出。此外，在铸牢中华民族共同体意识、推动民族团结进步教育事业上，一些地方的宣传教育形式依然比较单一，群众参与面不够广泛，宣传教育工作流于形式，难以深入人心。有的地方未结合当地实际情况，对实际影响民族团结进步的“热点”“难点”问题了解不够，创建主题不明显，工作缺乏针对性、创新性。还有部分地方重部署轻落实，缺乏细化创建方案，部门之间缺乏协调配合。上述问题的存在，都在一定程度上制约着民族团结进步教育事业向纵深发展。

（二）民族地区脱贫攻坚形势依然比较严峻

近些年来，各级政府对民族地区的基础设施投入不断增加，但与中东部地区相比，基础设施仍是制约和影响民族地区脱贫攻坚战略实施及全面建成小康社会的重要瓶颈。特别是在道路建设、电力供应、水利设施、移动通信等方面，均存在不少短板。此外，民族地区产业结构调整和支柱产业培育发展面临挑战。受自然和历史条件等因素的制约，大多数民族地区的经济结构和产业结构比较单一，很多民族地区没有支柱产业，经济发展得不到保障，也就缺乏长期稳定的收入来源。民族地区是国家脱贫攻坚的主战场和硬骨头，脱贫攻坚任务最艰巨的“三区三州”深度贫困地区基本在民族地区。截至2019年底，全国还剩下5%左右的贫困人口没有脱贫、10%左右的贫困县没有摘帽。到2020年全面建成小康社会，民族地区脱贫形势严峻，压力依然巨大。

（三）城市少数民族权益保障机制须进一步健全

在城市民族工作取得一系列新进展的同时，也要看到城市民族工作还面临不少困难、挑战，部分问题甚至可能将长期存在。特别是随着少数民族流动人口的大幅增加，相关问题越发凸显。如政策法规的缺位使城市少数民族权益保障的法治基础不够牢固；城市基本公共服务供给不足，有些少数民族流动人口在实现权益上面临很多困难，特别体现在子女教育、劳动就业、社会保障、医疗服务等方面，少数民族同胞的“市民化”进程受阻；城市民族服务管理的协调配合机制也不尽完善，“不敢管”“不会管”等情况依然存在，涉民族因素矛盾纠纷时有发生。类似问题一旦处理不当，都会影响民族团结和稳定大局。

（四）文化旅游产业可持续发展动力不足

现代文化产业属于一种知识较为密集、环境污染小、资源能耗低的绿色产业，具有可持续发展的鲜明特征。不过，文化产业亦是一把双刃剑，在给民族地区带来经济效益和社会效益的同时，也可能对当地生态环境造成一定程度的破坏。如果不遵循客观规律，对少数民族地区的自然资源和文化资源进行盲目开发改造，便会对自然生态和人文生态造成双重影响。目前，我国少数民族地区的文化资源尚未得到充分开发和利用，文化产业发展还没有深入挖掘民族文化内核和特色元素，产业化融合程度相对较低，科技创新能力相对较弱，暂未形成规模化、高效益的文化产业体系。部分少数民族文化产业在开发过程中也程度不同地存在破坏生态环境的不良现象，尤为体现在旅游文化资源的不理性开发上。部分地方为了经济利益和政绩，在没有科学规划的前提下盲目开发，严重破坏自然生态环境，忽视对民族文化个性特质的保护。比如在旅游资源利用过程中，景区环境污染严重，表现为水污染、空气污染、噪声污染等，景区卫生状况差，景区超规模、超负荷接待游客等，对生态条件较为脆弱的少数民族地区造成不可逆的影响。

（五）社会保障总体水平依然较低

由于历史欠账多、整体基础薄弱，民族地区的社会保障工作近年来虽然进步明显，但也面临着挑战和压力。一方面，随着扶贫、脱贫工作的推进，民族地区经济社会取得了较为快速地进步，但是整体上民族地区相对落后的面貌依然未改变，深度贫困人口主要集中在民族地区的现实也并未改变。个别地区由于是吃饭财政，根本没有多余的经费用来投入社会保障事业，只能依靠中央的财政转移支付。另一方面，如果和东部发达地区相比，社会保障的质量仍然有很大的差距。以最低生活保障标准为例，近年来民族地区的最低生活保障标准有着一定幅度的提升，但增幅基本保持在个位数。特别是农村低保标准更低。此外，由于地区经济社会发展上的区别，各地区间、乡镇和城市间的社会保障水平也存在不小差距。这些问题，只有通过不断改革和发展才能解决。

（六）民族语言文字工作仍然要全面推进

边远民族贫困地区普通话普及率依然较低，且已经成为制约贫困人口脱贫致富、阻碍当地经济社会发展的重要因素。据初步统计，西部地区不懂普通话的农牧民还有500万人左右，多为贫困人口。① 与此同时，城市少数民族语言的使用活力总体上也在下降。随着近年来我国城市化进程的快速发展，越来越多的少数民族人口流动到中东部发达地区工作生活。他们的下一代如何学习母语成为需要关注的问题。此外，少数民族语言文字的信息化水平问题值得重视。目前我国仍然没有一个统一的、稳定的多语种语言平台，软件之间兼容性差，严重限制了信息的交换和共享。

（七）民族院校智库整体研究水平有待提升

民族院校新型智库建设近年来虽然取得了一定成绩，但由于起步较晚整体水平依然不高。部分院校在智库建设中存在思想认识不足、专业化定位不准、研究基础规模缺失、高质量成果产出有限、成果转化途径缺乏等方面的问题。比如，有的院校则认为智库建设所需要的经费投入机制、人事保障机制、职称评审机制等都是新鲜事物，对既有的体系冲击太大，不值得冒险，也不愿意花功夫研究新出台的政策措施。有的院校认为智库建设发挥好既有机构、既有学科的优势就行了，没有仔细研究领会中央提出的战略意图、目标任务，更没有认真研究国内外同行在智库上的好经验、好做法。在智库建设的认识上存在欠缺，导致工作推动起来力度不够。智库成果产出上也存在着专业化定位不足、喜欢追潮流、研究质量不高等问题（见图3）。以社会科学文献出版社出版的反映各领域的年度皮书报告为例，相关报告强调实证性、权威性和前瞻性，属于典型的智库成果。但该社每年出版的近400种皮书中，目前没有一本连续出版的民族类皮书。这也反映了民族院校新型智库建设的一个重要侧面。

---

① 《攻坚克难　狠抓落实　聚焦推普脱贫　推进语言文字事业全面发展——教育部副部长田学军在2019年全国语言文字工作会议暨推普脱贫攻坚中期推进会上的讲话》，教育部语言文字信息管理司，http://www.moe.gov.cn/s78/A19/s227/s6152/201905/t20190510_381563.html，2019年5月10日。

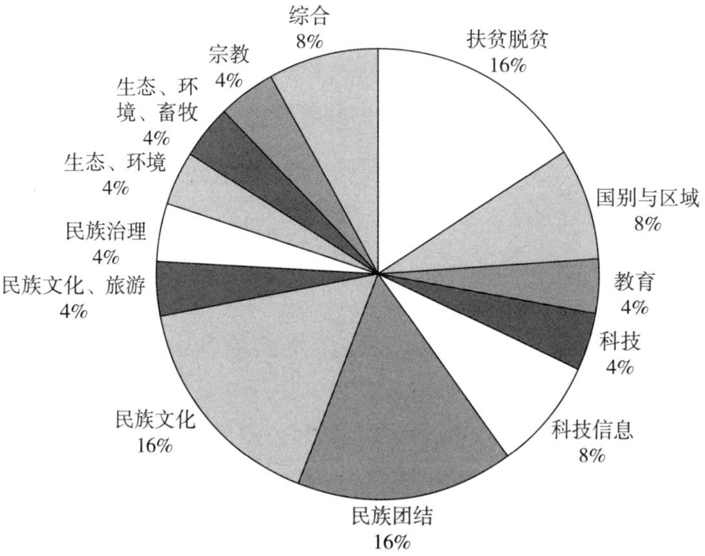

图3　民族院校智库主要研究领域

三　2020年少数民族事业发展的对策建议

2020年是我国全面建成小康社会和“十三五”规划收官之年，同时也是擘画“十四五”规划、开启新的现代化进程之年。面对国内外形势的复杂化和不确定性因素的增加，2020年民族地区发展的任务依然比较艰巨，面临诸多新的挑战和压力，需要继续以有力举措有效应对。

（一）注重工作实效，全面深化民族团结进步创建工作

要全面深化民族团结进步教育事业、铸牢中华民族共同体意识，首先要在宣传和教育工作上切实下功夫。要了解少数民族同胞的情感，维护少数民族同胞正当权益，精心设计宣传内容，分类管理宣传对象。既要利用新媒体、互联网创新宣传教育方式，也要踏踏实实开展群众喜闻乐见的宣传活动。其次，民族团结进步创建工作要与党和政府重大战略、重大部署、重大活动深度融合，形成全方位、立体化、多层次布局。特别是创建工作要能解决实际问题，增强

群众获得感。在创建中要突出问题导向，突出惠民导向，切实解决群众的实际困难，进一步重心下移，夯实基层基础，提高群众参与度、满意度。最后，创建工作的体制机制要进一步完善。注重顶层设计和协调配套，积极推动跨区域、跨部门、跨行业的共建联创和协同创建，积极打造示范线、示范带、示范群。完善示范区（单位）测评体系、考核办法和服务管理制度，推行动态管理和退出机制，建立示范区（单位）和教育基地数据库和机制化交流平台，探索建立分类别的示范区（单位）联盟①。

（二）进一步调整产业结构，培育民族地区经济发展内生动力

民族地区在向破解深度贫困发力的同时，更要巩固现有脱贫成果。实现贫困人口真正脱贫、长久脱贫是脱贫摘帽之后需要重点关注的问题，应从以下方面给予关注。一是调整产业结构，发展民族地区特色产业。要鼓励民族地区因地制宜，发挥特色资源优势，找准路子，形成特色产业，比如发展特色旅游、民宿经济、电商经济从而实现民族地区的资源优势转化为产业优势、产业优势转化为经济优势，使特色产业成为民族地区可靠的“摇钱树”。二是促进民族地区人口就业增收。习近平总书记指出，一人就业，全家脱贫，增加就业是最有效最直接的脱贫方式，长期坚持还可以有效解决贫困代际传递问题。就业是个人和家庭最直接的经济来源，民族地区要在促进就业方面多下功夫，通过发展本地区经济、开发扶贫公益性岗位、开展劳务对接和劳务协作等多种方式调动各方力量增加就业岗位。同时，还要加强就业人口的职业技能培训，让民族地区群众掌握就业所需技能。三是培育民族地区经济发展的内生动力。民族地区开展扶贫要同扶智、扶志相结合，激发民族地区群众积极向上的动力，持续提升其发展生产、务工经商的基本技能，教育和引导广大群众用自己的辛勤劳动巩固来之不易的脱贫成果。

（三）不断提升服务水平，让少数民族群众更好融入城市

以民族团结进步创建活动为抓手，促进城市少数民族流动人口服务管理工

---

① 此部分建议主要参考了国家民委监督检查司副司长李钟协的文章《民族团结进步创建“大理样本”的经验与启示》，《中国民族报》2019年5月31日，第8版。

作高质量发展。一是强化政策协调，搭建各民族交往交流交融的平台。持续推动建立互嵌式的社会结构和社区环境，各地各部门要积极探索，省级甚至国家层面应当统筹。二是扩大城市公共服务覆盖面，有效保护少数民族流动人口的合法权益。尊重少数民族的风俗习惯，但也要尽可能减少同一地区民族之间的公共服务政策差异，充分落实普惠性政策。探索公共资源供给主体多元化，在政府提供基础性支持的基础上，动员社会力量共同参与、分工合作，拓宽供给渠道。三是建立少数民族流动人口数据库，实现信息资源数据共享，以更好地实施有针对性的管理与服务。继续加强流入地和流出地部门的协作，完善少数民族流动人口数据库建设。通过协作服务与管理，做好少数民族流动人口语言交流、政策法规、技术技能等方面的培训工作。四是树立法律意识，依法妥善处理各类矛盾。加强普法宣传和法律援助，引导各族群众自觉遵守国家法律和城市管理规定，维护城市少数民族的合法权益。五是提升服务水平，促进城市民族工作社会化。强化社区基层党组织堡垒作用，推行“党建网格”，关心帮助困难群众。通过政府购买服务、社区志愿互助等方式，在社区为少数民族流动人员提供心理疏导、法律援助、语言培训等服务。①

（四）健全工作机制，全面提升依法治理民族事务能力

一方面，应完善民族工作法律法规体系，打牢推进民族工作领域治理体系和治理能力现代化的坚实基础。应做好重点领域和关键环节的制度设计，不断细化和完善配套法规，将民族事务纳入法治轨道，稳步做好专门类民族法律法规的立改废释工作；同时，在维护国家法制统一和确保政令畅通的前提下，积极探索嵌入式立法，将维护民族团结、保障各民族合法权益的相关要求融入国家整个法律体系之中，为依法有效治理民族事务提供全面的法律支撑②。另一方面，涉民族工作的政府部门应切实加强合作，加强监督，要坚持在法治轨道上处理涉及民族因素的问题，依法处理矛盾纠纷和舆情，更好地维护少数民族的合法权益。通过结合当前法治政府建设，提升民族工作领域依法行政水平，

① 2019 年 4 月 26 日，全国政协召开“做好新时代城市民族工作，促进各民族交往交流交融”双周协商座谈会，此部分建议主要参考了委员们的发言内容。

② 宋全：《坚持依法治理民族事务推进民族工作领域治理体系和治理能力现代化》，《中国民族报》2019 年 12 月 17 日，第 1 版。

优化行政决策机制。此外，还要重视社会组织机构力量，通过创新民族事务服务管理平台，构建现代化城市民族事务治理体系。

（五）倡导生态文明，进一步协调绿色文化产业发展

加强生态文明建设、建设美丽中国已成为我国当前经济社会发展的共识。在生态资源富集、生态环境脆弱的少数民族地区推进生态文明建设是当务之急。首先要秉持少数民族文化产业绿色发展理念，充分权衡利弊得失。《文化和旅游部关于实施旅游服务质量提升计划的指导意见》指出，要以习近平新时代中国特色社会主义思想为指导，按照“创新、协调、绿色、开放、共享”的发展理念，着力解决影响广大游客旅游体验的重点问题和主要矛盾①，推动以旅游业为代表的文化产业可持续发展。其次要加强少数民族地区的生态法制建设，为民族地区生产发展、生活富裕、生态良好的文明发展道路保驾护航。坚持具有民族特色的文化产业生态文明发展之路，综合考量文化、经济、生态的动态平衡，促进少数民族文化产业与经济、社会、资源、生态相协调的高质量发展。

（六）强化顶层设计，整合民族特色文化资源

我国少数民族文化资源丰富、独具魅力，具有融合发展的基础和优势，但未得到深入有效的发掘和利用，这与少数民族文化产业发展中的参与主体密不可分。政府作为文化产业的规划主体和主要参与者，应该具有深度融合的整体性、高层次视野，在对当地民族文化资源进行整体统筹的前提下，通过创立区域性的文化特色品牌，构建具有地方特色和民族特色的文化产业主题，从而引导旅游、科技、生态、体育、影视等相关领域围绕这一文化内核进行创造性转化和创新性发展。如 2019 年 10 月西藏自治区开展的“文创西藏”特色文化产业嘉年华活动，以区域公用品牌“文创西藏”为主题，通过总体策划活动、综合宣传推广、统一形象标识，强化品牌和视觉设计，突出了“文创西藏”区域公用品牌的影响力，初步实现了资源整合、市场导向、社会效益与经济效益双重转化，推动了

---

① 《文化和旅游部关于实施旅游服务质量提升计划的指导意见》（文旅市场发〔2019〕12 号），中华人民共和国文化和旅游部，http：//zwgk. mct. gov. cn/auto255/201901/t20190125_837087. html？keywords =，2019 年 1 月 16 日。

西藏特色文化产品走市场化、精品化道路。除整体统筹当地民族特色文化资源外，地方政府还应进一步加强对民族文化企业的评估和监管，规避过度追求经济利益对民族文化资源的不当消费，保障少数民族文化产业经济效益、文化效益、生态效益的共同提升，实现民族文化资源和文化产业的共赢态势。

（七）继续夯实社会保障的基石，不断提升社会保障质量

地方财政条件许可的民族地区，在“兜底民生”“保基本面”的同时，还要继续提升社会保障的质量。目前，民族地区享受最低生活保障的标准依然较低，随着近年来物价和生活压力的不断增加，享受最低生活保障的民众的生活依然很艰难。2020 年是我国全面决胜小康之年，应继续加大民族地区的医疗、健康、养老等民生方面的财政投入力度，通过加强政府、社会等多方合作，筑牢基本民生的保障网，提升民众的基本社会保障质量，进一步完善社会保障体系。继续推动少数民族地区的社会保障体系建设，通过体制机制的创新，防范大病致贫以及突发灾害因灾返贫的发生。

（八）继续推进普通话的普及工作，提高少数民族语言的信息化水平

民族地区普通话的普及推广工作，关系着民族地区扶贫脱贫工作的深入开展。因此，应按部就班继续开展少数民族地区双语教师和中西部农村骨干教师的普通话培训工作，同时支持“三区三州”等深度贫困地区开展干部、青壮年农牧民普通话培训，推动在职业技能培训中同步开展普通话培训。为快速适应时代变革和国家发展创新的迫切需求，进一步提升少数民族语言的信息化水平，还要继续鼓励各大高校、研究机构、企业等单位开发服务少数民族群众学习使用国家通用语言文字的翻译软件、应用系统，助力民族地区推普脱贫攻坚。进一步加强术语标准化工作，审定发布新词术语。加强少数民族语言文字科研工作，支持开展基础研究、应用研究和信息化关键技术研究。①

① 《关于印发〈教育部语言文字信息管理司 2019 年工作要点〉的通知》，教育部语信司，http://www.moe.gov.cn/s78/A19/A19_gggs/A19_sjhj/201901/t20190111_366689.html，2019 年 1 月 10 日。

（九）进一步创新体制机制，推动民族院校智库建设迈上新台阶

进一步强化民族院校智库的专业化定位认知，结合智库自身特长和地区社会经济发展条件，锤炼研究团队，树立精品意识，长期聚焦于某一重点领域，坚持不懈、久久为功。民族院校新型智库建设虽然起步较晚，但是有后发优势，完全可以多方借鉴其他高校在智库建设上已经摸索出的好经验、好做法，勇于开拓、积极创新，迎头赶上。智库研究是一个综合性、理论性与实践性都非常突出的事业，需要打破陈见、广纳不同类型的人才，只有给予合理的支撑才能正常运行。对于民族院校来说，通过体制机制的创新全面激发科研人员的积极性尤为重要。2018 年 5 月，中办、国办印发了《关于深化职称制度改革的意见》，强调突出创新能力评价，合理设置职称评审中的论文和科研成果条件。北京市等省区市随后发布文件，提出科学分类评价专业技术人才的能力、业绩和贡献，推行职称评审代表作制度等措施，特别提出将专利、项目报告、研究报告、技术报告、工程方案、设计文件、业绩报告、工作总结、决策咨询研究报告、精品课程、教学课例、疑难病案等纳入不同类型人才的考核体系。对于智库建设来说，这无疑是一大利好。事实证明，凡是已经在运行体制机制上已经做出探索的国内一流高校，都已经取得了令人瞩目的成绩。民族院校要想在智库建设上不断取得新的发展，必须在研究落实国家有关政策上下功夫。在确保传统体制机制稳定运行的情况下，为智库建设开辟政策特区，建立适应智库研究人员的人事制度、职称评价体系、经费保障制度，切实凝聚人才、激发人才的研究热情。

政策理论篇

Reports on Policy and Theory

B.2 民族理论和政策发展研究报告*

杨须爱**

摘　要： 2019年，中国民族理论和政策的发展成绩明显。民族理论创新方面，党和国家领导人提出许多新的论述，尤其是习近平总书记在全国民族团结进步表彰大会上的讲话。理论和政策研究方面，学界在中国共产党民族理论、马克思主义经典民族理论及发展史、基础理论、民族政治、民族法治、民族工作理论、应用性及政策性研究等方面取得程度不一的进展，呈现8个研究热点。民族政策的发展主要体现在民族团结、民族经济发展、少数民族流动人口服务与管理、民族医药保护与发展等方面具体政策的完善、更新及退出上。尽管成绩斐然，但民族理论与政策研究、民族政策发展方面仍然存在

* 本报告为重点项目“马克思主义民族理论基本概念的中国化研究”（项目编号：19AMZ001）、教育部2018年哲学社会科学研究重大攻关课题“铸牢中华民族共同体意识研究”（项目编号：18JZD041）的阶段性成果。

** 杨须爱，博士，中央民族大学中国民族理论与民族政策研究院教授。

一些不足，研究方面主要是一些重要领域受关注不够，高质量成果占比不高；政策发展方面主要是一些长期以来亟待修订但争议较大的政策的完善没有进展。改进这些不足需要民族工作部门和学界共同做出不懈努力。

关键词： 民族理论 民族政策 民族团结

纵向比较，2019 年是 2014 年中央民族工作会议召开之后中国民族理论发展最显著的一年，尤其是习近平总书记 9 月 27 日在全国民族团结进步表彰大会上的重要讲话，代表着马克思主义民族理论中国化达到新高度。民族理论研究、中央和地方两个层面民族政策的完善及更新也稳步发展，成绩斐然。

一 党和国家领导人关于民族工作的新论

中央关于民族工作的新论述新精神，一方面体现在中央领导人的讲话中，这些讲话既包括在全国性民族工作会议（包括专题会议）上的讲话，也包括在赴民族地区调研、参加全国人大代表团审议时的讲话。另一方面体现在中央的大政方针政策文件中。这些新论述是新时代中国特色民族理论发展的具体体现，是各级党政部门调整及更新民族政策，推进民族工作发展的根本遵循。

（一）着眼于全国的主要论述及精神

2019 年召开的全国性民族工作会议有全国民族团结进步表彰大会、新中国成立 70 周年民族工作创新与发展座谈会、省部级干部民族宗教工作专题研讨班学员座谈会、第七次全国对口支援新疆工作会议等。

其中习近平在全国民族团结进步表彰大会上的重要讲话包含的新论述新精神最为丰富，主要有如下几点。第一，民族工作主线论。首次明确提出新时代的民族工作“要以铸牢中华民族共同体意识为主线”。第二，四个共同论。“四个共同”即我们“辽阔的疆域是各民族共同开拓的”“悠久的历史是各民族共同书写的”“灿烂的文化是各民族共同创造的”“伟大的爱国主义精神是各民族共同培育的”。其中“我们伟大的爱国主义精神是各民族共同培育的”这一论断是开创性的提法。“四个共同”为各民族公民铸牢中华民族共同体意识提供了历史、理论与实践依据。第三，九个坚持论。“九个坚持”即“坚持准确把握我国统一的多民族国家的基本国情，把维护国家统一和民族团结作为各民族最高利益；坚持马克思主义民族理论中国化，坚定走中国特色解决民族问题的正确道路；坚持和完善民族区域自治制度，做到统一和自治相结合、民族因素和区域因素相结合；坚持促进各民族交往交流交融，不断铸牢中华民族共同体意识；坚持加快少数民族和民族地区发展，不断满足各族群众对美好生活的向往；坚持文化认同是最深层的认同，构筑中华民族共有精神家园；坚持各民族在法律面前一律平等，用法律保障民族团结；坚持在继承中发展、在发展中创新，使党的民族政策既一脉相承又与时俱进；坚持加强党对民族工作的领导，不断健全推动民族团结进步事业发展的体制机制。”这是对新中国民族团结进步事业成功经验的最新总结。第四，四个面貌论。首次明确提出，我们党创造性地把马克思主义民族理论同中国民族问题具体实际相结合，走出一条中国特色解决民族问题的正确道路，在此进程中，“少数民族的面貌、民族地区的面貌、民族关系的面貌、中华民族的面貌都发生了翻天覆地的历史性巨变。”第五，三种文明共铸中华民族精神论。首次提出，在各民族共同体培育中华民族伟大精神的过程中，“农耕文明的勤劳质朴、崇礼亲仁，草原文明的热烈奔放、勇猛刚健，海洋文明的海纳百川、敢拼会赢，源源不断注入中华民族的特质和禀赋，共同熔铸了以爱国主义为核心的伟大民族精神。”中国共产党人在总结培育中华民族精神的文明来源时，第一次增加了海洋文明。① 这一总结完全贴合事实，科学性完备。此外，总书记的重要讲话还就更新与完善民族政策、改进民族工作，从六个大的方面提出了新要求。

7 月 25 日，中华人民共和国成立 70 周年民族工作创新与发展座谈会召开，汪洋出席会议并讲话。讲话包含的新论述、新精神体现在三个方面。第一，做好民族工作重要性的“两个大局”论。提出“做好民族工作事关祖国统一、边疆巩固大局，事关民族团结、社会稳定大局。”第二，对新中国成立

① 习近平：《在全国民族团结进步表彰大会上的讲话（2019 年 9 月 27 日）》，《人民日报》2019 年 9 月 28 日。

70 年来的民族工作经验做了总结。指出“我国民族工作坚持从实际出发，在实践中不断创新发展，民族区域自治制度不断焕发新优势，民族地区各项事业不断实现新跨越，中华民族大团结不断得到新发展，谱写了中华民族历史上最为辉煌灿烂的篇章，也为世界解决民族问题贡献了中国智慧和中国方案。”第三，对新时代创新推进民族工作提出了六个方面的新要求。指出进入新时代，“国家发展格局和社会主要矛盾都发生新变化，民族团结进步事业任务更重、要求更高”，“要创新加强民族团结的方式，深化民族团结进步教育，引导各族群众牢固树立正确的祖国观、历史观、民族观”；“要创新支持民族地区加快发展的方式，坚决攻克深度贫困堡垒，切实巩固脱贫攻坚成果，增强自我发展能力”；“要创新少数民族流动人口服务管理方式，坚持平等对待、一视同仁，坚持依法处理涉及民族因素的矛盾纠纷”；“要创新少数民族优秀传统文化保护方式，在增进对中华文化认同的基础上，推动各民族文化创造性转化和创新性发展，构建各民族共有精神家园”；“要创新做好少数民族信教群众工作方式，坚持党的宗教工作基本方针，坚持我国宗教中国化方向，促进宗教健康有序发展”；“要创新民族工作体制机制和运转方式，着力夯实基层基础，高度重视少数民族干部、民族地区干部、民族工作干部队伍建设，为民族团结进步事业提供坚实组织保障。”①

5 月 10 日，省部级干部民族宗教工作专题研讨班学员座谈会召开，汪洋出席会议并讲话，讲话包含的新论述新精神主要体现在两个层面。第一，用“三个事关”阐发了解决好民族宗教问题的重要性，指出民族宗教问题是我们党治国理政必须处理好的重大问题，事关全面建成小康社会，事关祖国统一和边疆稳固，事关中华民族伟大复兴。第二，从五个方面对进一步做好民族宗教工作做了强调。提出要引导各民族在自觉、自愿、自主的基础上取长补短、扬长避短，构建各民族共有精神家园；要善于用法律保障民族团结，增强各族群众法律意识，严格区分两类不同性质的矛盾，是什么问题就按什么问题处理，不能乱贴民族标签；做好民族宗教工作，关键在党、关键在人；要坚持党的集中统一领导，为民族团结进步、宗教和谐稳定提供坚强组织保证；要坚持从实

① 《汪洋在民族工作创新与发展座谈会上强调　坚定不移走中国特色解决民族问题正确道路　激发全国各族人民团结奋斗的磅礴伟力》，《人民日报》2019 年 7 月 26 日。

际出发，注意总结推广各地成功经验。

7月14日至16日，第七次全国对口支援新疆工作会议在新疆和田召开，汪洋出席会议并讲话，讲话包含的新论述新精神主要有三点。第一，对对口援疆的定位做出新论述，指出“对口援疆是国家战略，是实现新疆社会稳定与长治久安总目标的重要举措”。第二，用“一个前所未有”和“四个极大”总结了中国共产党十八大以来新一轮对口援疆的力度和成效。指出“新一轮对口援疆投入资金之巨、参与人员之多、覆盖领域之广前所未有，极大地改变了天山南北的发展面貌，极大地促进了各民族交往交流交融，极大地锻炼了各级干部、密切了党和群众血肉联系，极大地彰显了社会主义制度巨大优越性”。第三，对进一步做好对口援疆提出了新要求。强调进入新时代，新疆工作也面临新形势新任务，对口援疆工作必须认真总结经验，坚持问题导向，不断提高综合效益，要突出抓好干部人才援疆、产业援疆、文化教育援疆和民生事业、各民族交往交流交融等工作。①

在中央2019年新出台的包含民族工作的大政方针政策文件中，中国共产党十九届四中全会公报是最重要的一份。提出“坚持各民族一律平等，铸牢中华民族共同体意识，实现共同团结奋斗、共同繁荣发展的显著优势”是我国国家制度和国家治理体系的13个显著优势之一，是“我们坚定中国特色社会主义道路自信、理论自信、制度自信、文化自信的基本依据”之一。② 这是中央对我国的民族工作与民族理论和政策在国家制度和国家治理体系中所处地位的首次明确定位，意义非凡。

（二）针对民族地区的主要论述及精神

中国地域广阔，民族众多，各地各民族面对的问题不一样，因此，在全国性民族工作的总思想和大政方针之下，中央领导人历来重视结合我国不同民族地区实际开展民族工作，提出有针对性的论述，成为党和国家制定差异性治理方略、民族政策的依据。2019年，中央领导人关于不同民族地区的论述及新

---

① 《第七次全国对口支援新疆工作会议召开　汪洋出席并讲话》，新华网，http：//www.xinhuanet.com//photo/2019－07/16/c_ 1124761649.htm，2019年7月16日。

② 《中国共产党第十九届中央委员会第四次全体会议公报》，中华人民共和国中央人民政府网，http：//www.gov.cn/xinwen/2019－10/31/content_ 5447245.htm，2019年10月31日。

精神，主要是针对内蒙古、新疆、西藏和四川省涉藏工作地区的。

关于内蒙古工作的论述。3 月 5 日，习近平在全国两会期间参加内蒙古人大代表团审议时的讲话中，对内蒙古的区位及重要性做出新的论述。指出内蒙古生态状况如何，不仅关系全区各族群众生存和发展，而且关系华北、东北、西北乃至全国生态安全；把内蒙古建成我国北方重要生态安全屏障，是立足全国发展大局确立的战略定位，也是内蒙古必须自觉担负起的重大责任。① 7 月中旬，习近平在赴内蒙古调研时强调，要重视少数民族文化保护和传承，加强对蒙古文古籍的搜集、整理、保护，挖掘弘扬蕴含其中的民族团结进步思想内涵，激励各族人民共同团结奋斗、共同繁荣发展；要认真总结民族区域自治的理论和实践经验，坚持和完善这一制度，促进民族团结融合，促进各民族像石榴籽一样紧紧抱在一起；内蒙古是我国民族区域自治制度的发源地，具有民族团结的光荣传统，要践行守望相助理念，铸牢中华民族共同体意识，把各族人民紧紧团结在党的周围，共同守卫祖国边疆，共同创造美好生活。②

关于新疆工作的论述。3 月中旬、7 月 14 日至 16 日第七次全国对口支援新疆工作会议在和田召开期间，汪洋两次赴新疆各地调研，其间他强调指出，“实现新疆工作总目标根本在于凝聚人心。要完善维稳措施，保持对‘三股势力’的高压态势，为经济社会发展和各族群众生产生活创造良好环境。要正确执行党的民族政策，坚决反对和打击民族分裂势力，同时依法保障各民族享有相同的权利、义务，注重保护少数民族优秀传统文化，不断巩固发展民族团结”。新疆脱贫攻坚事关社会稳定和民族团结。兵团是保证新疆稳定的“压舱石”，要全力推进兵团向南发展，优化战略布局，深化兵地融合，强化政策支撑，更好履行维稳戍边基本功能，更好服务新疆工作总目标。③

关于涉藏工作的论述。5 月下旬、8 月下旬，汪洋先后赴四川甘孜藏族自治州、西藏调研，其间他强调指出，西藏区工作关系党和国家工作大局。开展

① 《习近平参加内蒙古代表团审议》，新华网，http：//www. xinhuanet. com/politics/2019lh/2019 -03/05/c_ 1124197105. htm，2019 年 3 月 5 日。

② 《习近平在内蒙古考察并指导开展“不忘初心、牢记使命”主题教育》，新华网，http：//www. xinhuanet. com/politics/leaders/2019 -07/16/c_ 1124761316. htm，2019 年 7 月 16 日。

③ 《汪洋在新疆调研时强调　牢牢把握总目标　推动新疆大局持续向好》，新华网，http：//www. xinhuanet. com/2019 -03/25/c_ 1124280666. htm，2019 年 3 月 25 日。

脱贫攻坚是党的执政宗旨的重要体现，也是做好藏区民族宗教工作的有力举措。[①] 藏区脱贫攻坚既是经济工作，也是政治工作。[②] 西藏处在对达赖集团斗争的最前沿，脱贫攻坚、宗教工作、反分裂斗争要统筹兼顾、相互促进。要把脱贫攻坚成果作为生动教材，用客观事实、鲜活案例讲好西藏“扶贫故事”，让各族群众真正感受到党的关怀，坚定听党话、跟党走的信念。[③]

二 民族理论研究进展

当代中国的民族理论研究，在具体领域上大致包括中国共产党民族理论研究、马克思主义经典民族理论及发展史研究、基础理论研究、民族政治研究、民族法治研究、民族工作理论研究、应用性及政策性研究等。当然这种划分是相对的，是为了便于总结成绩和把握研究进展，应辩证看待。

（一）总体进展

2019 年，上述各具体研究领域的进展程度不一，体现在学术论文和理论文章发表、学术著作出版、国家级和省部级重要课题结项等方面。[④]

1. 中国共产党民族理论研究

本领域年度主要研究议题有中国共产党中华民族复兴思想及中华民族共同体意识、习近平关于民族工作的重要论述解析、新时代中国特色民族理论的创新发展、老一辈中国共产党主要领导人的民族思想、中国共产党建设统一多民族国家思想和制度及中西比较研究等。发表论文如陈建樾的《民族区域自治：中国共产党重构统一多民族国家的思考与行动》（《中央社会主义学院学报》2019 年第 4 期），金炳镐的《新中国成立 70 周年中国特色民族理论政策发展》

---

① 《汪洋：扎实做好宗教工作和脱贫攻坚　努力实现藏区繁荣发展和长治久安》，新华网，http：//www. xinhuanet. com/politics/2019 –05/27/c_ 1124548409. htm，2019 年 5 月 27 日。

② 《汪洋：扎实做好民族宗教和脱贫攻坚工作　筑牢藏区长治久安的根基》，新华网，http：//www. xinhuanet. com/2018 –05/23/c_ 1122877680. htm，2018 年 5 月 23 日。

③ 《汪洋：聚焦“两不愁三保障”突出问题　高质量打赢西藏脱贫攻坚战》，新华网，http：//www. xinhuanet. com/politics/2019 –08/22/c_ 1124907951. htm，2019 年 8 月 22 日。

④ 本文所说的重要课题主要指在结项课题中成果获得“优秀”“良好”“免于鉴定”等次的，和国家民委民族研究结项课题中成果获得“优秀”等次的。

（《中央民族大学学报》2019 年第 1 期），乌小花、郝囡的《践行守望相助理念与铸牢中华民族共同体意识》（《民族研究》2019 年第 5 期），严庆的《中国特色民族团结的意涵演化及特色》（《民族研究》2019 年第 1 期），李俊杰、罗如芳的《习近平关于少数民族和民族地区同步小康的重要论述研究》（《民族研究》2019 年第 1 期）等；著作主要有陈扬著《毛泽东民族区域自治理论与实践研究》（中国社会科学出版社 2019 年版）、张健著《中国共产党构筑中华民族共同体的历程与道路研究》（中国社会科学出版社 2019 年版）等；结项的代表性课题有吴大华主持的“中国共产党民族法制思想研究”（国家社科基金项目）、邵士庆主持的“社会主义核心价值观与中华民族共同体研究”（国家民委课题）等。

2. 马克思主义经典民族理论及发展史研究

本领域年度主要研究议题有经典作家个人的民族理论思想、马克思主义民族理论基本思想、经典马克思主义民族理论中国传播史、马克思主义非正统流派的民族思想研究等。代表性论文有王希恩的《马克思主义民族过程理论述论》（《中南民族大学学报》2019 年第 2 期）、果洪升的《马克思主义民族理论在中国实践的历史经验》（《民族研究》2019 年第 2 期）、周竞红的《马克思主义民族理论与民族史书写——重读吕振羽〈中国民族简史〉》（《学术界》2019 年第 2 期）、杨须爱的《马克思恩格斯列宁民族理论文献在中国的百年传播回溯》（《中央民族大学学报》2019 年第 1 期）、孟飞的《社会主义与民族问题：奥托鲍威尔论社会主义的民族策略》（《中央民族大学学报》2019 年第 2 期）等。该领域本年度没有著作出版。结项的代表性课题是杨须爱主持的“马克思主义经典作家民族理论文献在中国传播的考据研究”（国家社科基金课题）和“马克思主义民族概念在中国百年传播及本土化探索的历程”（国家民委课题）等。

3. 基础理论研究

本领域年度主要研究议题有基本概念、民族认同与国家认同的机理及关系、民族关系问题及理论、民族交融理论、跨界民族问题等。代表性论文如王希恩的《中华民族建设中的认同问题》（《西南民族大学学报》2019 年第 5 期），陈茂荣的《论“中华民族共同体”的基本内涵》（《广西民族研究》2019 年第 5 期），高承海的《中华民族共同体意识：内涵、意义与铸牢策略》

（《西南民族大学学报》2019年第12期），郝亚明的《国家认同中的族群不对称研究述评》（《民族研究》2019年第1期），周少青的《中西比较视野下的中国民族交融发展道路》（《民族研究》2019年第3期），王军、黄鹏的《跨界民族的安全问题——类型、成因与限度》（《世界经济与政治》2019年第5期）等；出版的著作主要有高军著《论中华民族》（文物出版社2019年版）、胡玉荣著《价值观维度下的民族认同与国家认同》（社会科学文献出版社2019年版）等。结项的代表性课题主要是国家社科基金课题，有张云君主持的“民族认同与中国历史教科书编写研究”、孙启军主持的“西北边疆民族关系和谐模式探究”、李克建主持的“中华民族认同形成研究：基于少数民族视角的历史考察”、刘吉昌主持的“少数民族流动人口城市社会融入问题研究”等。

4. 民族政治研究

本领域年度主要研究议题有多民族国家的构建及中西比较、族际政治整合理念及策略、民族主义等。代表性论文如青觉的《制度自信视阈下的中西民族团结制度比较》（《中央民族大学学报》2019年第4期），周平的《民族区域自治制度的内在逻辑》（《学术界》2019年第6期），马俊毅的《国家建构与各民族共有精神家园建设》（《中央民族大学学报》2019年第5期），张三南、张强的《如何理解民族主义的意识形态属性——安德鲁·海伍德的诠释及其概念学意义》（《学术界》2019年第2期），平维彬的《竞争与共生：民族政治学视野下的“东方－西方”认知体系解构》（《贵州民族研究》2019年第2期）等；出版的著作是常士訚著《族际合作治理：多民族发展中国家政治整合研究》（天津人民出版社2019年版）。结项的代表性课题是李波主持的“民族刑事政策民粹化问题研究”（国家民委课题）等。

5. 民族法治研究

本领域年度主要研究议题有民族区域自治法、新中国的民族法治建设历程、民族事务治理法治化、民族习惯法等。代表性论文如戴小明、冉艳辉的《新中国民族区域法治运行轨迹与基本经验》（《中南民族大学学报》2019年第6期），潘红祥、张星的《中国民族法治七十年：成就、经验与展望》（《民族研究》2019年第3期），刘玲的《中国民族法制建设70年：历程、成就与展望》（《贵州民族研究》2019年第10期），彭谦、马雅琪的《法治视域下的民族事务治理：困境分析与路径选择》（《北方民族大学学报》2019 年第 4 期）等。出版的著作主要有方付建著《城市民族事务治理法治化问题研究》（上海文艺出版社 2019 年版）、王平主编《民族事务依法治理与民族民间规范》（中国民主法制出版社 2019 年版）、卫霞著《西部民族特色文化产业法律保障研究》（中国社会科学出版社 2019 年版）等；结项的代表性课题主要是国家社科基金课题，有黄元珊主持的"自治州、自治县自治条例功能与作用的实证比较研究"、常安主持的"以现代政治秩序建构为中心的西藏民主改革法理解读研究"、高永宏主持的"藏区维护社会稳定的长效法律机制研究"等。

6. 民族工作理论研究

本领域年度呈现的主要研究议题有中国特色民族工作体制机制、新时代的民族工作创新发展、民族团结进步创建、促进各民族交往交流交融、中国共产党的民族工作史等。代表性论文如郝时远的《把民族团结进步创建纳入全面建成小康社会体系中》（《中国民族报》2019 年 3 月 15 日），王希恩的《中国特色民族工作机构的形成和社会化格局》（《民族研究》2019 年第 1 期），王延中、章昌平的《新时代民族工作与民族交往交流交融》（《中央民族大学学报》2019 年第 5 期），雷兴鹤的《习仲勋对西北地区民族工作的贡献》（《民族研究》2019 年第 5 期），朱军的《城市民族事务政府治理的理念变革与机制创新》（《中南民族大学学报》2019 年第 6 期）等。著作主要有王换芳著《新中国民族工作研究 1949 ~ 1957》（社会科学文献出版社 2019 年版），沈林、周文京编著《中国的民族团结工作》（民族出版社 2019 年版），李树林、倪萍著《城市民族工作的理论与实践》（内蒙古大学出版社 2019 年版）等。结项的代表性课题有谢尚果主持的"中国西南边疆跨境民族地区公共事务治理研究"（国家社科基金课题）、陈怀川主持的"内地援疆工作与新疆经济社会发展实证研究"（国家社科基金课题）、哈正利主持的"社区民族工作的基础理论及其实践创新研究"（国家民委课题）等。

7. 应用性及政策性研究

本领域年度主要研究议题有宏观层面的多民族国家一体化建设的政策路径、我国民族事务治理现代化的路径研究和偏专题、中观层面的民族干部政策、民族教育政策、人口较少民族发展政策、新中国民族政策史等。代表性成果如石亚洲、张方译的《多民族国家建构国家认同的关键维度与政策路径》[《中央民族大学学报》(哲学社会科学版)2019 年第 4 期],王世忠、龚洪的《我国少数民族干部培养政策 70 年回顾与前瞻》(《中南民族大学学报》2019 年第 6 期),李秋丽、张俊豪的《新中国成立 70 年民族院校发展政策的演进逻辑》(《民族教育研究》2019 年第 5 期)等。出版的著作如沈桂平、郝雨凡著《民族政策与中国边疆安全》(社会科学文献出版社 2019 年版)、杨春娥著《完善少数民族特色村寨保护政策研究》(中国社会科学出版社 2019 年版)等。结项的代表性课题主要是国家社科基金课题,有王德强主持的“云南藏区新型城镇化进程中族际交往的实证研究”、耿新主持的“支持人口较少民族地区发展的差别化政策研究”、张冬梅主持的“中央支持民族地区财政政策效果评价与调整方向研究”,等等。

(二)研究热点

从上述各研究领域取得的成果数量、受到学界的关注程度来看,本年度的学术热点有 8 个,分别为:①中华民族共同体意识研究,②新中国成立 70 年的民族理论和政策发展研究,③各民族交往交流交融的理论与实践研究,④深化民族团结进步教育研究,⑤民族区域自治研究,⑥民族事务治理能力和治理体系现代化研究,⑦民族地区精准脱贫及乡村振兴研究,⑧民族认同与国家认同研究。

其中,“中华民族共同体意识”是 2019 年受学界关注程度最高的一个议题。在人民网发布的 2019 年度中国十大学术热点中,这个议题位列第七,是唯一进入“2019 年度中国十大学术热点”的民族类议题,与铸牢中华民族共同体意识已成为新时代的民族工作主线相一致。新中国成立 70 年的民族理论和政策发展研究因属于国家层面纪念活动的构成部分,而成为热度排列第二的议题。实际上,上述大多数领域都有与此议题直接相关的成果。“各民族交往交流交融”“民族团结进步教育”“民族区域自治”“民族事务治理现代化”等四个议题,因为在十九大报告中作为新时代民族工作的重要内容被强调,在本年度受到学界的格外关注。“民族地区精准脱贫及乡村振兴研究”成为本年度的学术热点,同样与全国范围大力开展的精准扶贫工作以及党的十九大提出的实施乡村振兴战略有关。“民族认同与国家认同研究”本身是十余年来一直

“很热”的议题，加之其与铸牢中华民族共同体意识的联系十分紧密，所以本年度的热度依然未减。

这些议题作为学术热点，除了体现在前述的论文发表、著作出版等方面，也体现在全国性的学术会议当中。例如，中国民族理论学会2019年7月中旬在青海召开的学术年会，主题就为“新中国民族理论与政策发展70年”，其中又包括6个分议题（新中国70年中国共产党民族理论成果、民族区域自治理论发展与实践、新时代中国特色社会主义与各民族交往交流交融、青海省民族团结进步创建经验、兴边富民面临的问题与挑战、铸牢中华民族共同体意识途径）。2019年12月中旬在广西百色召开的专题学术会议，其具体议题也包括“民族区域自治理论发展与实践”和“新时代中国特色社会主义与各民族交往交流交融”。再如，中国法学会民族法学研究会2019年9月下旬在西安召开的学术年会，主题为“新中国成立七十周年民族法治的回顾与展望”。

三　民族政策的发展

我国的民族政策在层级上包括总政策、基本政策、主要政策以及作为其构成的各项具体政策。这些政策在2019年的调整，体现为一些具体政策的完善、更新及退出，未涉及总政策、基本政策和主要政策。这在中央、国家与地方两个层面均有体现。

（一）中央和国家层面

中央和国家层面关于民族政策更新和完善的总方向、总要求集中体现在习近平在全国民族团结进步表彰大会上的重要讲话中，包括政治、经济、文化、社会、法治、党的领导等方面，要点有14条。①坚持党的领导和走中国特色解决民族问题的正确道路，坚持和完善民族区域自治制度，加强党的民族理论和民族政策学习以及民族团结教育，以铸牢中华民族共同体意识为主线做好各项工作，不断增强各族群众的“五个认同”。②加快少数民族和民族地区发展，推进基本公共服务均等化。③完善差别化的区域政策，优化转移支付和对口支援机制，实施好促进民族地区和人口较少民族发展、兴边富民行动等规划，谋划好“十四五”时期少数民族和民族地区发展。④以社会主义核心价值观为引领，构建各民族共有精神家园，推动各民族文化的传承保护和创新交融，树立和突出各民族共享的中华文化符号和中华民族形象，增强各族群众对中华文化的认同。⑤搞好民族地区各级各类教育，全面加强国家通用语言文字教育，不断提高各族群众科学文化素质；把加强青少年的爱国主义教育摆在更加突出的位置。⑥牢牢把握舆论主动权和主导权，让互联网成为构筑各民族共有精神家园、铸牢中华民族共同体意识的最大增量。⑦出台有利于构建互嵌式社会结构的政策举措和体制机制，完善少数民族流动人口服务管理体系，促进各民族共建美好家园、共创美好未来。⑧把民族团结进步创建全面深入持久开展起来，创新方式载体，推动进机关、进企业、进社区、进乡镇、进学校、进连队、进宗教活动场所等。⑨全面贯彻落实民族区域自治法，健全民族工作法律法规体系，依法保障各民族合法权益。⑩坚持一视同仁、一断于法，依法妥善处理涉民族因素的案事件，保证各族公民平等享有权利、平等履行义务，确保民族事务治理在法治轨道上运行。⑪各级党委把民族工作摆上重要议事日程，把懂不懂民族工作、会不会搞民族团结作为考察领导干部的重要内容。⑫加强民族领域基础理论问题和重大现实问题研究，创新中国特色社会主义民族理论政策的话语体系，提升在国际上的影响力和感召力。⑬夯实基层基础，推动党政机关、企事业单位、民主党派、人民团体一起做好民族工作。⑭重视民族工作干部队伍建设，大力培养选拔少数民族干部和各类人才，支持民族工作部门更好履职尽责。

除上述习近平总书记统领性的政策发展要求之外，全国政协副主席、中央统战部副部长、国家民委党组书记和主任巴特尔对完善和更新国家层面的民族政策也提出了新的要求，主要有两个方面：一是用政策保障民族团结进步事业的推进，[①]二是进一步做好人口较少民族的脱贫攻坚和发展工作。[②]

在具体政策的制定、完善及更新方面，国家民委根据中央办公厅、国务院办公厅2018年印发的65号文件——《关于全面深入持久开展民族团结进步创建工作铸牢中华民族共同体意识的意见》（后文简称“中办、国办65号文件”），调整更新了推进民族团结进步创建工作的指标体系。国家民族事务委

① 参见巴特尔《落实全面从严治党责任　推进民族团结进步事业》，《机关党建研究》2019年第3期。

② 参见《全国人口较少民族脱贫攻坚奔小康现场推进会召开》，《人民日报》2019年7月19日。

员会文化宣传司和国家体育总局群众体育司发布了新修订的《少数民族传统体育项目竞赛和表演规则及裁判法》。

除了新出台政策，国家民委还在年末出台文件废止了一些以往的政策，具体内容包括“兴边富民行动”、民族统计工作、委属院校招生录取少数民族学生比例的规定、少数民族传统体育工作、发展少数民族和民族地区职业教育、少数民族特色村寨保护与发展试点工作、扶持人口较少民族发展规划、认定民族贸易县民族贸易企业的办法、少数民族传统体育运动会举办规则及相关要求、全国双语和谐乡村（社区）示范点建设工作等方面。①

（二）地方层面

2019 年各地对民族政策的调整和更新，在新出台贯彻落实中央最新精神的政策文件、完善当地民族政策、修订已有法律法规等方面均有体现。政策内容主要包括民族团结、民族经济发展、少数民族流动人口服务与管理、民族医药保护与发展等。

2019 年度地方对民族政策调整及更新的最大亮点是各省区出台贯彻落实 2018 年中办、国办 65 号文件的实施意见。云南、湖北、山东、青海、甘肃等省均已结合自身实际出台实施意见或工作方案，并向社会发布。

在民族区域自治立法、专门政策立法方面，主要有 5 项。①9 月 26 日，甘肃省人大通过《甘肃省张家川回族自治县自治条例（修订）》。张家川回族自治县现行自治条例是 1989 年 9 月制定，1990 年 1 月 1 日起施行的。新修订的自治条例在框架部分增加了“监察委员会”作为第三章，自 2020 年 1 月 1 日起实施。②1 月 31 日，云南省人大通过《云南省民族团结进步示范区建设条例》，规定自当年 5 月 1 日起施行。③3 月 22 日，青海省人大常委会通过《青海省促进民族团结进步条例》，规定自当年自 5 月 1 日起实施。④7 月 25 日，新疆维吾尔自治区人大常委会通过《木垒哈萨克自治县传统村落保护条例》，规定自当年 10 月 1 日起施行。这是新疆首部关于传统村落保护的条例。⑤9 月 26 日，内蒙古自治区人大常委会通过《内蒙古自治区乌兰牧骑条例》，

① 《国家民委关于废止部分规范性文件的通知》，国家民族事务委员会网站，http://www.seac.gov.cn/seac/xxgk/201912/1139285.shtml，2019 年 12 月 25 日。

规定自当年11月1日起施行的。

在具体政策制定方面，主要有13项。①4月下旬，四川省民宗委出台《关于加强和推进少数民族流动人口服务管理体系建设工作的意见》。②5月上旬，云南省怒江傈僳族自治州出台《独龙江乡“巩固脱贫成效、实施乡村振兴”行动方案》。③6月中旬，广西壮族自治区民宗委出台《少数民族特色村镇评估验收暂行办法》。④6月下旬，云南省政府出台《关于加快发展体育竞赛表演产业的实施意见》。⑤6月下旬，广西壮族自治区政府出台《健康医疗产业发展专项行动计划（2019～2021年）》。⑥7月上旬，福建省民宗厅出台《关于推进民族乡村打赢脱贫攻坚战行动计划（2019～2020年）》。⑦9月下旬，江西省政府出台《民族特需商品生产贷款贴息引导支持资金管理办法》。⑧10月中旬，湖北省政府出台《民族贸易和民族特需商品生产贷款贴息引导支持资金管理办法》。⑨10月，湖北省民宗委出台《网络舆情联动处置办法（试行）》。⑩10月下旬，甘肃省委统战工作领导小组会议审议通过《全省民族团结进步创建“一廊一区一带”行动方案》。⑪11月中旬，青海省民宗委、省人社厅修订出台《青海省少数民族语文翻译系列专业技术职务任职资格评审条件（暂行）》。⑫12月中旬，青海省民宗委修订出台《青海省民族宗教事务委员会社会团体管理办法》。⑬12月26日，广西壮族自治区民宗委出台《广西壮族自治区少数民族语言测试管理规定（试行）》《壮语文水平考试管理办法（试行）》。

四　发展中的不足与对策

尽管2019年民族理论研究和民族政策的发展均呈现良好势头，但仍然存在一些薄弱之处，需要在今后有针对性地加强和改进。

（一）民族理论研究中的不足与改进

民族理论研究中存在的不足，归纳起来看，主要有两方面。

第一，一些重要领域的研究进展不明显，或受关注不够。主要包括新时代具有中国特色的民族理论、马克思主义经典民族理论、基础理论和民族理论学术史的研究等。具体而言，对于习近平关于民族工作重要论述研究的不足主要是研究的系统性不够。习近平自党的十八大以来关于民族工作的论述十分丰富，其中蕴含的思想实际已经形成了新时代具有中国特色的社会主义民族理论，但应该如何在学术上归纳和表述这个理论体系，学界目前积累的成果和形成的共识还不多；关于马克思主义经典民族理论研究的不足主要是研究的热度低，成果数量不多，专门研究的人少，研究的方法有限，对国内外新出版的马克思恩格斯著作的利用不够。不少具体议题有待深化研究、深入研究。对国外同行的研究进展的研究几乎是空白。对西方马克思主义学界关于民族问题、民族理论的研究关注十分不够。关于基础理论研究的不足，主要是受关注的程度总体不高，许多基本概念、基本理论及建设的研究出现空档。关于民族理论学术史的研究整体上十分薄弱，2019 年研究几乎是空白。另外，从民族理论学科角度讨论学科、学术和话语之"三大体系构建"的研究成果也几乎空白。

第二，高质量成果占比不高。这里所说的高质量成果是相对而言的，是基于比较的说法。具体而言，主要体现为"四个不高"，即全年发表的民族理论文章，在《民族研究》《光明日报》《世界民族》等权威报刊上登载的占比不高；在被《新华文摘》《中国社会科学文摘》《高校社会科学文摘》和人大复印报刊资料《民族问题研究》等文摘类报刊全文转载的民族学类文章中，民族理论文章占比不高；在 2019 年获得省部级优秀科研成果奖的成果中，民族理论研究成果占比不高；① 在国家社科基金课题结项成果中，获得"优秀""免于鉴定"等次的占比不高。据笔者统计，在 2019 年结项的国家社科基金课题中，获得"优秀"等次的结项成果有 339 项，其中民族理论研究课题只有 2 项。

这两方面的不足，也是本文认为下一年度，或今后一段时期应当加强和改进的方向。我国的民族理论研究不仅承担着传播和发展马克思主义民族观、推进中国特色民族理论基本建设的任务，更承担着为我国民族工作的发展提供智力支持、为党和国家决策民族事务治理事项提供学术支撑的任务。而上述研究领域中的薄弱之处，大多属于中国特色民族理论基本理论建设的范畴，当然也属于构建中国特色民族理论学科学术体系、话语体系的基础内容。

---

① 例如，在 2019 年北京市公布的获得本市第十五届优秀社会科学成果奖的 208 项成果中，仅有 1 项民族理论研究成果获得二等奖。再如，在 2019 年教育部组织的第八届高校人文社会科学优秀成果奖评选中，民族学与文化学类的获奖成果共有 35 项，其中民族理论研究成果仅有 6 项。

与此同时，与中国和世界面临的百年未有之大变局所对应，民族领域当前也面临着前所未有的新现象、新问题。民族理论作为民族学学科的“哲学”，在解释新现象、新问题，揭示这些现象、问题背后的机理，以及提出治理之道方面有着责无旁贷的责任。就研究现状而言，民族理论界当前面临的从学术上构建新时代中国特色社会主义民族理论体系，坚持和发展中国特色解决民族问题正确道路的任务还十分艰巨，任重而道远。所以，加强这些薄弱领域研究的必要性、重要性不言而喻。高质量研究成果在学界产出的成果中的占比问题，反映的是研究的成效问题，高质量成果占比不高，在一定程度上说明研究的成效需要提升。

就加强和改进研究的具体措施而言，除了需要民族理论学界广大同仁自觉自省的努力之外，国家有关部门、设有民族理论学科的科研院所等机构的引导和扶持也十分重要和必要，尤其是全国哲学社会科学工作办和教育部、国家民委有关司局的引导和扶持。

（二）民族政策完善更新中的不足与改进

本文所说的中央和国家、地方两个层面民族政策发展中的不足，是指一些具体政策的完善、更新以及一些新政策的制定出台相对滞后，主要有三种情况。

第一，政策早已存在，基本内容需要长期坚持，但具体政策、举措的完善相对滞后。这主要是一些长期以来存在完善滞后的问题，在 2019 年仍然没有得到较好完善，或完善工作进展不大或没有工作进展的政策。例如民族区域自治政策，其作为我国的基本政治制度之一和基本的民族政策，长期以来面临着全面贯彻落实的具体政策举措更新不够、一些自治地方的自治条例迟迟出台不了，以及一些自治地方的自治条例修订工作滞后等问题。

第二，政策早已存在，但政策的基本内容需要创新，或需要修订出台，但修订进程缓慢或受阻。比较突出的是城市民族工作政策的创新及出台。我国 1993 年出台的《城市民族工作条例》，长期以来是我国城市民族工作的一个基本法规。当前新的民族工作形势，主要是少数民族流动人口迅速增加，城市已成为民族工作新的主要场域。根据这一现状做出修订有其必要性，但修订过程因公众意见分歧过大而中止。国家层面的《清真食品管理条例》的修订也属于这种情况。

第三，中央提出新的政策精神，各级民族工作部门需要根据新精神尽快出台新政策，但新政策尚未出台或尚未启动制定工作。前文述及的总书记讲话、2018 年中办和国办 65 号文件包含着十分丰富的民族政策创新精神，需要各级政府及民族工作部门尽快将其转化为具体政策，加以贯彻落实。但从 2019 年全国范围实际更新及新出台的民族政策的内容、速度来看，离全面体现和贯彻落实中央的新精神还有不小的距离。

这里必须强调，尽管我国的民族政策在发展中仍然面临着一些不足，但总体上已经很成熟。长期以来，我国已形成了自上而下、纵横交织的民族政策体系，体现在政治、经济、文化、社会等不同领域。从政策层级上看，有总政策（民族平等团结、各民族共同繁荣发展）、基本政策（民族区域自治）和主要政策（发展民族地区经济、发展少数民族教育文化、尊重少数民族风俗习惯、尊重宗教信仰自由、培养和使用少数民族干部等）。从政策施行主体上看，有中央和国家层面的政策，有地方各级党政部门的政策，其中后者又包括民族自治地方和非民族自治地方的政策。从政策对象上看，有惠及所有少数民族的一般性政策，也有针对某一类少数民族或某一民族地区的特殊性政策（如扶持“人口较少民族”发展的政策，对口支援西藏、新疆的政策等）。从政策内容上看，有单一性的或专项民族政策，也有与国家发展战略糅为一体的政策（如与西部大开发、“兴边富民行动”计划融合在一起的民族政策等）。从政策功能上看，有补偿性的政策（如国家给予民族自治地方优于其他一般地方的财政转移支付政策）、照顾性的政策（如少数民族学生高考政策）、优惠性的政策（如国家扶持民族自治地方发展对外贸易、边境贸易的政策）等。这些政策都经过了长期的实践检验，总体上看，无论是理念的先进性、政策内容的丰富程度及体系性，还是政策的实践效果，在世界上均都是居于前列的。所以，我国民族政策的总政策、基本政策和主要政策都是需要长期坚持的。

就一些具体政策更新及完善工作的改进而言，上文提及的三种情况自然都是本文认为在下一年度及今后一段时期应着重努力的方向。在紧迫性上，首先各级民族工作部门应根据中央提出的新精神，尽快出台与之相对应的系列新政策，或更新已有政策。中央关于民族政策的新精神，集中了全党和理论界在当前形势下关于民族工作的最高智慧。将这些新精神尽快全部、到位地转化为具体政策，并加以贯彻落实，我国民族政策的与时俱进就有保障，民族团结和铸牢中华民族共同体意识也就有保障。

其次是关于贯彻落实民族区域自治制度具体政策的完善，主要是要加强民族区域自治相关法规和制度的建设，把2014年中央民族工作会议提出的“建立健全与民族区域自治法相配套的具体规定”之精神尽快落到实处。[①] 关于《城市民族工作条例》、国家层面《清真食品管理条例》的修订同样不能因为有争议、有难度而搁置。类似城市民族工作和清真食品管理这样的问题，只有国家层面出台规范性的法律法规，才能很好地规避地方治理实践中的不当做法，以及激进行为。此外，关于规范和引导民族事务治理主体多元化发展中，各主体（这些主体包括党委、政府、人大、政协、相关事业单位等机构和企业、各种社会组织）之间关系和职责权限的政策，也应尽快启动制定，以满足国家民族事务治理体系和治理能力现代化发展的需要。

参考文献

《国家民族事务委员会中央民族工作会议精神学习辅导读本》，民族出版社，2015。

《国家民委研究室新时代民族理论政策问答》，民族出版社，2019。

王希恩：《中国特色民族理论政策十年发展观》，《中南民族大学学报》2015年第3期。

① 《国家民族事务委员会中央民族工作会议精神学习辅导读本》，民族出版社，2015，第84页。

B.3

“中华民族共同体意识”热点研究报告*

陈丽明**

摘　要： “中华民族共同体意识”是近年来学术界，尤其是民族研究的重要热点问题。其成为热点是国家政治需要的重要结果，同时遵循了“中华民族”研究的学术发展的逻辑。国内学者从政治、文化、教育、意识等方面对“中华民族共同体意识”进行了多维度的研究，但学术积累仍处于初始阶段，应在内涵中国化、建设路径可操作化以及研究视角上加大研究力度，实现质量的提升，达成学术共识。

关键词： 中华民族　共同体意识　民族团结

2014年5月28~29日，第二次中央新疆工作座谈会在北京举行，习近平总书记在讲话中指出：“要高举各民族大团结的旗帜，在各民族中牢固树立国家意识、公民意识、中华民族共同体意识，最大限度团结依靠各族群众，使每个民族、每个公民都为实现中华民族伟大复兴的中国梦贡献力量”，这是总书记第一次提出“中华民族共同体意识”。随后，2014年召开第四次中央民族工作会议暨国务院第六次全国民族团结进步表彰大会，习近平总书记在大会中再次强调：“加强民族大团结，长远和根本的是增强文化认同，积极培养中华民

* 本文为教育部重大课题攻关项目“铸牢中华民族共同体意识研究”（项目编号：18JZDD041）的阶段性成果、中央民族大学校级教改项目“铸牢中华民族共同体意识”（项目编号JG2001）阶段性成果。

** 陈丽明，中央民族大学中国民族理论与民族政策研究院讲师，主要研究领域为中国民族政策、少数族裔权利保障。

族共同体意识。”2017 年党的十九大报告正式将“铸牢中华民族共同体意识”确定为当前民族工作的主线。2019 年党的十九届四中全会将“铸牢中华民族共同体意识”总结为我国制度和国家体系的十三个显著优势之一，将其上升到前所未有的政治高度。“中华民族共同体意识”一时成为学术界热点，研究呈现“富矿期”样态，“中华民族共同体意识”入选 2019 年研究热词。

一 “中华民族共同体意识”研究热点的数据呈现及原因分析

学术界就如何培育和铸牢中华民族共同体意识掀起了研究热潮，国家社科基金重大项目年度项目、研究阐释党的十九大精神国家社科基金专项项目、教育部人文社会科学研究一般项目、研究阐释党的十九大精神专项项目都有相应资助，《人民日报》和《光明日报》理论版也都发表了相关系列文章，诸多学术期刊也设置专栏就“中华民族共同体意识”及相关问题进行讨论。

（一）近年来“中华民族共同体意识”的研究数据

2015 ~2019 年，国家社会科学基金共计批准“中华民族共同体”主题研究项目 43 项，其中重大项目 1 项、重点项目 3 项、一般项目 22 项、青年项目 7 项、西部项目 10 项（见图 1），涉及的学科包括民族学（民族问题研究）、马列・社科、政治学、哲学、社会学、体育学和中国文学。

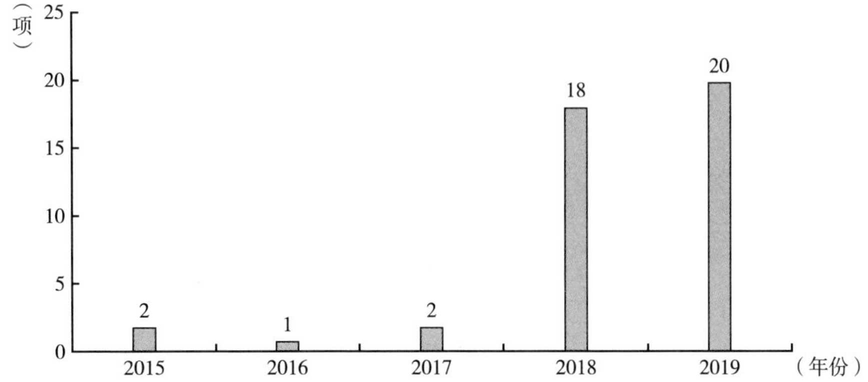

图 1　2015 ~2019 年国家社会科学基金“中华民族共同体”主题研究项目

2015～2019年，以民族院校、中国社会科学院、民族地区高校等科研机构为主要组织者，共计召开以“中华民族共同体”为主题的学术会议21场，内容涉及清代历史、藏族历史、学科发展、儒家文化、“一国两制”、边疆治理、无神论等。

通过CNKI搜索“中华民族共同体”，获得2015～2019年发表的397篇文献，年度文章发表数呈现不断攀升趋势（见图2），尤其是在2018年、2019年有较大数量的增长。

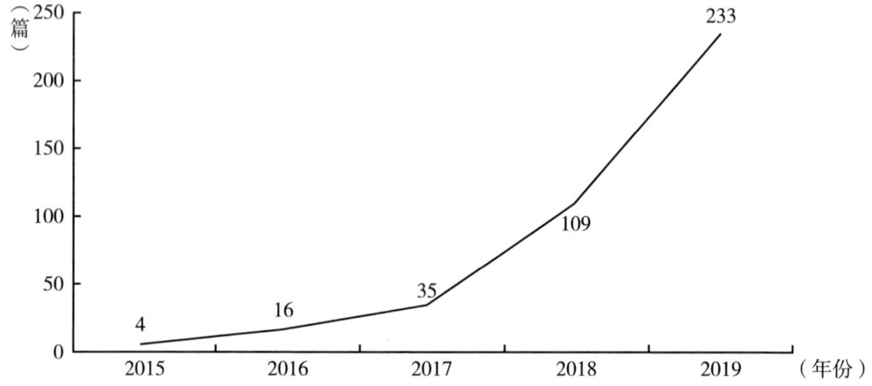

图2　“中华民族共同体”有关文献发表年度趋势

（二）“中华民族共同体意识”研究热度的因素分析

“中华民族共同体意识”成为近年来不断升温的学术研究热点，与中国的经济、政治、社会与学术环境有很大的关联。从整体上看，“中华民族共同体意识”研究趋热现象是国家建设的内在需求和时代呼唤，也是回应学术争论、厘清民族工作方向的必然结果。同时，“中华民族共同体”还承接了中国各民族与“人类命运共同体”的中层意义，是中国面向世界传播的重要概念。

1. 国家建设的内在需求和时代呼唤

从个人层面来看，现代化、市场化与信息化推动了人口的大流动，促进了各民族在更大空间的交往交流交融，个人的地缘纽带和血缘纽带逐渐弱化，公民身份特征日益凸显，个人更多地与国家直接联系起来，国家认同进一步清晰和明确。从国家层面来看，随着改革开放的不断深入，中国在2010年超越日本成为世界第二大经济体，占世界经济总量的比重持续提升，成为世界经济增长的第一引擎。中国长期的经济发展和社会稳定助推了中华民族整体性的自豪感和自信心，激起了国民对中华民族伟大复兴的期盼与希望。进一步巩固中华民族的内在纽带，夯实中华民族实体，增强国人的凝聚力和向心力，成为当前我国进行国家建构重要议题。2014 年，习近平总书记提出“中华民族共同体意识”的新主张；2017 年党的十九大再次明确“铸牢中华民族共同体”的政治地位，将“中华民族伟大复兴”作为党的奋斗目标，“中华民族共同体”开始成为政治热词；2018 年 3 月 11 日通过的宪法修正案正式将“中华民族”这一概念载入；2019 年正值新中国成立 70 周年，“中华民族共同体意识”作为新中国成立 70 周年的重要议题得到了更大范围的传播、关注与聚焦。

2. 提出“中华民族”概念世纪之争的新思路

在 20 世纪，中国学术界围绕“中华民族”这一概念产生了至少三次争论。第一次是 20 世纪初，围绕“谁构成中华民族”而展开，代表人物为梁启超、杨度、章太炎、孙文等，主要争论在于“中华民族”是指汉族，还是指包括满、蒙、藏、回的“五族共和”。第二次是抗日战争爆发后，围绕着“中华民族是不是一个”展开，由顾颉刚的文章引发，费孝通、傅斯年、翦伯赞等加入论战，引发关于“中华民族”是“一个民族实体”还是包括“多个民族的复合体”的大讨论。第三次是关于“中华民族多元一体”的讨论。1988 年费孝通先生在香港中文大学发表了《中华民族的多元一体格局》一文，再次引发了学者对“中华民族”概念内涵以及“多元”与“一体”的关系的讨论。“中华民族多元一体格局”理论虽然得到较强的学术认同，但基于不同视角对中华民族是“多元文化基础上的民族一体”，还是“政治一体下的多民族复合体”一直存在不同的理解。尤其是改革开放后中国学者大量接触到西方“民族国家”理论，“原生论”和“工具论”在学术界都有一定的受众，在翻译问题上产生了“族群”与“民族”分歧，在民族政策问题上经历了“去政治化”和“第二代民族政策”风波。这些理论问题不仅在学术界带来思想混乱，而且在一定程度上影响了民族工作部门的政策决策。

第四次中央民族工作会议的召开，回应了民族研究中的热点和难点，对新时代的民族工作指明了方向。尤其是会议将“积极培养中华民族共同体意识”作为统一多民族国家民族工作的目标任务，在一定程度上回避了“中华民族”

话语之争，以“新概念”的方式将学术焦点从“中华民族”转移到“共同体”之上，得到了学术界的普遍认同。“中华民族共同体”既是对“中华民族多元一体格局”的进一步丰富发展，又从关系理性的角度将重心置于“共同体”关系维度，符合不同流派对于“中华民族”的政治愿想和目标取向，为理解“中华民族”提供了新的思路和方向。

3. 对接人类命运共同体、面向世界的中层理念

中国经济的发展与全球化的推进，使中华民族更多地卷入世界经济与政治格局中，中国的崛起需要担负起更多大国责任，提出解决全球问题的中国方案。2012 年党的十八大明确提出“要倡导人类命运共同体意识，在追求本国利益时兼顾他国合理关切”。2013 年 9 月和 10 月，中国国家主席习近平分别提出建设“新丝绸之路经济带”和“21 世纪海上丝绸之路”的合作倡议。2015 年，习近平出席博鳌亚洲论坛年会时提出了“通过迈向亚洲命运共同体，推动建设人类命运共同体”的倡议。十八大以来，中国致力于推动国家之间的互联互通、合作共赢与共同发展。“中华民族共同体”的提出，不仅解决民族国家建设发展的需求，也对接了世界的根本要求。56 个民族、“中华民族共同体”、“一带一路”与“人类命运共同体”是一个层级体系，对于 56 个民族来说，“中华民族共同体”是 56 个民族的历史共同体、命运共同体和利益共同体，作为基本单位与其他民族、其他国家进行互动；对于“一带一路”、人类命运共同体来说，“中华民族共同体”是“一带一路”和“人类命运共同体”的倡议者、践行者与推动者，“中华民族共同体”是“人类命运共同体”不可或缺的重要组成部分。“中华民族共同体”本质上是国族概念，是对接 56 个民族与世界的中层概念。

二　“中华民族共同体”的当前研究现状

“中华民族共同体”的研究仍处于初步阶段，文献成果在数量和质量上基本反映了当前“中华民族共同体”研究的“初步性”特点。从主题、关键词与内容分析来看（见图 3），现有研究主要关注了两个问题：第一个问题是“中华民族共同体”的内涵；第二个问题是如何铸牢“中华民族共同体”意识。郝亚明指出：“学界积极开展中华民族共同体与中华民族多元一体格局关

系的探讨大致是出于两种目的：一是以此来形成对中华民族共同体性质与定位的判断，二是以此来形成对中华民族共同体建设方向与目标的判断。"对于"中华民族共同体"内涵的理解，学者大多从历史的视角、国家的视角来进行意义的阐发；在铸牢中华民族共同体的路径思考方面，则主要关注了少数民族、大学生群体和边疆地区，提出要从教育、治理、情感等逻辑路径进行培育与建设。

图3　2015~2019年"中华民族共同体"文献研究主题词云

（一）"中华民族共同体意识"内涵研究

关于"中华民族共同体意识"的内涵，目前学者的研究主要从历史、本体、意识三个视角切入。从历史的维度看，无论是观念史脉络还是社会历史发展逻辑，强调的是中华民族共同体的合理性和必然性。从本体论视角看，主要侧重于中华民族共同体在经济、文化、政治、社会的整体性层面，强调中华民族共同体的实然，即中华民族共同体的发生具有历史必然性和现实客观性。从意识论视角看，则将"中华民族共同体意识"作为重点内容考察，探讨意识与认同的关联、意识与本体的互动以及意识的形成机理与影响因素。

1. 历史视角的"中华民族共同体意识"内涵研究

该视角紧紧围绕"中华民族共同体意识的形成与发展"这一主题，对中国古代相关政治思想进行溯源，展开对中国历史进程尤其是近代以来中国不同历史发展阶段的分析，强调中华民族共同体意识与中国历史进程的互动和形塑。麻国庆以我国三大走廊为例，勾勒出不同区域民族交往交流交融的共同记忆如何形成中华民族的共同体记忆，进一步强调历史记忆与共同体认同的关系①；孟凡东、康基柱指出抗日战争等关键事件和特殊时期对于中华民族共同体意识初步形成的意义②；“中华民族共同体认同”包括“历史上中华各民族在政治、经济、文化等方面交往交流交融的认同”③。

有的学者概括认为，中华民族共同体是中国各民族经过文化上的融合，经济上的互惠和政治上的协商，凝聚为一个整体的④。中华各民族在历史演进中结成相互依存、共担共享的有机统一体和亲缘体，它突出了中华民族以共同体形式存在和发展的状态和实质，具有整体性、共同性和实质性的特点⑤。孙海星则认为“中华民族共同体”是历史合力的必然结果：历史合力是发展的多样性与同一性的辩证统一；历史合力是质与量的辩证统一；历史合力是客观规律性与主体选择性的辩证统一；历史合力是经济基础决定性与上层建筑能动性的辩证统一⑥。

2. 侧重于本体的“中华民族共同体意识”内涵研究

很多学者都认同“中华民族共同体”的内涵主要包括政治共同体、文化共同体、经济共同体、社会（情感）共同体、命运共同体等方面：“中华民族共同体拥有共同的历史叙事和历史记忆，是建立在频繁的经济联系、密切的文化交流、共享的政治价值和制度基础之上的经济、文化和政治的共同体”⑦。学者在中华民族共同体的内涵研究中都有所侧重，较多学者强调了“政治共同体”的优先性和核心作用：“文化多元、政治一体的中华民族共同体的核心并非族裔特性，而是国家政治”，“中华民族共同体是‘政治的中国人’的统

---

① 麻国庆：《记忆的多层性与中华民族共同体认同》，《民族研究》2017 年第 6 期。

② 孟凡东、康基柱：《新民主主义革命时期中华民族共同体意识的提升与发展》，《江苏大学学报》（社会科学版）2017 年第 6 期。

③ 沈桂萍：《培育中华民族共同体意识构建国家认同的文化纽带》，《西北民族大学学报》（哲学社会科学版）2015 年第 3 期。

④ 陈茂荣：《论“中华民族共同体”的基本内涵》，《广西民族研究》2019 年第 5 期。

⑤ 孔亭、毛大龙：《论中华民族共同体的基本内涵》，《社会主义研究》2019 年第 6 期。

⑥ 孙海星：《历史合力视域下的中华民族共同体巩固路径分析》，《北方民族大学学报》（哲学社会科学版）2019 年第 2 期。

⑦ 郝亚明、赵俊琪：《“中华民族共同体”：话语转变视角下的理论价值与内涵探析》，《北方民族大学学报》（哲学社会科学版）2018 年第 3 期。

称，是超越文化与族裔的政治共同体”[①]；“中华民族共同体是取得了国家形式的政治共同体，与中国的民族国家紧密联系在一起，是一个取得了国家形式的人群共同体，作为中国的国族，它不仅具有突出的国家意涵，而且具有明显的建构性意义”[②]。

3. 偏重于意识视角的“中华民族共同体意识”内涵研究

也有较多学者探讨了“认同”与“中华民族共同体意识”的关联，认为中华民族共同体意识的落脚点是“认同”[③]，是一种“命运共同体的认同感”[④]，“既是国家认同，也是民族认同，但更重要的是共同体认同”[⑤]；是“地域、语言、文化、心理、经济、政治、社会、生活等层面接近并获得高度一致的集体身份认同”[⑥]。还有的学者从本体与意识的关系出发，认为“意识对中华民族共同体本体的认知和反映，既包括概念认知，也包括认同归属、理论解读与阐发”，强调认知中华民族共同体意识，最根本的是把握中华民族共同体[⑦]；而意识具有主观能动性，中华民族共同体意识有自己形成的机理与功能，要在尊重意识发展变化的规律基础上重视民族团结教育的作用[⑧]。

此外，常士訚概括了中华民族共同体的特性，认为中华民族共同体的生成是传统与现代的结合，是一个自觉自新的民族共同体，是建立在社会主义制度上的自我发展；中华民族共同体的内在结构是多元共存与同心圆的结

---

① 关凯：《建构中华民族共同体：一种新的文化政治理论》，《中央社会主义学院学报》2017年第5期。

② 陆海发：《民族国家视阈下的中华民族共同体建设研究》，《云南民族大学学报》（哲学社会科学版）2016年第2期。

③ 乌凤琴、司廷才：《从中华民族共同体意识视角看蚩尤与牛河梁红山文化的联系》，《辽宁省社会主义学院学报》2016年第4期。

④ 焦敏：《高校民族团结教育应加强“中华民族命运共同体”认同意识教育》，《民族教育研究》2017年第5期。

⑤ 杨鹍飞：《中华民族共同体认同的理论与实践》，《新疆师范大学学报》2015年第6期。

⑥ 刘吉昌、金炳镐：《构筑各民族共有精神家园 培养中华民族共同体意识》，《西南民族大学学报》（人文社会科学版）2017年第6期。

⑦ 严庆：《本体与意识视角的中华民族共同体建设》，《西南民族大学学报》（人文社会科学版）2017年第2期。

⑧ 青觉、赵超：《中华民族共同体意识的形成机理、功能与嬗变——一个系统论的分析框架》，《民族教育研究》2018年第4期。

合，即中华民族共同体的建构是“和而不同”，与西方单纯地注重“合”有着本质的区别①。高永久从方法论角度，认为把握好中华民族与56个民族的关系、国家战略与社会担当的关系、理论批判与继承创新的关系以及发展性和动态性的关系，是理解“铸牢中华民族共同体意识”内涵的关键②。

总之，“中华民族共同体意识”的内涵研究主要围绕着“中华民族”“共同体”“意识”三个关键词展开。“中华民族”的研究具有较为丰富的学术积淀，当然也存在比较大的争议。“中华民族共同体”作为一个新概念，目前的研究处于初步阶段，学者尝试将“中华民族”与“共同体”对接，探讨概念的意义、形成过程与内涵，尤其在中华民族历史共同体、中华民族政治共同体以及中华民族经济共同体层面有较多的成果和共识，而在社会（情感）共同体、文化共同体方面的研究还存在很多难点和分歧。

（二）“铸牢中华民族共同体意识”的路径研究

相对于内涵研究，学者更关注中华民族共同体的建设，大多数学者从政治、文化、经济、社会、教育等多个维度对中华民族共同体的建构路径建言献策。有的学者还关注了大学生、少数民族等特殊群体以及边疆地区的中华民族共同体构建路径。以下选择主要几个维度做介绍。

1. 政治法律维度

赵刚认为，国族建构的“共同性”（同质性）与我国民族政策“差别化”（异质性）构成了矛盾，在新的时代要进行政策的完善与调整，尤其是民族区域自治等民族政治方面的政策，核心任务是调整统一与自治的关系③。

高成军提出，从现实的政治表征看，中华民族这一国族的政治实体无疑也是一个政治法律共同体。因此，尤其要“彰显共同体的国家属性，靠政治法律共同体下包含的法理基础及其价值体系、行为规范”，“经由宪法共识而达

---

① 常士訚：《中华民族共同体的现代多重建构及其逻辑》，《西南民族大学学报》（人文社会科学版）2019年第3期。

② 高永久：《正确认识铸牢中华民族共同体意识中的几个重要关系》，《广西民族大学学报》（哲学社会科学版）2019年第6期。

③ 赵刚：《民族政策与国家民族的建构——兼论中华民族共同体意识的培养》，《广西社会主义学院学报》2016年第5期。

到公民身份认同进而促进共同体意识的形成”，在保障少数民族特殊权利的基础上要注意权利的限度问题①。

张立哲认为，“国家属性是中华民族共同体建构之本体。现代化治理在努力提升各民族的国家认同的同时，须以中华民族共同体观念为标尺，检验国家治理所面临的重大节点，从而将结构优化、制度完善、国家认同统一起来”②。

2. 文化教育维度

沈桂萍认为增强中华文化认同的核心在于“增加中华民族共同体中的多元文化元素”，在以“中华民族精神”和“社会主义核心价值观”为内核的精神纽带引领下，不断促进丰富多彩的地域和表层文化形式交融与共享③。

王希恩认为中华民族建设实际也是“多元一体”建设，一方面要包容文化和民族的多样性，另一方面要认同国家的政治和文化，实现国家层面的一体化。他认为，铸牢中华民族共同体意识首先表现为文化认同，具体包括各民族自身的文化认同、各民族之间的相互认同、中华共同性文化认同④。

邓玉函认为新时代中华民族共同体建设的根本在于文化自信，因为在中国特色社会主义文化自信里，社会主义核心价值观是统领，中华文化自信、民族文化自信是基本内容。新时代中华民族共同体建设可以从历史、情感、道路三重逻辑出发，这三重逻辑处于一种互为关联、有机统一的关系当中⑤。

还有的学者提出，中华传统文化与中华民族共同体意识的关系共在性、共生性、共意性，指向了中华民族的历史认同、中华民族成员的心理认同、中华文化的价值认同，需要通过弘扬中华优秀传统文化来确立中华民族共同体的价值秉承、基本原则和文化方法⑥。

---

① 高成军：《中华民族共同体意识的公民身份建构》，《宁夏社会科学》2018 年第 6 期。

② 张立哲：《培育中华民族共同体意识要彰显其国家属性》，《中国民族报》2017 年 9 月 29 日。

③ 沈桂萍：《培育中华民族共同体意识构建国家认同的文化纽带》，《西北民族大学学报》（哲学社会科学版）2015 年第 3 期。

④ 王希恩：《中华民族建设中的认同问题》，《西南民族大学学报》（人文社会科学版）2019 年第 5 期。

⑤ 邓玉函：《文化自信与新时代中华民族共同体建设的三重逻辑》，《思想战线》2019 年第 4 期。

⑥ 范君、詹小美：《铸牢中华民族共同体意识的文化方略》，《思想理论教育》2018 年第 8 期。

3. 社会情感维度

高鹏怀等认为一国国内各民族应该在信任、规范、合作的基础之上，利用社会资本对内对外的功能，具体可表述为认知关联、情感关联、利益关联、制度关联和愿景关联①。

李静、侯小富从社会心理学出发，认为铸牢中华民族共同体意识需要遵循社会认知过程理论，通过认知、情感和行为三个层次的进路实现②。

青觉、徐欣顺认为，新时代边疆地区的稳定基础已经从物质制度转移到共同体政治情感的供给上，“稳定发展之道，不仅依赖于物质制度条件，还取决于一种深层次的主观意识感受，即重在情感人心”③。

此外，一些学者还就某些重点问题提出建言，如提出建立新时代话语体系，增强“五个认同”，处理好多样性与整体性关系，反对“两种民族主义”④；铸牢中华民族共同体意识不能用民族认同代替国家认同；不能用民族主义倾向培育中华民族共同体意识；不能忽视中国多元一体格局的实际⑤。有的学者针对特定区域提出建议，如王易、陈玲认为，民族地区面临着“境内外敌对势力对我国安全稳定的威胁和破坏、大汉族主义和狭隘民族主义的消极思想残余以及地域差异性与文化多元性”的现实，应该“增强社会主义意识形态在民族地区的凝聚力和引领力，协调物质文明和精神文明建设”⑥。

如前所述，大部分学者认可铸牢中华民族共同体意识的核心是塑造人们对于这个共同体的政治认同，同时政治认同与经济联系、文化认同、情感维系及社会网络有重要关联。学者们从民族政策的完善、“五个认同”的培育、民族团结教育、民族交往交流交融等路径进行了有益的探讨。从宏观来看，铸牢中

① 高鹏怀、张奇、郭嘉伟：《社会网络视角下的中华民族共同体建设》，《黑龙江民族丛刊》2019 年第 3 期。

② 李静、侯小富：《中华民族共同体意识的教育路径》，《中国民族教育》2019 年第 10 期。

③ 青觉、徐欣顺：《新时代边疆稳定发展的情感政治学研究——边疆地区铸牢中华民族共同体意识的情感路径分析》，《中国边疆史地研究》2019 年第 1 期。

④ 王延中：《铸牢中华民族共同体意识建设中华民族共同体》，《民族研究》2018 年第 1 期。

⑤ 张淑娟：《建构与解构：中华民族共同体意识培育中的民族主义因素》，《广西民族研究》2018 年第 6 期。

⑥ 王易、陈玲：《民族地区铸牢中华民族共同体意识的现实问题及路径选择》，《民族教育研究》2019 年第 4 期。

华民族共同体意识本质上是一个政治社会化的过程，国家（制定法律、实施政策）、学校（教育）、大众媒体（宣传）、和社会互动（交往交流交融）是政治社会化的主要路径。从关系来看，要处理世界与中国（人类命运共同体、“一带一路”、中华民族共同体）的关系、国家与民族的关系（国家认同与民族认同）、民族与民族的关系（平等、团结、互助、和谐）、公民与公民的关系（公平正义、权利义务），夯实中华民族共同体需要全面把握好这几个层面的关系。总之，铸牢中华民族共同体意识是一项社会系统工程，体现在国家治理的方方面面。因此，应该呼吁更多专业背景的学者参与到中华民族共同体的研究中，从不同学科的理论视角，深化对铸牢中华民族共同体意识的研究，创新铸牢中华民族共同体的路径机制，形成全社会共建共治共享的局面。

三 “中华民族共同体”研究的可拓展空间

从当前的研究现状来看，虽然“中华民族共同体”成为近几年炙手可热的研究热点，短期内成果数量较多，概念传播较快，学术界也取得了一些共识，但总体来讲，该领域的研究仍处于起步阶段，成果的质量和深度仍有待进一步拓展，尤其是多学科的知识卷入不够，创新性成果较少。比对当前的研究现状，建议在以下方面进一步发力。

（一）加强“中华民族共同体”内涵的中国化研究

“中华民族共同体”从话语结构上主要围绕“中华民族”和“共同体”两个核心概念展开，目前来看，存在两个核心概念的研究比例不协调、关系不清晰等问题。学界对“中华民族”概念的研究由来已久，对“中华民族”的概念发展、范畴、意涵、结构等都有较为丰富的研究成果。相对而言，国内关于民族“共同体”的研究相对单薄。自德国社会学家斐迪南·滕尼斯在其著作《共同体与社会》中正式提出“共同体”这一概念以来，“共同体”经历了概念不断丰富演变的过程。例如，涂尔干提出了社会的“机械团结”和“有机团结”之分，马克斯·韦伯又将“共同体”的概念运用变得更为广泛。目前，国内学者对于“共同体”的研究大多仅是做了西方学者研究成果的“搬运工”，并未进行中国化的思考与阐发。目前，“中华民族共同体”呈现的理论阐释大体上可以概括为本土的“中华民族”与舶来的“共同体”的结合。这一现象在一定程度上影响了我们对“中华民族共同体”的把握：“中华民族共同体”相对于西方提出的“共同体”概念有何不同？“中华民族共同体”与公民共同体、社会共同体在中国语境下又有何区别？“共同体”的核心是什么？是和而不同，还是追求同质性？为了避免概念的模糊以及由此可能给人们带来的困扰，未来研究应更多地阐释中华民族共同体的本质，对于“共同体”这一概念进行全面理解，并从中国的语境、学理上讨论“中华民族”与“共同体”的结合的中国意涵。

（二）加强“铸牢中华民族共同体意识”与民族工作实践的对接研究

“铸牢中华民族共同体意识”在政治层面上已经成为民族工作的主题与目标，但铸牢中华民族共同体与民族工作实践的硬连接没有建立。目前仅是把铸牢中华民族共同体意识当一个“大筐”，似乎任何关涉“民族”的事务都可以装进来，但在实际工作中又很难将具体工作直接升华为“铸牢中华民族共同体意识”。铸牢中华民族共同体意识这样的一个新主题、新目标，与以往的民族工作（民族团结教育、民族团结创建、对口支援、少数民族扶贫与发展等工作）的关系是什么？新时代应该有什么新的内容与要求？同时，不同地区开展铸牢中华民族共同体意识的工作有何地域性差别？铸牢中华民族共同体意识作为顶层设计，自上而下传达的过程中需要理念传导与政策对接，需要工程细化与精准化。这些问题不仅是理论问题，也是现实迫切需要解决的问题，学界应该加强研究，建立“铸牢中华民族共同体意识”这一顶层设计与基层工作实践的硬连接，使“铸牢中华民族共同体意识”的可操作性更强。同时，基层工作的目标指向性也应进一步优化。

（三）加强“自下而上”的“中华民族共同体”建构路径研究

毋庸置疑，政党建构国家并且主导社会变革与发展是近代以来中国历史实践的基本特征和优势所在，“自上而下”仍然是铸牢“中华民族共同体”意识工程的主要途径，大多数学者也就从不同视角就如何进行“自上而下”的共同体建构进行了阐发，如完善民族区域自治制度、推动民族政策精细化、深化民族团结进步教育等。但同时，我们也应看到，无论是出于治理现代化引导的政治改革，还是来自公民社会发展的力量，“一个组织的建构越具有横向性，它就越能够在更广泛的共同体内促进制度的成功”①。人民群众是历史发展和社会改革的推动者，也是我们一切工作的出发点和归宿点。铸牢中华民族共同体意识的工作最深层次的力量还是来自人民，正如习近平总书记在第四次中央民族工作会议上指出：“做好民族工作，最关键的是搞好民族团结，最管用的是争取人心。”新时代民族工作应秉持“重在平时、重在交心、重在行动、重在基层”的理念。因此，“中华民族共同体”的研究还需要我们多从民族成员个体的所思所感、从基层工作实际进行谋划布局，从心理学、社会学和人类学视角，探讨激发中国社会的内生动力、进行“自下而上”构建的可行性进路。

总体来看，近年来学界梳理了新时代我国民族工作的指导思想，并顺应时代的潮流，在中华民族共同体的定位和中华民族共同体建构路径等方面，提出了许多富有创见的内容和观点，可谓硕果累累、成绩斐然，为新时代民族工作的开展夯实了理论基础，增添了更为细节的描述。但未来关于“中华民族”“中华民族共同体”“中华民族共同体意识”等议题仍然可以从研究内容、研究方法、研究倾向上进行完善，这既是学术研究不可回避的问题，也是时代赋予我们的任务。

参考文献

杨鹍飞：《中华民族共同体认同的理论与实践》，《新疆师范大学学报》（哲学社会科学版）2015 年第 6 期。

沈桂萍：《培育中华民族共同体意识构建国家认同的文化纽带》，《西北民族大学学报》（哲学社会科学版）2015 年第 3 期。

朱碧波：《论中华民族共同体的多维建构》，《青海民族大学学报》（社会科学版）2016 年第1 期。

陆海发：《民族国家视阈下的中华民族共同体建设研究》，《云南民族大学学报》

① 罗伯特 D. 帕特南：《使民主运行起来》，江西人民出版社，2001，p206。

（哲学社会科学版）2016 年第 2 期。

乌凤琴，司廷才：《从中华民族共同体意识视角看蚩尤与牛河梁红山文化的联系》，《辽宁省社会主义学院学报》2016 年第 4 期。

赵刚：《民族政策与国家民族的建构——兼论中华民族共同体意识的培养》，《广西社会主义学院学报》2016 年第 5 期。

严庆：《本体与意识视角的中华民族共同体建设》，《西南民族大学学报》（人文社会科学版）2017 年第 2 期。

焦敏：《高校民族团结教育应加强“中华民族命运共同体”认同意识教育》，《民族教育研究》2017 年第 5 期。

麻国庆：《记忆的多层性与中华民族共同体认同》，《民族研究》2017 年第6 期。

刘吉昌、金炳镐：《构筑各民族共有精神家园　培养中华民族共同体意识》，《西南民族大学学报》（人文社会科学版）2017 年第 6 期。

郝亚明、赵俊琪：《“中华民族共同体”：话语转变视角下的理论价值与内涵探析》，《北方民族大学学报》（哲学社会科学版）2018 年第 3 期。

张淑娟：《建构与解构：中华民族共同体意识培育中的民族主义因素》，《广西民族研究》2018 年第 6 期。

高成军：《中华民族共同体意识的公民身份建构》，《宁夏社会科学》2018 年第 6 期。

范君、詹小美：《铸牢中华民族共同体意识的文化方略》，《思想理论教育》2018 年第 8 期。

孙海星：《历史合力视域下的中华民族共同体巩固路径分析》，《北方民族大学学报（哲学社会科学版）》2019 年第 2 期。

高鹏怀、张奇，郭嘉伟：《社会网络视角下的中华民族共同体建设》，《黑龙江民族丛刊》2019 年第 3 期。

王易、陈玲：《民族地区铸牢中华民族共同体意识的现实问题及路径选择》，《民族教育研究》2019 年第 4 期。

王希恩：《中华民族建设中的认同问题》，《西南民族大学学报》（人文社会科学版）2019 年第 5 期。

孔亭、毛大龙：《论中华民族共同体的基本内涵》，《社会主义研究》2019 年第 6 期。

李静、侯小富：《中华民族共同体意识的教育路径》，《中国民族教育》2019 年第 10 期。

罗伯特 D. 帕特南：《使民主运行起来》，江西人民出版社，2001。

B.4
民族地区精准扶贫理论与实践进展研究报告*

杨秀明**

摘　要： 中国的扶贫事业不仅基本解决了中国人民的根本生计问题，更创造了许多值得从理论上进行系统总结和深入研究的民族地区扶贫实践，特别是精准扶贫思想为民族地区脱贫攻坚指明了方向。通过梳理2017～2019年民族地区精准扶贫理论研究现状，针对民族地区精准扶贫实践情况，考察民族地区经济发展的成绩与问题，本报告就新时代民族地区精准扶贫精准脱贫提出政策性建议：完善基础设施建设，推动民族地区经济发展；发展特色产业，促进经济结构转型升级；健全多元化生态补偿机制，保护环境；共享优质教育资源，培育地区发展内生动力；加快推进“一带一路”建设，提高民族地区对外开放水平。

关键词： 精准扶贫　民族地区　新时代

2020年1月19日至21日习近平总书记在云南考察调研时强调，“全面建成小康社会，一个民族都不能少。要加快少数民族和民族地区发展，让改革发展成果更多更公平惠及各族人民”。① 这一重要论述，生动阐明了同步小康的

* 本报告是重点项目“陆路边境地区构建‘口岸文化’研究”（项目编号：16AMZ009）的阶段性研究成果。

** 杨秀明，文学博士，北京舞蹈学院民族舞蹈文化研究基地讲师，中央民族大学中国少数民族经济专业出站博士后。

① 《习近平春节前夕赴云南看望慰问各族干部群众》，新华社，http：//www.gov.cn/xinwen/2020－01/21/content_5471283.htm，2020年1月21日。

总体目标，彰显了“共同团结奋斗、共同繁荣发展”的民族工作主题，也具体体现了实现共同富裕的社会主义本质要求。根据十九大报告，中国特色社会主义进入新时代，我国社会的主要矛盾已经转化为人民日益增长的美好生活需要和不平衡不充分的发展之间的矛盾。由于社会历史和自然条件等现实原因，长久以来，我国中西部民族地区经济发展与东部地区存在一定差距。“消除民族之间的不平等，是马克思主义主张的消灭阶级差别的任务之一。”[①] 中华人民共和国成立后，中国共产党以马克思主义为指导，在解决民族问题、制定民族政策中始终贯彻民族平等这一重要原则，人民生活条件得到极大改善，民族地区经济快速发展。改革开放以来，我国农村绝对贫困人口累计减少8亿多人，[②] 为世界减贫事业做出了卓越贡献，取得了举世瞩目的成就。本报告以我国民族地区[③]精准扶贫为研究对象，通过梳理2017～2019年民族精准扶贫理论研究现状，针对民族地区精准扶贫实践情况，就民族地区经济发展的成绩与问题进行考察，并提出政策性意见。

在创新、协调、绿色、开放、共享的新发展理念指导下，我国民族地区经济社会全面发展，发展速度超过全国水平，与全国差距不断缩小。进入2019年，脱贫攻坚已到了决战决胜、全面收官的关键阶段。2020年我国将完成基本消除绝对贫困的目标，实现全面小康的千年梦想。民族地区经济发展机遇与挑战并存，扶贫工作亟待从注重减贫进度向更加注重脱贫质量转变。

一　新时代民族地区精准扶贫理论研究进展

2013年习近平总书记在湘西考察时首次提出精准扶贫理念，指出扶贫工作应做到“实事求是、因地制宜、分类指导、精准扶贫”。在经济新常态背景下，精准扶贫是指针对真正贫困的家庭和人口进行帮扶，是扶贫资源优化配置

---

① 杨圣敏：《把好制度坚持好发展好完善好》，《人民日报》2020年4月3日，第9版。

② 国务院扶贫办：《人类历史上波澜壮阔的减贫篇章——新中国成立70年来扶贫成就与经验》，《旗帜》2019年第12期。

③ 我国民族地区通常指民族八省区，包括五个民族自治区即内蒙古自治区、广西壮族自治区、新疆维吾尔自治区、西藏自治区和宁夏回族自治区，以及三个少数民族人口集中的省，即贵州、云南和青海。

与发展质量提升的需要，也是全面建成小康社会的关键环节。近年来学界对民族地区精准扶贫的理论研究主要集中在基础理论、专题探讨和范式转型三个方面。

（一）新时代民族地区精准扶贫理论基础研究

中国的扶贫事业不仅基本解决了中国人民的根本生计问题，更创造了许多值得从理论上进行系统总结和深入研究的民族地区扶贫实践，特别是精准扶贫思想理念为民族地区脱贫攻坚指明方向。通过系统总结民族地区扶贫历史进程与政策演进，夯实与创新精准扶贫基础理论，对于讲好中国扶贫脱贫故事，具有重要理论和实践意义。

第一，学界对精准扶贫思想的理论来源进行学术论证。王琳通过系统梳理我国扶贫开发理论演进，将其归纳为马克思主义反贫困理论、历届中央领导集体扶贫思想和习近平总书记扶贫开发战略思想三个部分。① 白维军结合时代背景和社会现实，指出精准扶贫源于中国古代民本主义、马列主义贫困治理思想、新中国历代领导人反贫困思想与习近平总书记的基层贫困治理理论升华。② 向德平等进一步从理论层面指出，精准扶贫研究主要基于贫困治理理论、多维贫困理论及包容性发展理论等，这些理论为精准扶贫提供了理论支持和指导。③ 其中贫困治理理论源于公共事务管理的多样化、多元化和复杂化，精准扶贫将其引入扶贫领域，改变了政府单一主体参与扶贫的局面，实现政府、市场、社会以及贫困户等共同参与的合作式扶贫。在多维贫困理论视角下，衡量贫困的指标体系由单一的收入维度转向多维的非收入维度，精准扶贫的提出与实施是对多维贫困问题的回应，不仅关注物质性贫困，还关注发展能力的贫困。亚洲开发银行提出的包容性发展关注发展成果全民共享，这与精准扶贫是辩证统一的，民族地区精准扶贫是实现包容性发展的重要手段。

---

① 王琳：《中国扶贫开发的理论演进、实践发展与思路创新》，《宏观经济研究》2018 年第 1 期。

② 白维军：《论精准扶贫的理论来源、实践基础与创新发展》，《内蒙古社会科学》（汉文版）2019 年第 1 期。

③ 向德平、王维：《精准扶贫的研究理路与未来议题》，《新疆师范大学学报》（哲学社会科学版）2020 第 3 期。

第二，对精准扶贫思想的理论体系进行系统研究。潘慧等对习近平中国特色社会主义精准扶贫思想的理论“七大体系”（责任体系、工作体系、政策体系、投入体系帮扶体系、社会动员体系和监督考核体系）进行系统阐释，并指出“七大体系”相辅相成，合力构成精准扶贫的思想整体。精准扶贫理论体系逐渐成为指导各地扶贫工作实践的重要方针并形成重要的扶贫工作经验，促进了一系列精准扶贫政策的制定与实施。① 黄承伟以习近平扶贫重要论述为指引，从本质论、优势论、带动论、改革论、两动论、扶志论、综合论、精准论、衔接论、合作论等十个方面对中国扶贫理论进行了梳理。他强调，精准扶贫是一套内涵丰富、逻辑严密的思想体系，推进贫困治理和治理能力的现代化，是精准扶贫的主要目标。② 这也为脱贫攻坚理论成果总结提供参考。

第三，对精准扶贫绩效保障的理论研究。汪三贵从六个方面阐释了精准扶贫的显著效果：其一是贫困人口大幅减少，减贫速度一年比一年快；其二是收入和消费快速增长，区域差距进一步缩小；其三是生活条件不断改善；其四是基础设施显著改善；其五是公共服务水平不断提高；其六是改变了农村的基层治理方式。③ 陈爱雪等运用层次分析法，建立了包括5个一级指标和15个二级指标的精准扶贫绩效评价体系，并逐层分析。分析结果表明，一级指标中的经济社会发展和二级指标中的贫困人口识别及产业扶贫精准率的权重最高，表示以上指标对精准扶贫资金使用效率和政策效果影响显著。④ 破解民族地区整体贫困必须实施精准扶贫，而中国的精准扶贫将为世界减贫脱困产生示范效应。宋才发聚焦民族地区精准扶贫的法制保障，指出在精准扶贫中，必须从宪法制度上保障民族地区贫困人口的生存权，以选贤任能促进民族地区贫困人口的发展权，以教育公平杜绝民族地区贫困人口的代际传递，以生态保护维护民族地区贫困人口的补偿权。⑤

① 潘慧、滕明兰、赵嵘：《习近平新时代中国特色社会主义精准扶贫思想研究》，《上海经济研究》2018 年第 4 期。

② 黄承伟：《中国扶贫理论研究论纲》，《华中农业大学学报》（社会科学版）2020 年第 2 期。

③ 汪三贵：《中国扶贫绩效与精准扶贫》，《政治经济学评论》2020 年第 1 期。

④ 陈爱雪、刘艳：《层次分析法的我国精准扶贫实施绩效评价研究》，《华侨大学学报》（哲学社会科学版）2017 年第 1 期。

⑤ 宋才发：《民族地区精准扶贫基本方略的实施及法治保障探讨》，《中央民族大学学报》（哲学社会科学版）2017 年第 1 期。

第四，乡村振兴视角下的精准扶贫理论研究。陆益龙指出，实现乡村振兴的战略目标，需要分三步走：精准扶贫、乡村重建和社会创新。早期的农村反贫困主要采取“政府主导、社会参与、自力更生、开发扶贫、全面发展”的扶贫开发模式，实施精准扶贫战略则是顺应新时代农村扶贫的新要求。① 豆书龙等进一步提出，乡村振兴与脱贫攻坚的衔接具有现实必要性和理论可行性，两者具有内容共融、作用互构和主体一致的互涵式关系。乡村振兴可以借鉴脱贫攻坚的有效经验实现稳健推进，而脱贫攻坚亦能够利用乡村振兴机遇谋求纵深发展，因此应该着力在体制机制统筹落实、产业发展多元鼓励和主体意识积极培育等方面精准发力，推动乡村振兴与脱贫攻坚有机衔接。② 陈小燕将耦合理论引入乡村振兴语境下的扶贫开发研究，对于脱贫攻坚效果的提升和乡村振兴会起到积极的促进作用。乡村振兴下的脱贫攻坚耦合系统是一个包含人才耦合、产业耦合、治理耦合、环境耦合、脱贫耦合等在内的多元耦合系统。进入新时代，精准扶贫和乡村振兴相互融合，耦合推进。③

第五，精准扶贫中的精准识别理论研究。精准扶贫的前提是科学的贫困人口识别。李棉管从社会学理论角度指出，“瞄准效率”或“瞄准偏差”是西方社会政策研究和福利效应评估的重要内容。中国精准扶贫的理论研究和战略制定一方面需要综合考虑技术手段、政治因素和文化因素，另一方面需要在政治过程考察和文化因素分析两方面建构本土性解释框架。④ 何立华指出，贫困人口之所以难以被精准识别，根本原因在于农户和官员之间以及官员和政府之间严重的信息不对称。其研究成果通过构建一个由农户、官员以及政府等三方参与的博弈模型，分析“被脱贫”和“假贫困”现象的微观原因，探究贫困人口识别精准率的影响因素，并提出违规类型认定和处罚标准设定以加强政府监管。⑤ 朱梦冰等利用2013年住户调查数据对现行农村低保瞄准问题的分析表明，低保户识别标准须从单一收入标准向多维贫困标准转变，形成统一的低保

① 陆益龙：《乡村振兴中精准扶贫的长效机制》，《甘肃社会科学》2018年第4期。

② 豆书龙、叶敬忠：《乡村振兴与脱贫攻坚的有机衔接及其机制构建》《改革》2019年第1期。

③ 陈小燕：《多元耦合：乡村振兴语境下的精准扶贫路径》，《贵州社会科学》2019年第3期。

④ 李棉管：《技术难题、政治过程与文化结果——“瞄准偏差”的三种研究视角及其对中国“精准扶贫”的启示》，《社会学研究》2017年第1期。

⑤ 何立华：《精准扶贫背景下的贫困人口识别：理论、实践与政策》，《中南民族大学学报》（人文社会科学版）2017年第2期。

标准，制定统一的识别方案，同时扩大低保覆盖面和增加低保金投入，使低保制度真正起到兜底作用。①

第六，精准扶贫中的妇女参与理论研究。中国妇女在劳动生产和扶贫攻坚中发挥着重要作用。徐秀丽提出，社会性别视角至少可以为精准扶贫实践贡献三个维度的知识财产：第一，有助于“精准”目标的真正落实；第二，有助于加强联合国可持续发展目标中减贫目标和性别平等目标的关联和协同；第三，有助于加强国内减贫和国际援助之间的耦合和互动。② 李晓红等指出，民族贫困地区是脱贫攻坚最后阶段的工作重点，为化解脱贫攻坚中的“软”约束，缩小发展差距，有必要加强对农村贫困家庭母亲角色的公共支持，应改善公共支持的均衡性、提高专家话语建构的可及性、补贴农村贫困家庭母亲的市场话语建构需求以及探索解决母亲角色显性缺位的创新路径。③ 陈丽琴探讨了国外基于社会性别视角的精准扶贫，指出旅游扶贫在增加女性就业机会和经济收入等方面带来了积极影响，但不能否认的是一些性别盲视的旅游政策忽略了性别公平的维度，构成新自由主义扶贫的做法，带来了新的性别不平等，这将会影响旅游扶贫的精准度和可持续发展。④ 她在后续研究中进一步提出，为了提高我国旅游扶贫的性别精准度，在宏观层面，应分性别进行贫困数据统计，并建立扶贫绩效评估指标，关注不同性别脱贫的成效，做到性别上的精准扶贫；在微观的经济操作层面，应融入性别视角，让更多的女性参与到旅游经济发展的产业链条中；在金融层面，应加大农村妇女小额贷款力度，促进精准扶贫中的性别瞄准；在抵御经济风险层面，应成立女性专业合作社，实现女性互助脱贫。⑤

（二）新时代民族地区精准扶贫理论专题研究

无论是从文献计量的定量分析还是从内容描述的定性分析方法看，我国关

① 朱梦冰、李实：《精准扶贫重在精准识别贫困人口——农村低保政策的瞄准效果分析》，《中国社会科学》2017 年第 9 期。

② 徐秀丽：《社会性别视角可为精准扶贫实践提供三重贡献》，《妇女研究论丛》2016 年第 6 期。

③ 李晓红、刘东：《精准扶贫进程中农村贫困家庭母亲角色公共支持研究》，《广西民族大学学报》（哲学社会科学版）2019 年第 1 期。

④ 陈丽琴：《国外基于社会性别视角的旅游精准扶贫研究：理论分析与实践案例》，《学习论坛》2017 年第 3 期。

⑤ 陈丽琴：《旅游精准扶贫中的性别问题识别与性别平等对策》，《中华女子学院学报》2017 年第 6 期。

于精准扶贫的研究自 2014 年以来发展迅速，成为学术界研究的热点问题。[①] 而从新中国成立 70 年和改革开放 40 年的历史看，经过长期努力，中国从传统农业大国转变为现代化工业大国，大规模的工业化带动城镇化的发展，正在成为经济增长的新引擎，中国特色社会主义进入新时代。中国的反贫困历程，也是中国经济发展、工业化和现代化快速推进的伟大历程。在这一时代背景下，此时期的民族地区精准扶贫理论研究侧重具有鲜明时代性的理论专题研究，以"改革开放 40 年"、"新中国成立 70 周年"和"后扶贫时代"精准扶贫理论研究最为典型。

第一，改革开放 40 年精准扶贫理论研究。汪三贵指出，改革开放 40 年来，中国取得了举世瞩目的减贫成就，按照 2010 年的贫困线估计，中国的农村贫困人口从 1978 年的 7.7 亿人减少到 2017 年底的 3046 万人，累计减贫约 7.4 亿人，贫困发生率从 1978 年的 97.5% 下降为 2017 年底的 3.1%。中国取得如此大规模减贫成就是经济高速增长和扶贫开发共同作用的结果，而中国在多个方面的制度优势是大规模减贫的坚实基础和根本保障。[②] 吴振磊等指出，改革开放 40 年来，中国特色扶贫道路逐渐探索形成。这一道路可以划分为以救济式、区域性扶贫为主的阶段、以开发式扶贫为主的阶段、以参与式扶贫为主的阶段以及精准扶贫阶段等四个时期。这一具有中国特色的扶贫道路的特征是在思想来源上，坚持发展了马克思主义反贫困理论；在动力来源上，始终坚持党的坚强领导；在参与主体上，实现了由单一主体向多元主体共同参与的转变；在战略实施上，坚持区域发展带动战略贯彻始终；在机制构建上，构建了完善的扶贫治理体系；在实施方式上，持续推进扶贫瞄准对象的日益精准。[③] 王帆宇指出，理解改革开放以来中国特色扶贫道路的成功经验，可以从注重策略调整、注重环境改善、注重文化提升和注重内外结合等四个维度把握其要义。这些成功经验不仅为当前精准扶贫和精准脱贫工作提供了宝贵借鉴，还为全球贫困治理提供了中国经验和中国方案。[④]

---

① 王华丽、孔银焕、奎安：《精准扶贫文献综述及其引申》，《重庆社会科学》2017 年第 3 期。

② 汪三贵：《中国 40 年大规模减贫：推动力量与制度基础》，《中国人民大学学报》2018 年第 6 期。

③ 吴振磊、张可欣：《改革开放 40 年中国特色扶贫道路的演进、特征与展望》，《西北大学学报》（哲学社会科学版）2018 年第 5 期。

④ 王帆宇：《改革开放以来中国特色扶贫道路：脉络梳理与经验总结》，《西北民族大学学报》（哲学社会科学版）2020 年第 1 期。

第二，新中国成立70周年精准扶贫理论研究。1949年以来，中国的扶贫工作取得了举世瞩目的成就，为国际反贫困事业提供了中国智慧和中国方案。李晓园等以1949～2019年中共中央和国务院及相关部委出台的扶贫政策文本为样本，采用内容分析法，通过词频分析揭示扶贫变迁历程及其特征。该研究发现，中国治贫在理念上，经历了经济性扶贫到内生性治贫的转变；在对象瞄准上，实现了区域、县、村、户的层层下移；在治贫主体上，从政府包揽转变为政府主导、社会参与；在治贫路径上，从重资金投入转变为分类施策；在治贫制度上，以开发式扶贫为主，典型制度主要有以工代赈、产业扶贫、易地扶贫搬迁、教育扶贫、对口帮扶扶贫等。① 斯丽娟等回顾了中华人民共和国70年扶贫历程和西北地区扶贫实践发现，西北扶贫经历了从救济式扶贫到片区开发与精准扶贫协同推进的政策演进，并指出未来西北地区扶贫开发需要依托市场和社会力量，发挥保障性扶贫政策作用，推进开发与保障并重的扶贫开发模式，来培育贫困人口的内生动力并实现可持续性脱贫。② 肖时花等提出，民族地区扶贫是中国扶贫事业的重要组成部分。1949年以来，民族地区扶贫工作大致经历了小规模的救济式扶贫、体制改革推动的间接瞄准扶贫、项目开发推动的区域瞄准扶贫、八七扶贫攻坚阶段的综合性扶贫、西部大开发实施至2013年的以整村推进为主的扶贫和精准扶贫六个阶段。其突出特点体现在扶贫动因以经济增长为主；扶贫对象由以“面”为主到“点、面”结合再到以“点”为主；扶贫模式由救济式转向开发式再转向开发与社会保障并重。未来民族地区扶贫将面临收入差距的扩大导致经济增长的相对减贫效应大幅下降，城市化进程、人口流动导致更多贫困人口从扶贫政策漏出，以及文化的差异持续对民族地区贫困的缓解产生不利影响等挑战。③

第三，后扶贫时代精准扶贫理论研究。王志章等提出，2020年是我国全面建成小康社会和消除绝对贫困人口的时间节点，但这并不意味着我国贫困的

① 李晓园、钟伟：《中国治贫70年：历史变迁、政策特征、典型制度与发展趋势——基于各时期典型扶贫政策文本的NVivo分析》，《青海社会科学》2020年第1期。

② 斯丽娟、尹苗：《新中国70年西北地区扶贫开发模式的演进与创新——基于LDA主题模型的分析》，《兰州大学学报》（社会科学版）2019年第6期。

③ 肖时花、吴本健：《轨迹与趋向：民族地区70年扶贫历程研究》，《广西民族研究》2018年第5期。

终结，相反我国将迎来新的持续的减贫任务。特别是乡村振兴战略的提出对民族地区的发展提出了新要求，面临贫困的新变化和新的发展语境，已有的研究结果难以体现时效性，可能不足以解决新的问题。"后扶贫时代"的贫困将表现出不同的贫困视野和发展逻辑，减贫工作需要具有新思维、注入新内涵、探索新模式、设计新路径。① 李小红等指出，2020 年国家脱贫攻坚任务就将完成，脱贫后脱贫村的振兴成为社会关注的热点。但脱贫村的治理面临着内生治理能力不足、行政化扶贫力量淡出、脱贫村内部矛盾激化以及乡村振兴的多重压力和挑战，亟待优化调整。实现脱贫村的有效治理可以从构建合作治理模式、重塑困难群体合法性、建立开放的农村治理体系以及强化村民内部政治参与等多个角度推进。② 何阳等提出，"后扶贫时代"贫困问题治理应重点关注贫困新标准的认定、脱贫对象重返贫困、城乡扶贫一体化、扶贫区域协作、激发贫困对象内生动力、多元主体合作互动扶贫及扶贫政策与乡村振兴等其他政策衔接。③

（三）新时代民族地区精准扶贫理论转型研究

总结回顾中国扶贫历史进程，梳理分析支撑不同阶段扶贫战略与政策演进的相关理论认识，对于发展中国特色扶贫开发道路具有重要价值。新时代民族地区精准扶贫研究在中国扶贫理论的梳理和总结基础上，对精准扶贫理论转型进行了深入讨论。这既是中国扶贫经验的提炼和升华，也是为全球减贫事业贡献中国智慧和中国方案的需要。

第一，精准扶贫研究范式、模式与机制的转换。何绍辉指出，目前我国精准扶贫较为关注技术层面，对伦理层面关注不足，因此未能充分阐释精准扶贫的实践困境。他通过分析精准扶贫技术治理范式的分析优势，结合田野调查与发现，指出了其局限性，并试图引入伦理视角以为今后研究提出可能方向。④

---

① 王志章、杨志红：《2020 年后民族地区持续性减贫路在何方？——基于湖北省恩施州精准脱贫的现状分析》，《湖北民族学院学报》（哲学社会科学版）2019 年第 3 期。

② 李小红、段雪辉：《后脱贫时代脱贫村有效治理的实现路径研究》，《云南民族大学学报》（哲学社会科学版）2020 年第 1 期。

③ 何阳、娄成武：《后扶贫时代贫困问题治理：一项预判性分析》，《青海社会科学》2020 年第 1 期。

④ 何绍辉：《从"技术"到"伦理"：精准扶贫研究的范式转换》，《求索》2018 年第 1 期。

姚云云强调，民族地区是我国贫困人口相对比较集中、贫困程度最深、扶贫难度最大的区域，脱贫攻坚的难度也越来越大，目前仍是全国扶贫开发的重点和硬骨头。传统“需求为本”导向的扶贫模式逐渐暴露出其局限性，“资产为本”导向的扶贫开发模式克服了“需求为本”导向的不足，以社区“资产”“优势”“能力”为核心，正逐渐显示其优越性，是我国民族地区扶贫开发的现实需要和选择。① 万君等通过对精准扶贫机制创新的系统梳理发现，精准扶贫强力推动以来，我国扶贫开发机制的总体特征是外源巨力推动下内源发展，外源推动占据重要地位，内源发展相对较弱但逐步显现，未来必然呈现“内外融合”创新转变。而这种机制完善创新效果和程度，则取决于外源推动的可持续能力、外源推动的供给侧结构性改革、贫困社区的内源发展能力、外源推动和内源发展的技术手段与实施策略等。②

第二，精准扶贫多维贫困视角的建立。2020 年后，中国扶贫工作将由消除绝对贫困向缓解发展不平衡、不充分的相对贫困转变，这促使精准扶贫从单一视角向多维视角转变。王小林等指出，未来中国应采用多维相对贫困标准，多维相对贫困标准，既要包括反映“贫”的经济维度，也要包括反映“困”的社会发展维度，还要包括生态环境维度。在经济维度，需要考虑收入和就业两个方面；在社会发展维度，需要考虑教育、健康、社会保障、信息获得等方面；而新发展理念以及生态补偿脱贫实践经验要求把生态环境纳入多维贫困框架中。③ 于小强指出，中国经历了从粗放扶贫到精准扶贫的过程，在我国主要矛盾发生转变的新形势下，为了解决好各地区发展不平衡不充分的矛盾，更要求做到扶贫主体精准回归；同时，探索多维贫困指标分析，通过扶贫政策单维视角到多维视角的转变，指出多维分析方法与多维视角转变是精准扶贫的必由之路。④ 王三秀等通过调查指出，相对物质贫困而言，能力与权利的贫困是更具决定性的因素。该研究

---

① 姚云云：《精准扶贫视域下民族地区扶贫模式导向转换的实践逻辑——从“需求为本”到“资产为本”》，《西北民族大学学报》（哲学社会科学版）2018 年第 2 期。

② 万君、张琦：《“内外融合”：精准扶贫机制的发展转型与完善路径》，《南京农业大学学报》（社会科学版）2017 年第 4 期。

③ 王小林、冯贺霞：《2020 年后中国多维相对贫困标准：国际经验与政策取向》，《中国农村经济》2020 年第 3 期。

④ 于小强：《精准扶贫：多维分析与视角转变》，《云南农业大学学报》（社会科学）2020 年第 2 期。

提出民族地区农村居民多维贫困治理中以消除权利贫困为基点，以能力精准扶贫为依托，以提升物质生活质量为目标，以扶贫制度建设为保障，从根本上阻断贫困的恶性循环，为到2020年打赢脱贫攻坚战提供一种新思路。①

第三，精准扶贫中的柔性研究。立足当前精准脱贫现实，着眼长远谋划“后扶贫时代”的方向，侧重人的全面发展的柔性扶贫理念进入学者们的视野。朱启臻提出，柔性扶贫是针对刚性扶贫而言的，为迎合自上而下的扶贫项目而不顾实际地削足适履的扶贫行为，其结果往往导致扶贫项目失败或低效。柔性扶贫认为乡村是一个有机的价值体系，有自身的价值和发展规律，通过制度创新、要素重新组合可以使乡村价值得以放大。外来要素只有融入乡村体系才能落地生根、开花结果。② 王曙光等指出，中国扶贫模式经历了从直接救济到内生性扶贫，从注重基础设施建设到产业扶贫，从国家主导型扶贫到鼓励多元化民间力量和发挥市场力量扶贫，从单一扶贫政策框架到系统性扶贫的制度变迁。中国未来的扶贫工作应更加注重欠发达地区的生态建设和人文建设，加强对相对贫困人口的教育、卫生医疗、社会保障等公共品的普惠式供给和高质量供给，注重欠发达地区农村的社会建设和乡村治理。③ 邢中先等指出，中华人民共和国成立以来民族地区扶贫事业成效显著，其实践经验为始终坚持物质扶贫和精神扶贫两手抓的策略，“后贫困时代”民族地区扶贫应重点关注“精神贫困”问题、应对“扶贫力量撤出”问题、破解“文化贫困”问题和处理“民族地区扶贫与乡村振兴”问题。④

通过文献梳理可以看出，学界对当下新时代背景下的精准扶贫理论发展日益关注。在全面建成小康社会的关键阶段，民族地区贫困问题成为突出短板。针对新时代民族地区精准扶贫进程及其特殊性尚有深入探讨的空间。

---

① 王三秀、高翔：《民族地区农村居民多维贫困的分层逻辑、耦合机理及精准脱贫——基于2013年中国社会状况综合调查的分析》，《中央民族大学学报》（哲学社会科学版）2019年第1期。

② 朱启臻：《“柔性扶贫”理念的精准扶贫》，《中国农业大学学报》（社会科学版）2017年第1期。

③ 王曙光、王丹莉：《中国扶贫开发政策框架的历史演进与制度创新（1949—2019）》，《社会科学战线》2019年第5期。

④ 邢中先、张平：《民族地区70年扶贫政策回顾与展望》，《湖北民族学院学报》（哲学社会科学版）2019年第5期。

二　新时代民族地区精准扶贫实践研究进展

精准扶贫理念提出源于当前中国反贫困面临的现实困难，精准扶贫实践中出现的新现象与新问题一直受到学界关注。目前针对新时代民族地区精准扶贫实践的研究成果主要可分为个案研究和系统研究。

（一）新时代民族地区精准扶贫实践个案研究

围绕民族八省区的精准扶贫实践个案研究较为丰富。

第一，内蒙古自治区精准扶贫实践个案研究。张丽君等指出，与其他民族地区贫困情况相比，内蒙古自治区贫困现状突出表现为牧业经济脆弱、生态保护压力大、少数民族人口多、边境地区广四个特点，其贫困原因可归结为基础设施、自然资源、人力资本、开发限制、扶贫机制以及多方面交织因素。因此，在民族地区扶贫过程中，应加强民族地区扶贫合力，推动市场与社会全方位参与；重视民族地区生态保护，完善生态补偿机制；动员民族地区贫困人口主体意识，激发内生脱贫动力；瞄准民族地区贫困人口需求，创新体制机制扶贫；针对特殊群体和特殊区域，攻克民族地区脱贫的“硬骨头”。[①] 郑瑞强结合大兴安岭南麓山区兴安盟贫困群众脱贫内生动力激发的扶贫开发政策“多层互动，全员学习”决策过程创新、“市场导向＋村级集体经济”协同发展模式和积分制探索等扶贫开发工作实践开展实证研究，认为立体化、多维度、宽领域的贫困群众脱贫内生动力激发工作开展需要注重整体协作，强调扶贫开发主体扶贫内生动力和贫困群众脱贫内生动力双重持续提升；着力自主管理和发展能力培育，积极引导贫困群众参与；提升科技支撑，促进贫困群众社会关联网络重建。[②] 李傲等通过研究指出，贫困问题抑制了内蒙古农牧户家庭的医疗消费及外购食品消费，医疗保险显著提升了农牧户家庭的消费信心，刺激了农牧户家庭的消费，使其所享受到的医疗服务水平和生活质量得到明显提升。同

① 张丽君、杨秀明：《精准扶贫背景下内蒙古贫困特征比较分析及对策研究》，《内蒙古社会科学》（汉文版）2017 年第 4 期。

② 郑瑞强：《贫困群众脱贫内生动力激发：行动框架拓展与实证——以内蒙古兴安盟为例》，《贵州社会科学》2019 年第 1 期。

时，医疗保险对不同农牧户家庭消费支出的影响存在明显差异，参加医疗保险对贫困户的医疗消费支出、外购食品消费支出等有显著的促进作用，而对提升非贫困户的物质生活消费支出影响不显著。①

第二，广西壮族自治区精准扶贫实践个案研究。陈新建等以广西金融扶贫为例，在对金融扶贫的理论逻辑和现实机制进行分析的基础上，总结归纳广西民族地区在金融机构、金融产品、金融服务等方面开展金融扶贫的实践和创新。研究结果表明，民族地区金融扶贫具有显著的减贫效应，民族地区金融扶贫应根据其地域特色创新发展产品和服务。② 覃志敏等以广西南部一村为个案进行研究，指出在实施精准扶贫过程中，干部驻村帮扶工作围绕扶持客体、扶持主体与扶持方法等环节中涉及的间接与直接贫困干预两个方面，展示了减贫逻辑的差异性。其一是政府扶贫，包括精准识别及精准管理等，突出表现了制度化特点。其二是社会扶贫，包括结对帮扶等，主要取决于社会资源的动员能力。帮扶资源制度化与内源发展成为推进脱贫攻坚工作的两个主要方向。③

第三，新疆精准扶贫实践个案研究。刘守威等通过测度南疆四地州农户多维度贫困状态，为精准扶贫工作的有效开展提供科学理论指导。该研究改变传统单维视角，基于多维贫困测度理论，在因素变动分析中发现，就业和厨房燃料维度指标灵敏度较大，相比之下就业更为显著。④ 哈丽云指出，维吾尔族妇女既是实施精准扶贫战略的重要力量，也是精准扶贫的受益者。由于传统的性别观念、受教育水平低、缺乏劳动技能等，南疆维吾尔族贫困妇女发展面临着种种困难和问题。精准扶贫为南疆农村少数民族妇女的发展提供了前所未有的历史性机遇，少数民族妇女的发展必将巩固精准脱贫的成果，增强少数民族贫困地区持续脱贫奔小康的能力。⑤ 孔令英等以喀什地区疏勒县为个案进行研

① 李傲、杨志勇、赵元凤：《精准扶贫视角下医疗保险对农牧户家庭消费的影响研究——基于内蒙古自治区730份农牧户的问卷调查数据》，《中国农村经济》2020年第2期。

② 陈新建、韦圆圆：《基于稳定脱贫的民族地区金融扶贫实践与创新研究——以广西为例》，《区域金融研究》2019年第12期。

③ 覃志敏、岑家峰：《精准扶贫视域下干部驻村帮扶的减贫逻辑——以桂南S村的驻村帮扶实践为例》，《贵州社会科学》2017年第1期。

④ 刘守威、张玉玲：《内生性因素的多维贫困测度及因素变动分析——基于南疆四地州农村调查问卷》，《新疆大学学报》（哲学·人文社会科学版）2020年第1期。

⑤ 哈丽云：《精准扶贫与少数民族妇女发展》，《新疆社科论坛》2019年第6期。

究，指出精准扶贫项目实施后，农户生计资本水平整体得以提高，生计资本结构有所改善，但是各项生计资本发展不均衡，生计脆弱性依旧存在。同时生计资本是决定农户选择生计策略的重要影响因素，自然资本是决定农户选择纯农型生计策略的基础，而金融、人力、社会、物质、民族文化等资本决定了该地区农户生计策略由纯农型向非农型的转变。政府需要加大自然、物质、社会、教育等生计资本方面的扶贫项目投入力度，提升农民组织化水平，注重金融资本、民族文化资本等生计资本方面扶贫项目投入的精准化并加大监控力度以实现贫困农户生计可持续发展。①

第四，西藏自治区精准扶贫实践个案研究。范颖等以西藏隆自县珞巴族村落的文化贫困问题为研究对象，从群体和个体两个层面提出具有针对性的文化精准扶贫具体措施。该研究认为，文化与贫困之间存在着本质的关系，要真正去除贫困的本质根源，必须紧紧把握文化扶贫这个抓手。② 包路芳指出，聚居在墨脱的门巴族、珞巴族，集“人口较少民族”和“直过民族”特征于一体，社会经济发展长期滞后，增加了脱贫攻坚难度，只有因地制宜、精准对接，才能实现精准扶贫和精准脱贫。基于已有的扶贫成果，目前应该以培育农牧民的自主性为重点，推动当地贫困群体积极参与扶贫工作和市场经济。③ 杨阿维等对西藏5市2地的1013份农牧民调查数据进行分析并指出，性别和人口对精准扶贫满意度无显著影响；年龄对精准扶贫满意度有显著正面影响；婚姻和受教育程度对精准扶贫满意度有显著负面影响；脱贫意愿和精准识别与精准扶贫满意度呈显著负相关；精准帮扶对精准扶贫满意度有显著影响，且影响较大。④ 唐静等以西藏自治区林芝市为个案进行研究。该研究强调，精准扶贫金融服务，为西藏农牧民脱贫致富发挥了重要的资金支持作用。林芝市积极创新金融精准扶贫思路，充分发挥各类金融机构主体作用，精准定位金融扶贫对象和扶贫

---

① 孔令英、李媛彤、王明月、郑涛：《项目制扶贫下农户生计资本与生计策略研究——基于新疆疏勒县的调查数据》，《中国农业资源与区划》（网络版），2019年10月29日。

② 范颖、唐毅：《基于贫困文化论的人口较少民族文化精准扶贫研究——以西藏自治区隆自县斗玉珞巴族文化扶贫为例》，《农村经济》2017年第6期。

③ 包路芳：《西藏墨脱“直过民族”与精准扶贫》，《中央民族大学学报》（哲学社会科学版）2018年第6期。

④ 杨阿维、图登克珠、张建伟：《民族地区精准扶贫满意度研究——来自西藏的实地调研》，《西藏大学学报》（社会科学版）2018年第4期。

主体，实现精准扶贫金融服务体系多元化，走出了一条具有林芝特色的金融精准扶贫道路。①

第五，宁夏回族自治区精准扶贫实践个案研究。李博等以宁夏回族自治区西海固地区一贫困村为个案进行研究。该研究发现，在精准识别过程中以追求工具理性为目标的国家逻辑和以追求价值理性为目标的乡土逻辑二者之间的张力仍然是困扰精准识别的主要障碍，具体表现为精准扶贫所遭遇的农村熟人社会的关系网络、不规则的乡土社会，以及农村社会“不患多寡而患不均”的思想和不健全的基层民主。基于以上几个方面的因素，将国家标准化识别体系与乡村熟人社会规则相结合成为乡村精准扶贫精准识别的重要问题。② 束锡红等以宁夏生态移民为研究对象，在描述其生计方式变迁及其经济状况基础上，利用可持续生计框架分析移民生计方式变迁和多元发展的深层次逻辑，并结合精准扶贫这一国家战略，提出再造移民生计资本，促进移民生计方式多元化和可持续发展的建议。③ 曾小溪等在分析宁夏扶贫小额信贷实践探索的基础上指出，当前扶贫小额信贷主要存在金融机构及其从业人员积极性不高、片面要求提高覆盖率和新增贷款投放量可能存在较大的风险、承贷主体和资金使用主体不一致、贫困人口在建档立卡系统中“进进出出”、宣传不够到位等问题。该研究建议从将金融扶贫工作融入宏观金融政策体系、多种渠道降低金融扶贫成本、建立有效的政府增信机制、加大金融扶贫基础工作力度、利用互联网技术改造传统金融业务、鼓励支持和引导合作性金融政策发展、尽快落实尽职免责制度、设计合理的利益联结机制、将金融扶贫和产业发展结合起来等角度入手，进一步落实扶贫小额信贷精准扶贫政策。④

第六，贵州精准扶贫实践个案研究。王超等以贵州省金沙县温泉村为个案，研究指出发展特色旅游产业是深入推进民族地区精准扶贫，实现农村全面

---

① 唐静、吴玲、吴乾坤：《乡村振兴战略视角下西藏林芝市特色金融精准扶贫成效研究》，《西藏民族大学学报》（哲学社会科学版）2019 年第 3 期。

② 李博、左停：《谁是贫困户？精准扶贫中精准识别的国家逻辑与乡土困境》，《西北农林科技大学学报》（社会科学版）2017 年第 4 期。

③ 束锡红、聂君、樊晔：《精准扶贫视域下宁夏生态移民生计方式变迁与多元发展》，《宁夏社会科学》2017 年第 5 期。

④ 曾小溪、孙凯：《扶贫小额信贷精准扶贫落实研究——基于宁夏的调研》，《云南民族大学学报》（哲学社会科学版）2018 年第 4 期。

脱贫致富的重要举措，是民族村寨落实“乡村振兴战略”的具体发展策略之一。研究发现，贵州少数民族地区旅游产业精准扶贫工作开展取得一定成绩，但还存在贫困人口融入难、旅游产品缺乏吸引力、转型升级存在困难、旅游扶贫经济基础较差、旅游扶贫链接机制不够完善等问题。鉴于此，研究从顶层设计角度提出可从精准识别扶贫受助对象、精准鉴别旅游项目资源、精准认识扶贫政策环境、精准打造社会参与平台、精准践行组织体系建设、精准创新产业融合道路、精准教育村民发展观念几个方面构建少数民族地区特色旅游产业精准扶贫路径。① 黄承伟等以贵州印江县为个案，研究指出印江县创新性开展产业扶贫，深化精准扶贫理念：整体规划，围绕农业产业结构调整产业扶贫战略布局；突出重点，发展农业扶贫园区实现集聚效应；秉承理念，致力于产业扶贫与地区发展能力提升相结合；强调参与，构建益贫性的利益联结机制促使“内源性发展”。这些经验既为“绣花式”精准扶贫思想提供了经验支持，也是产业精准扶贫深化与拓展的实践呈现。② 史琼对贵州 12 个乡镇 188 户建档立卡对象进行走访调研，利用层次分析法和模糊评价模型构建评估模型，分析个人扶贫措施能力、人居环境、经济发展、社会发展四个方面在贵州省 2017 ~ 2018 年精准扶贫中的实施效果。研究结果表明：贵州省扶贫工作在人居环境方面有较好的效果，在社会保障方面取得很好的评价，在提升贫困对象个人能力和经济发展水平方面还需持续努力。③

第七，云南精准扶贫实践个案研究。由中国农业大学李小云教授发起的河边实验，是在精准扶贫场域中发挥独特作用的成功案例。河边村是位于云南省西双版纳傣族自治州热带雨林之中的传统瑶族村落，是一个处于长期性、深度性贫困的村庄。河边实验以贫困综合治理和乡村振兴对接为思路，经过近四年的建设，探索出了政府主导、大学及公益组织参与、以农民为主体、优势互补的合作模式。④ 许汉泽等通过对云南两个国家级贫困县的调研发现，在精准扶

① 王超、罗兰：《贵州少数民族地区特色旅游产业精准扶贫路径研究》，《贵州师范大学学报》（自然科学版）2018 年第 1 期。

② 黄承伟、邹英、刘杰：《产业精准扶贫：实践困境和深化路径——兼论产业精准扶贫的印江经验》，《贵州社会科学》2017 年第 9 期。

③ 史琼：《2017 ~ 2018 年贵州省精准扶贫措施实施效果》，《贵州农业科学》2020 年第 1 期。

④ 小云助贫中心：《河边实验：从精准脱贫到乡村振兴》，《广西民族大学学报》（哲学社会科学版）2019 年第 3 期。

贫政策具体执行过程中，容易出现精细化与碎片化、条块化的矛盾，制度性治理与运动式治理的矛盾，以及社会扶贫与经济开发之间的矛盾。因此，亟须在制度、思维模式以及具体工作方法等方面进行改革与调整，使精准扶贫政策能够更加有效地实施与落实。① 杨梦源等基于云南省少数民族贫困地区金融扶贫的现状，在金融支持视角下探讨了金融扶贫过程在金融专项资金、易地搬迁、脱贫意识、风险控制及监管等多方面存在的问题，构建了云南少数民族地区脱贫“贫困－脱贫－返贫－脱贫－可持续脱贫”的新路径，并对云南少数民族地区可持续脱贫提出加大金融专项资金投入力度、强化贫困人口脱贫意识、建立风险机制及完善金融脱贫监管机制等对策建议。②

第八，青海省精准扶贫实践个案研究。张正平等指出，青海省作为我国唯一的普惠金融综合示范区试点省，在普惠金融发展方面通过推广“双基联动”、发展“四维普惠”、提升惠农服务水平、创新融资担保机制等方式进行了积极的探索，对当地“三农”“三牧”的发展起到了积极的作用。但在提升金融服务整体水平的同时，青海的实践也面临着可持续性堪忧、市场作用弱化、支农金融机构作用受限、地方金融办运行困难等问题。这是青海省人口地理劣势、经济环境不佳、发展理念落后等原因导致的。青海的困难并非孤例，由此可以清晰地审视我国贫困地区普惠金融发展的困境，主要包括经济落后引致的“贫困陷阱”和“抽血效应”、过度干预致使政府与市场作用失衡、金融机构成本与收益困境加剧供给约束、人力资本积累不足制约地区发展等。该研究建议从优化政策环境，坚持“政府引导＋市场主导”的发展原则，构建完善的普惠金融市场体系和支撑体系，引导农村金融机构坚守初心，提升扶贫对象主观能动性等方面促进贫困地区普惠金融发展。③ 聂君等以青海藏区俄日村为个案进行研究。青海藏区作为贫困程度较深地区，是青海省脱贫攻坚的主战场。该研究指出，随着近年来精准扶贫工作的深入开展，青海藏区整体的脱贫成果较为显著。但不可否认的

---

① 许汉泽、李小云：《精准扶贫：理论基础、实践困境与路径选择——基于云南两大贫困县的调研》，《探索与争鸣》2018 年第 2 期。

② 杨梦源、李辉：《金融支持视角下云南少数民族地区可持续脱贫路径研究》，《云南民族大学学报》（哲学社会科学版）2019 年第 3 期。

③ 张正平、夏海、芮立平、刘云华：《贫困地区普惠金融发展的探索与思考——基于青海省 8 个区县的调研》，《华南师范大学学报》（社会科学版）2019 年第 1 期。

是，少数贫困村受制于各种因素，扶贫成效并不明显。俄日村个案研究发现，贫困户的脱贫观念、家庭收入结构、精准识别和产业发展等因素对俄日村扶贫绩效有显著影响，严重制约了俄日村贫困群众2020年实现稳定脱贫。①

（二）新时代民族地区精准扶贫实践系统研究

随着中国民族地区扶贫理论和实践的日趋深入，连续性、系统性的相关研究成果逐渐形成。其中，较为具有代表性的是西南民族大学中国西部民族经济研究中心郑长德等主编的《中国少数民族地区经济发展报告》。该报告紧密围绕民族地区经济社会发展重点领域或重大问题开展长期性、对策性和前瞻性研究，报告内容分为总报告、专题报告、地区报告，按照不同主题2012～2018年每年度出版一期，目前已出版7期。其中《中国少数民族地区经济发展报告（2018）——改革开放40年民族地区的经济发展》梳理了改革开放以来我国政府出台的支持民族地区跨越式发展和摆脱贫困陷阱的一系列政策措施，主要利用民族八省区的相关经济数据，总结了改革开放以来民族地区经济发展取得的成就，归纳阐述了推动民族地区经济社会跨越式发展的主要经验。民族地区的经济社会发展在我国国民经济与社会发展中具有重大的战略意义。该报告为推进民族地区实现经济社会跨越式发展和减贫脱贫，实现全面建成小康社会的奋斗目标提供政策建议与决策参考。该中心出版的《减贫与发展（2018）：精准扶贫地方实践》《减贫与发展（2019）：2020年后的乡村振兴与贫困治理》在精准扶贫、精准脱贫调查基础上，对新时期贫困地区脱贫攻坚问题、乡村振兴战略理论与实证研究进行探讨，对2020年后的乡村振兴与贫困治理提出有益的政策建议。

此外，中央民族大学经济学院、中央民族大学少数民族扶贫研究院和中央民族大学少数民族事业发展协同创新中心组织撰写，张丽君等主编的《中国少数民族地区扶贫进展报告》也是新时代民族地区精准扶贫实践系统研究中具有代表性的高质量成果。该报告自2017年以来每年度出版一期，截至目前已出版3期，旨在通过年度性追踪，历时性呈现民族八省区扶贫进展面貌，并

① 聂君、束锡红：《青海藏区精准扶贫绩效评价及影响因素实证研究》，《北方民族大学学报》（哲学社会科学版）2019年第1期。

针对各区域的贫困特征、根源、政策与变迁等方面进行深入分析，为精准扶贫提供政策性建议和数据支持。2017 年以来，《中国少数民族地区精准扶贫案例集》与《中国少数民族地区扶贫进展报告》同时发布。该案例集在教育扶贫、大数据扶贫、旅游扶贫、公益扶贫、资产收益扶贫、交通扶贫、林业扶贫、农垦特色产业扶贫等领域结合实地调研的相关资料，从该领域扶贫的现状、实践、问题及该领域扶贫相关案例的启示和推广价值等方面做出介绍，旨在为少数民族地区扶贫工作提供案例样本。

随着新时代民族地区精准扶贫的深入开展，越来越多的学术机构和专家学者围绕精准扶贫实践经验全面展示民族地区经济社会发展的深度现状，深入研究民族地区经济社会发展的内在规律，为全面建成小康社会、实现“两个一百年”目标贡献力量。

三　新时代民族地区经济发展的成就

2017 ~2019 年，在国家各部门和社会各界的大力支持下，民族地区紧紧围绕全面建设小康社会战略目标，统筹做好稳增长、促改革、调结构、惠民生、防风险等各项工作。精准扶贫理念提出以来，民族地区聚焦深度贫困地区贫困人口，根据不同发展条件和致贫根源，不仅出台了若干针对性政策，还通过强化组织领导、加大扶贫投入、集中深度贫困地区、推动落实力度和汇聚社会力量等多种手段确保扶贫开发政策的落地实施以及扶贫成果的共享。2019 年，中央财政安排少数民族发展支出方向的专项扶贫资金达 675 亿元，安排民贸民品生产贷款贴息 20 亿元。聚焦深度贫困地区和“两不愁三保障”问题，狠抓“十三五”165 项重大工程项目中涉及民族工作重点任务的落实，积极推动贫困群众脱贫，截至 2019 年 11 月底，民族八省区贫困人口从 2018 年的 603 万人减少到 119 万人，贫困发生率从 4% 下降到 0. 79% ，累计 484 万名贫困人口实现脱贫。[①] 在宏观环境严峻复杂、经济下行压力较大的情况下，我国民族地区经济全面发展，精准扶贫取得举世瞩目的成就。

① 《民族八省区脱贫工作取得进展：2019 年已有 484 万人实现脱贫》，央视网，http://news. cctv. com/2020/01/10/ARTIjZfNdxzZrBLRv9JT8Ria200110. shtml，2020 年 1 月 10 日。

（一）民族地区精准扶贫基础设施建设先行

贵州省坚持以脱贫攻坚统揽经济社会发展全局，在脱贫攻坚中不断打赢打好基础设施建设硬仗。凯里市依照中央、省、州关于脱贫攻坚的部署安排，以实施“四在农家·美丽乡村”基础设施建设为抓手，持续推进农村路网建设和完善，推动“六个小康”建设，进一步完善基层农村便民设施和文娱设施，使广大农村的生产生活条件得到极大改善，群众幸福感、满意度得到显著提升。为加快解决农村饮水安全问题，改善农民的生存环境和生活条件，2019年凯里市投入2000余万元专项资金，启动实施农村饮水工程项目65个，全部完工投入使用，并对全市655个农村饮用水点的水质进行检测，水质全部达到农村饮用水标准，农村群众生产生活安全用水得以保障。①

宁夏回族自治区的深度贫困村落大部分位于气象灾害频发地区。随着基础设施建设的推进，宁夏气象部门针对气象灾害防御，“将2600余名驻村扶贫干部和所有村干部全部纳入气象信息员队伍，实现气象信息发布对贫困户和信息员的全覆盖”，精细化预报灾害影响，在精准扶贫工作中发挥了重要作用。②

（二）特色产业助推民族地区经济高质量发展

在特色产业发展方面，云南省将扶贫产业与世界一流绿色品牌相结合，组建专家服务团对口支援特定地区的产业建设，例如马铃薯、牧草和花卉产业专家指导迪庆州，茶叶、蔬菜和草果等产业专家指导怒江州，同时推广龙头企业、合作社与贫困户的绑定模式，有效提高产业扶贫组织化程度，助推民族地区经济高质量发展。③ 精准扶贫中的特色产业扶贫一头连着贫困地区，一头连着广阔市场。

---

① 《凯里市强化农村基础设施建设助力乡村振兴》，新华网，http：//www. gz. xinhuanet. com/2020－04/27/c_ 1125912776. htm，2020年4月27日。

② 黄文燕等：《为脱贫攻坚送科技解难题——气象助力精准脱贫的宁夏实践》，《中国气象报》2019年8月20日，第1版。

③ 《云南：精准扶贫多管齐下，“产业”“生态”蓬勃向好》，搜狐网，https：//www. sohu. com/a/383224198_ 367071，2020年3月25日。

在一项项利好政策的支持下，青海省打出组合拳，帮助当地贫困户走上脱贫致富之路。湟中县、泽库县、民和回族土族自治县等地的电商运营中心，都按照“互联网＋特色农产品＋产品升级打造＋精准扶贫开发”的思路与当地合作社合作，通过精深加工，提高产品附加值，让农牧民赚到更多钱。①

（三）加强精准扶贫结对帮扶与金融支持

目前，新疆尚未脱贫的10个贫困县中有5个位于和田地区。2020年，乌鲁木齐市将继续从产业扶持、人才交流、农产品销售、医疗、教育等方面，加大对和田地区的协作帮扶工作，助力和田地区打赢脱贫攻坚战。乌鲁木齐加快推进对和田协作帮扶项目，确保帮扶扶到点上、扶到根上。② 近年来，青海省金融机构不断加大金融支持乡村振兴力度，助推脱贫攻坚质效显著提升，通过发展普惠金融，增强产业扶贫，建立了服务优质、覆盖广泛的金融扶贫长效机制。截至2019年底，青海省4万多户建档立卡贫困户获得扶贫贷款，占比超过建档立卡贫困户的1/3。在金融精准扶贫工作中，金融机构完善体制机制、强化激励政策、创新产品服务，形成了机制保障、政策支持的普惠金融发展格局，创新了包括“虫草贷”“枸杞贷”等50多种信贷产品。③

（四）生态扶贫助推民族地区脱贫增收

广西壮族自治区大力发展特色林业产业扶贫，建设贫困县油茶高产高效示范园，在此基础上带领贫困户从事销售业、运输业、手工业等旅游业相关产业，带动当地人口劳动致富，通过合理利用生态资源实现“产业富民”，助推民族地区脱贫增收。④

青海省的天然林资源所在位置是我国重要的生态安全屏障区域。为了充分

---

① 周建萍：《1.9亿条搜索量“青海味道”变身网红远销国内外》，《西海都市报》2020年4月26日，第2版。

② 《乌鲁木齐31项目1.9亿元帮扶和田脱贫》，人民网，http：//xj.people.com.cn/BIG5/n2/2020/0423/c186332-33970995.html，2020年4月23日。

③ 《青海省持续构建农村牧区金融扶贫长效机制》，金融时报，http：//www.Financialnews.com.cn/ncjr/jrfp/202004/t20200409_187829.html，2020年4月9日。

④ 廖庆凌：《广西林业带动50万人脱贫》，《广西日报》2019年9月28日，第3版。

保护民族地区生态环境，同时助推贫困人口脱贫增收，青海省多元化设置生态公益性岗位，安排建档立卡生态管护员，“仅2019年度就安排生态管护员劳务报酬2.32亿元，其中建档立卡贫困户劳务报酬1.11亿元”。①

（五）以兴边富民行动引领民族地区经济发展

内蒙古自治区位于我国边境区域，边境线长，少数民族人口占边境人口比例较高。提升边境民族地区经济发展水平，对国土安全和生态安全都具有重要意义。“十三五”期间，包头市达茂旗借助兴边富民行动项目资金，大力发展各类项目带动投资，促进边境经济发展，提升基础设施建设水平，帮助贫困人口稳定脱贫，尤其关注少数民族贫困人口。②

2015年以来云南省已实施两轮“兴边富民工程改善沿边群众生产生活条件三年行动计划”。截至2019年末，省级下达资金194.7亿元，农村常住居民可支配收入达9188元，贫困发生率降到1.8%，其中第一轮扶持的373个沿边行政村贫困发生率降到了0.2%。第二轮继续扩大沿边乡镇、农场和行政村的范围，将提升沿边经济水平、实现脱贫攻坚与守边固边强边结合起来，确保沿边一线同步建成小康社会。③

（六）民族地区文化教育事业迅速发展

自2015年以来，贵州省对农村贫困户子女实施教育精准扶贫，针对高中、中职和高校不同层次，设置相应扶贫资金，切实解决贫困学生教育费用问题，提升民族地区文化教育事业发展水平。④

2019年，西藏自治区阿里地区大力推进教育惠民，通过校园结对帮扶等形式帮助贫困学生。“2019年，阿里地区各级各类学校开展贫困学生结对帮扶

① 罗云鹏：《青海安排8.29亿元打造“天然林管护＋生态扶贫”》，新华网，http：//www.xinhuanet.com/2019－05/28/c_1124552690.htm，2019年5月28日。

② 《扎实推进兴边富民行动 坚决打赢脱贫攻坚战》，人民网，http：//nm.people.com.cn/n2/2019/0606/c196690－33016917.html，2019年6月6日。

③ 《云南实施兴边富民工程2019年农村常住居民可支配收入达9188元》，云南网，http：//society.yunnan.cn/system/2020/04/08/030639616.shtml，2020年4月8日。

④ 《贵州下达省级教育精准扶贫资金11亿余元》，新华网，http：//www.xinhuanet.com/local/2020－04/15/c_1125859586.htm，2020年4月15日。

109 万人次”,[①] 特别是在职业教育方面，当地将分阶段的学制教育与短期技能培训相结合，就业率明显提升。民族地区教育脱贫为脱贫攻坚奠定了重要基础。

四 “后2020时期”民族地区扶贫的建议及展望

2017~2019 年，尽管民族地区小康社会建设和精准扶贫进程加快，但制约民族地区经济社会健康发展的因素复杂，新时代民族地区经济发展比其他地区经济发展面临更严峻的形势和任务。2020 年后我国进入小康社会，人民生活水平和社会经济发展将进入一个新的阶段，民族地区“贫困治理要解决的主要问题不再是生存问题，而是发展问题和发展成果的共享问题”[②]。下面就民族地区精准扶贫精准脱贫提出几点建议和展望。

（一）完善基础设施建设，推动民族地区经济发展

基础设施是现代经济发展的基本条件。基础设施建设滞后成为民族地区经济发展的“瓶颈”。民族地区山区多平地少，基础设施建设投资成本高，使用率低，交通、通信、信息化基础设施相对滞后。基础设施投资与经济增长存在相互促进的关系，应全面加强民族地区交通、水利、电力和信息网络等基础设施建设，为民族地区经济社会持续快速健康发展奠定基础。

（二）发展特色产业，促进经济结构转型升级

“授人以鱼，不如授人以渔”，产业扶贫是推进精准脱贫的重要抓手。发展民族地区特色产业不仅可以增加农牧民收入，而且可以带动贫困户获得长期收入来源，增强贫困地区造血功能。目前，产业发展难是影响民族地区精准扶贫成效的重要原因。当下世界经济面临上行压力，复苏艰难。为了适应经济的新常态，我国民族地区必须加快经济结构优化升级，加强创新驱动、市场驱

① 刘晓娟等：《西藏阿里地区全力打赢教育脱贫攻坚战》，《农民日报》2020 年 2 月 22 日，第 6 版。

② 郑长德：《减贫与发展（2019）：2020 年后的乡村振兴与贫困治理》，中国经济出版社，2019，第 21 页。

动，根据地理气候条件和资源禀赋，重点培育特色产业，推动经济结构转型升级。

（三）健全多元化生态补偿机制，保护环境

作为我国重要生态屏障和生态资源，民族地区的环境保护与国家安全和人民利益直接相关。只有保证民族地区生态环境保护、恢复和治理的相应投入，提升资源开发审批管理水平，健全生态移民工程的保障机制、多元化生态补偿机制，以及责任追究办法等生态环境保护制度，才能真正确保和维护我国民族地区的生态安全。

（四）共享优质教育资源，培育地区发展内生动力

“少数民族家庭的教育资源本身比较薄弱，而且子女数量更多，教育资源进一步被稀释，这些对于少数民族人口教育机会的获得都产生了负面影响。”① 目前我国经济发展水平越高的地方，教育资源越聚集，教育质量越高。与东部城市及沿海发达地区相比，我国中西部和民族地区的教育质量亟待提高。在这种严峻的状态下，我们要尽快实现东、中、西部教育资源的平衡，实现各地区、各民族教育资源公平化。搭建教育云平台，让偏远民族地区的学校也能享有优质课程，通过共享优质教育资源增强人力资本结构，只有培育地区经济发展内生动力，才能持续发挥精准扶贫促进经济高质量发展的作用。

（五）加快推进“一带一路”建设，提高民族地区对外开放水平

加快推进“一带一路”建设，将民族地区从对外开放的大后方推向了最前沿。这将深刻改变民族地区发展定位，极大促进民族地区开放型经济发展。我国民族区域自治地方边境线约占全国陆地边境线总长度的 90%，但是货物进出口总额仅占全国的 2% 左右，这与民族地区的自然资源和经济潜力不相匹配。与沿海地区已形成全方位开放战略相比，民族地区的开放能力和开放水平亟待提升。这一方面是推动民族地区经济发展的需要，另一方面也能够补充和

---

① 王延中、丁赛等：《中国民族地区全面小康社会建设研究》，中国社会科学 18 第 139 ~ 140 页。

完善我国现有的对外开放战略格局，促进中外经济文化交流与合作，营造良好的国际和周边环境。

参考文献

王延中、丁赛等：《中国民族地区全面小康社会建设研究》，中国社会科学出版社，2018。

张丽君等：《中国少数民族地区扶贫进展报告（2018）》，中国经济出版社，2019。

张丽君等：《中国少数民族地区精准扶贫案例集（2018）》，中国经济出版社，2019。

丁宏、马金生：《中国少数民族事业发展报告（2018）》，知识产权出版社，2019。

郑长德：《减贫与发展（2018）：精准扶贫地方实践》，中国经济出版社，2019。

郑长德：《减贫与发展（2019）：2020年后的乡村振兴与贫困治理》，中国经济出版社，2019。

B.5 少数民族高考加分政策研究报告*

马　欣**

摘　要： 民族高等教育是我国高等教育体系中一个重要组成部分，在高考中实施的加（降）分政策，让更多的少数民族学生有机会接受高等教育，对于提高我国民族高等教育整体水平，促进民族教育事业快速发展，起到了积极作用。随着经济发展和社会的不断进步，一些少数民族和民族地区基础教育质量得到大幅提升，政策实施对象的情况发生了变化，这一政策在当下面临着诸多问题和挑战。为了让少数民族高考加分政策最大限度地发挥作用，让真正需要享受这一政策的考生受益，政策在实施过程中应根据实际情况的变化进行不断调整和完善。

关键词： 高考加分　少数民族　民族教育

党和国家一贯重视民族教育的发展，为了让更多的少数民族同胞能够走进高校，接受高等教育，在中华人民共和国成立之初即制定了对少数民族考生升学给予优惠的政策，并以不同形式实施，其中高考加（降）分政策是少数民族学生受益时间最长、范围最广的一项政策，这一政策伴随着中国的高考制度延续至今。

---

* 本报告为教育部人文社会科学重点研究基地重大项目“中国民族地区综合社会调查关键问题研究（项目批准号：16JJD840016）”阶段性研究成果。

** 马欣，教育部人文社会科学重点研究基地中央民族大学中国少数民族研究中心、少数民族事业发展协同创新中心教师，中央民族大学民族学与社会学学院博士研究生。

一　少数民族高考政策的基本情况

在高考招录过程中对少数民族考生实行加（降）分政策，是我国在教育领域实施的一项少数民族优惠政策。它既是一项教育政策，更是一项重要的民族政策。“这一政策实施的目的是补偿少数民族考生在国家普通高等学校统一招生考试中，因文化、语言等差异或人口数量、经济、教育条件等不足而导致的先天不利。”①

（一）政策调整过程及其特点

中华人民共和国成立之后，1950 年第一次制定了《高等学校 1950 年度暑期招考新生的规定》，该文件中提及：“兄弟民族学生”“考试成绩虽稍差，得从宽录取”，首次明确提出了要在高考中对少数民族考生实施优惠政策，之后，这一政策内容未做变动沿用了三年。到 1953 年，对少数民族考生的特殊政策开始调整为“少数民族学生……当其考试成绩达到所报考系科的录取标准时，应优先录取”②，规定了对能够享受优惠政策的少数民族考生，基本条件是其要达到规定的录取标准。1955 年，规定的相关内容表述又调整为“当其考试成绩达到所报考专业的录取标准，在与一般报考青年成绩相同或相近时，应优先录取”③，即“同等成绩，优先录取”。到了 1957 年，政策适用标准又适当提高，“当他们的学科考试成绩与一般考生的成绩相同时，予以优先录取”④，由成绩相同或相近明确为成绩相同时优先录取。之后，一直到 1960 年，一直采用这一录取原则。1961 年发布的高等学校招考相关规定中，没有对少数民族考生实施政策照顾的表述。

1962 年，中央批转的《关于民族工作会议的报告》中提出要恢复高等学校录取少数民族学生的照顾办法。为了贯彻这一要求，教育部与国家民委商议，对报考统一招生的全国高等学校的少数民族学生给予照顾。同年 8 月 2

① 杨芳：《少数民族高考加分政策的公正性探究》，《民族研究》2010 年第 6 期。
② 杨学为：《高考文献·上（1949～1976）》，高等教育出版社，2003，第 21 页。
③ 杨学为：《高考文献·上（1949～1976）》，高等教育出版社，2003，第 110 页。
④ 杨学为：《高考文献·上（1949～1976）》，高等教育出版社，2003，第 272 页。

日，教育部发出《关于高等学校优先录取少数民族学生的通知》，确定中明确了三项内容：“一，少数民族学生报考全国重点高等学校和其他一般高等学校，仍旧恢复过去‘同等成绩、优先录取’的办法，当他们的考试成绩与其他考生相同时，可以优先录取；二少数民族学生报考本自治区所属的高等学校，可以给予更多的照顾，当他们的考试成绩达到教育部规定的一般高等学校录取的最低标准时，就可以优先录取；三用少数民族语言进行教学的民族中学毕业生，报考高等学校文史类，仍和过去一样，免试古代汉语（已通知有关地区）。”① 在此后的历年高考中，国家对少数民族一直沿用“同等成绩，优先录取”和“适当降分”的招录原则。1966 年 4 月，高等学校招生工作座谈会上提出了高等学校取消考试；7 月 24 日，《关于改革高等学校招生工作的通知》中提出了高校录取“新的办法”：从当年开始，高等学校的招生工作下放到省、市、自治区办理；高等学校招生，取消考试，采取推荐与选拔相结合的办法。② 从 1966 开始到 1969 年，高等学校没有开展招录工作。1970 年 6 月 27 日，中共中央对《关于北京大学、清华大学招生（试点）的请示报告》的批示中提出高等学校招生方式是“实行群众推荐、领导批准和学校复审相结合的办法”③，此后，这一原则便成为一段时期中国大学招录学生的方式，而少数民族高考优惠政策随着高考的中断而停止实施。

1977 年我国恢复高考，废除了“推荐与选拔相结合”的招生制度，由各地统一命题，组织考试。10 月出台的《关于 1977 年高等学校招生工作的意见》中，对招录少数民族考生提出明确意见：“要注意招收少数民族学生，文化程度可适当放宽。”④ 1978 年，相关的办法调整为“边疆地区的少数民族考生，最低录取分数线及录取分数段可适当放宽。”⑤ 这一年出台的招生规定，对能够享受政策的少数民族考生有了地域上的限制，不再是整个少数民族群体，而是边疆地区的少数民族。

《1980 年高等学校招生工作的规定》中提到的少数民族加（降）分政策

---

① 杨学为：《高考文献·上（1949～1976）》，高等教育出版社，2003，第 432 页。
② 杨学为：《高考文献·上（1949～1976）》，高等教育出版社，2003，第 627 页。
③ 杨学为：《高考文献·上（1949～1976）》，高等教育出版社，2003，第 633 页。
④ 杨学为：《高考文献·下（1977～1999）》，高等教育出版社，2003，第 71 页。
⑤ 杨学为：《高考文献·下（1977～1999）》，高等教育出版社，2003，第 106 页。

与上一年度大体相同，只是增加了“对散居的少数民族考生，在与汉族考生同等条件下优先录取”。[①] 直到 1982 年，这一政策内容没有发生变化。《1983 年全日制高等学校招考新生的规定》对少数民族的招录原则稍有改变：“对边疆、山区、牧区少数民族聚居地区的少数民族考生，可根据当地的实际情况适当降低录取分数，择优录取。对散居在汉族地区的少数民族考生，在与汉族同等条件下优先录取。”[②] 这一年的规定中增加了“择优录取”的要求。

1984 年《民族区域自治法》正式颁布实施，将少数民族考生参加高考实行特殊录取政策明确下来。第六十五条规定：“国家举办民族学院，在高等学校举办民族班、民族预科，专门招收少数民族学生，并且可以采取定向招生、定向分配的办法。高等学校和中等专业学校招收新生的时候，对少数民族考生适当放宽录取标准和条件。”此后，直到 1986 年，对少数民族考生都沿用 1983 年的标准，基本上是“适当降分”的录取办法。

1987 年，国家制定了《普通高等学校招生暂行条例》，其中第三十七条针对少数民族考生规定：“边疆、山区、牧区、少数民族聚居地区的少数民族考生，可根据当地的实际情况，适当降低分数，择优录取。对散居于汉族地区的少数民族考生，在与汉族考生同等条件下优先录取。少数民族班招生，从参加当年高考的边疆、山区、牧区等少数民族聚居地区的少数民族考生中，适当降低分数，择优录取。”[③] 之后的十多年，高考录取一直按照此项原则执行，无重大变化。

2001 年，国家对《民族区域自治法》进行修订，其中关于少数民族高考实施优惠政策的规定，基本沿用了 1984 年的，只是在部分内容上进行了细化。其中第七十一条规定：“高等学校和中等专业学校招收新生的时候，对少数民族考生适当放宽录取标准和条件，对人口特少的少数民族考生给予特殊照顾。各级人民政府和学校应当采取多种措施帮助家庭经济困难的少数民族学生完成学业。”

2005 年，中央民族工作会议召开，印发《中共中央国务院关于进一步加

① 杨学为：《高考文献·下（1977～1999）》，高等教育出版社，2003，第 128 页。
② 杨学为：《高考文献·下（1977～1999）》，高等教育出版社，2003，第 172 页。
③ 杨学为：《高考文献·下（1977～1999）》，高等教育出版社，2003，第 284 页。

强民族工作加快少数民族和民族地区经济社会发展的决定》，颁布实施《国务院实施〈中华人民共和国民族区域自治法〉若干规定》。这两个文件中，对培养少数民族人才提出具体要求。如《国务院实施〈中华人民共和国民族区域自治法〉若干规定》第二十一条："对民族自治地方的高等学校以及民族院校的学科建设和研究生招生，给予特殊的政策扶持。各类高等学校面向民族自治地方招生时，招生比例按规模同比增长并适当倾斜。对报考专科、本科和研究生的少数民族考生，在录取时应当根据情况采取加分或者降分的办法，适当放宽录取标准和条件，并对人口特少的少数民族考生给予特殊照顾"。

2014 年，中央民族工作会议上提出，对少数民族考生高考问题要区别两种情况："对国家通用语言已经普遍、教育水平大体相同的地区，可以逐步缩小差距，逐步做到一律平等；对语言文化差异较大、教育质量还不高的一些地区的少数民族学生，除应该大力普及双语教育、调整专业设置、提高教学质量外，还是要实行高考加分政策。"① 2014 年，根据《国务院关于深化考试招生制度改革的实施意见》（国发〔2014〕35 号）有关精神，教育部组织各省（区、市）教育主管部门对现行少数民族高考加（降）分政策进行了新一轮调整规范，教育部确定总的原则，各省（区、市）自行制定具体规定。这次调整一个主要的变化是少数民族高考加（降）分项目进一步细化，加（降）分实施范围从以往的所有面向全国招生高校，调整为面向国内所有高校和本地所属高校两类。2014 年底教育部等五部委出台《关于进一步减少和规范高考加分项目和分值的意见》，明确提出"边疆、山区、牧区、少数民族聚居地区少数民族考生"② 为保留和完善的部分全国性加分项目之一，并要求"有关地方要探索完善边疆民族特困地区加分政策"。2015 年，国务院出台的《关于加快发展民族教育的决定》中也提出："保留并进一步完善边疆、山区、牧区、少数民族聚居地区少数民族考生高考加分优惠政策。"

从 2015 年开始，教育部在每年年初公布的《普通高校招生工作规定》中都明确提到："边疆、山区、牧区、少数民族聚居地区少数民族考生"，"由省

① 《中央民族工作会议创新观点面对面》，https：//www. neac. gov. cn/seac/xxgk/201506/1073901. shtml，访问时间为 2020 年 7 月 16 日访问。

② 《关于进一步减少和规范高考加分项目和分值的意见》，http：//old. moe. gov. cn/publicfiles/business/htmlfiles/moe/s4559/201412/181754. html，访问时间为 2020 年 7 月 15 日。

级招委会决定，可在高校投档分数线下适当降低分数要求投档，由高校审查决定是否录取”，“不得超过20分”，“散居在汉族地区的少数民族考生，在与汉族考生同等条件下，优先录取”。这里值得提出的是，2015～2017年，教育部在相关规定中所要求的原则是“降分录取”，2018年调整为“由省级招委会决定，可在高校投档分数线下适当降低分数要求投档或在其统考成绩总分的基础上增加分数投档，由高校审查决定是否录取”，这一年执行的原则是既可降分也可加分。到2019年在其他要求不变的情况下，明确调整为“加分录取”，“有下列情形之一的考生，省级招委会可根据本地投档录取办法决定，在其统考成绩总分的基础上增加一定分数投档；达到高校投档条件的，由高校审查决定是否录取”，“且不得超过20分”，“散居在汉族地区的少数民族考生，在与汉族考生同等条件下，优先录取。”

少数民族高考加（降）分政策伴随着近五十年的高考，经历了不断的调整，从变化趋势来看呈现以下几个主要特点。第一，从中华人民共和国成立伊始，党和国家就对少数民族高考采取照顾政策，不论是“同等条件，优先录取”还是“加（降）分录取”，都一直延续执行，即使是在近些年大幅度削减高考加分项目的情况下，少数民族高考加分仍作为全国性的项目被保留下来。第二，这一政策在实施的过程中并不是一成不变的，而是随着社会的发展、高等教育的改革以及少数民族实际情况的变化而不断地调整、完善，相关规定从最初的较为笼统和宏观逐步向具体化、精细化方向转变。时至今日，国家有关部门和各省（区、市）对这一政策的相关研究仍在进行，相关调整也未停止，这样做的目的无疑是希望这一政策越来越完善，充分发挥作用。第三，随着国家整体教育水平的提高，享受加分政策的对象从最初的整个少数民族群体逐步精确到特定区域、特定类别的少数民族考生，受益的少数民族群体更加明确，这一政策所体现的公平性越发明显。

（二）各省（区、市）少数民族高考加分情况

目前，少数民族高考加分政策的实施是在教育部总体指导意见的原则下，各地方按照实际制定各自具体的加分政策和录取办法。以2019年为例，各地的少数民族高考加分政策大致可分为三类。

第一类是不实行少数民族加分政策。山东省是目前全国唯一高考没有实施

少数民族优惠政策的省份，该省从2017年开始全面取消了少数民族高考加分项目，对所有民族考生实行完全无差别化对待，没有任何针对民族身份的加（降）分项目和“同等条件，优先录取”政策。

第二类是没有加分项目，仅对少数民族考生执行“同等条件，优先录取”政策。目前执行这一原则的有山西和陕西两省。

第三类是有加分项目，也执行“同等条件，优先录取”原则。除前面所述的两类3个省份之外的其余28个省（区、市）执行少数民族高考加分和“同等条件，优先录取”政策。总的来看，加分的最低分值为3分，最高为50分。其余大部分分值为5～20分。具体来说可大致归为三种方式

所有少数民族均享受加分政策。天津、江苏和河南等3个省（市）采取只要是少数民族都可以享受高考加分的方式，不考虑其他因素。其中，天津和江苏将适用的高校限定为本省（市）属高校在本地招生，不适用其他地区高校，加分分值分别为5分和3分；河南则适用于在本省招生的全国所有高校，加分分值为5分。

民族成分和地域因素相结合。北京、河北、上海、浙江、安徽、福建、江西、湖北、湖南、广东、广西、海南、重庆、四川、贵州、青海、宁夏等17个省（区、市），根据各自不同情况，对于享受加分政策的少数民族考生同时进行民族成分和区域的限定，加3～30分。

民族成分、地域因素及其他因素相结合。除考虑民族成分和地域因素外，黑龙江、吉林、辽宁、内蒙古和新疆将民族语言文字作为加分要素之一。甘肃对省属民族院校单列招生计划。云南和西藏则还考虑了社会分层的因素，云南对内地农村户口的彝族、壮族考生加10分投档；西藏对边境县所属边境乡镇农牧民子女加10分投档。

二　少数民族高考加分政策带来的成效

（一）整体提高了少数民族接受高等教育的水平

根据2000年第五次全国人口普查的数据，我国6岁及以上人口中少数民族受高等教育的比例为2.72%，经过十年，到第六次（2010年）全国人口普

查时，这一比例上升到7.12%。目前，全国有16个少数民族接受高等教育水平已经超过全国平均水平。

2000年，全国31个省（区、市）中，少数民族每10万人大专及以上学历人数为2466人，2010年增加到6469人，增长了1.62倍。

（二）逐步提高了高等教育阶段少数民族学生比例

从显示数据来看，全国普通高等学校中少数民族在校生的比重一直呈上升趋势，1978年为4.20%，1998年为6.64%，2018年上升到9.14%（见表1）。

表1　普通高等院校中少数民族在校生情况

年份	普通高等院校少数民族学生数(万人)	少数民族在校生占比(%)	普通本专科少数民族学生数占比(%)	研究生少数民族学生数占比(%)
1978	3.6	4.20	—	—
1988	12.54	6.10	—	—
1998	22.64	6.64	—	—
2008	133.88	6.23	6.33	4.59
2018	283.61	9.14	9.53	5.07

资料来源：1978年、1988年数据来源于《中国民族统计年鉴（1949～1994）》，民族出版社，1994；1998年及之后年份的数据均来源于中华人民共和国教育部官方网站。

三　政策实施中存在的主要问题

少数民族高考加（降）分政策自实施以来，让少数民族群体大受裨益，在促进少数民族接受高等教育等方面发挥了巨大作用，但取得成绩的同时这一政策也面临一些问题和挑战，主要有以下几个方面。

（一）政策界限标准不统一

按照教育部的统一要求，可以享受少数民族高考加分政策的对象是“边疆、山区、牧区、少数民族聚居地区少数民族考生”，而各地在制定具体政策时，对这一要求均有着各自不同的解释。有的省区不考虑其他因素，对所有少数民族均给予加分；有的省区对区域范围进行限定，尤其是对“少数民族聚居地区”范围的界定更是不尽相同，有的省区只认可民族自治地方，有的省区除了认可民族自治地方外，也认可民族乡、民族村以及少数民族人口比例较高的县。这样一来，各地之间享受加分政策的范围差异就非常明显。

（二）加分分值欠缺科学依据

从目前情况来看，各省（区、市）确定的加分分值大多在教育部规定的分值范围内，以以往惯例分值为基础，人为做适当调整，而并未对几十年来加（降）分分值变化所带来的不同结果做过科学分析和研究，分值的确定没有建立在充分的研究和评估之上，缺乏科学性。各地加分的分值没有统一的标准，部分省份的加分分值并未严格执行教育部规定的分值上限。尽管教育部下达的指导意见是分值不超过 20 分，但在实际制定政策中，有的省（区、市）分值远远超过 20 分，最高为 50 分。由于缺乏科学的研究结果作为确定分值的依据，各省（区、市）之间加分分值相差幅度较大，在同样的情况下，有的加 5 分，有的则加 10 分，其他一些具体情况的加分分值更是各不相同，不同省份的分差甚至达到几十分，这些情况也在客观上造成了不同省（区、市）之间的不平等。

（三）不同区域和社会分层间的不平衡

在实际的规定中，有的省份不考虑区域、城乡等因素，只考虑民族成分，确定加分范围，使教育发达地区（如直辖市、省会城市等）的少数民族考生既能享受到优质教育资源，又能在高考录取中得到政策性加分，这在客观上就挤占了基础教育欠发达地区学生上大学的机会。

（四）少数民族之间的不平衡

一种情况是少数民族整体之间的不平衡，从第六次人口普查的统计数据来看，全国有 16 个少数民族受高等教育的水平已超过全国平均水平，有 39 个少数民族低于全国平均水平，有的甚至低于十年前的全国平均水平。在实施加分政策时，如果不考虑这些因素，受教育水平高的少数民族必然挤占其他受教育水平低的少数民族接受高等教育的机会，造成少数民族之间的不平衡。另一种情况是，同一地区的不同少数民族享受的高考加分分值不同。2019 年，有的省份对本地的不同少数民族实行不同分值的加分，这样一来就出现了在同一地区的同一所学校甚至同一班级的少数民族考生所加分值不同。

四　有关认识及对策建议

（一）加强对相关政策的宣传和解读

一方面要加强对这一政策实施必要性的宣传。对于大多数人来说，都能够知晓少数民族考生在高考时可以享受加分政策，但对于国家为何实施此项政策却不甚了解，特别是对边疆民族地区与全国整体水平相比基础教育发展速度缓慢，经费投入、硬件设施、师资力量、教育质量等都存在较大差距等情况了解甚少。2020 年初，受疫情影响停课期间，一位西藏女孩在雪山顶上找信号上网课的新闻被广泛关注，让很多人赞扬其刻苦学习精神的同时，也对其生活的环境有了直观的感受，它从侧面反映了民族地区与中东部等地区的差距，也为整个社会了解民族地区提供了一个微观的视角。因此，有关部门需要在舆论引导上多下功夫，让广大群众对我国的民族地区和少数民族有更加深入和细微的了解，明白实施少数民族高考加分政策的必要性，为该政策的实施营造良好的社会舆论环境。

另一方面要加强少数民族高考加分政策本身的宣传和解读。笔者 2018 年和 2019 年连续两年在几个少数民族聚居村落进行调研，发现大部分考生及其家庭对这一政策只是大概知道，对于具体怎么加分、怎么录取并不完全了解，且这些信息几乎都是通过他人介绍得来的，尤其是往年有考生参加高考的家庭。而高考加分政策每年都在变化，上年的政策可能和下年的并不一致，这就可能带来信息的偏差，因此，特别需要官方的权威解读。而政府有关部门和主流媒体对这一政策的宣传非常有限，解读几乎没有。有学者做过相关调研，发现即便是已经通过高考加分考入大学的少数民族学生，对少数民族高考加分政策的现实知晓度仍有待提高，大多数学生对该政策只是“有些了解”。[①] 政策

① 谢治菊、刘和健：《少数民族高考加分政策实施效果评价——基于西部四所民族院校汉族学生与少数民族学生的对比调查》，《民族教育研究》2019 年第 2 期。

实施本身是为了让符合条件的少数民族考生受益，如果对政策本身了解不透彻，甚至根本不了解，那么这一政策可能存在无法充分实施的风险。

（二）政策调整应统一步调

少数民族高考加分政策是高考中全国性的加分项目，在政策需要调整时，各个地方应按照教育部的统一部署和要求，同时进行调整。2014 年的少数民族高考加分政策调整中，有的省份按照要求及时调整有关规定，在 2015 年的高考中即开始执行调整之后的新政策。而有的省份则在调整过程中放缓速度，新的政策需要经过过渡期开始实施，过渡期仍然沿用原来的加分办法，这在客观上就造成了不同省份之间的差别化，在社会上引发争议。因此，为避免政策实施本身带来的地区间的不平等，各省（区、市）应统一步调，及时调整相关政策。

（三）对实施效果进行科学分析和有效评估

少数民族高考加分政策已经实施多年，各省（区、市）均已积累了丰富的数据和案例，这些一手资料真实记录了这些年加分政策的实施轨迹。政策制定部门应该充分利用现有数据，作为基础材料认真加以分析和研究，从而全面、深入和系统地总结政策的实施效果，特别是对政策调整带来的变化和实际影响，并在此基础上做好实施效果的评估，从而为少数民族高考加分政策的不断完善提供实践经验。此外，相关部门应联合建立政策评价机制，对该政策实施情况进行定期评估，及时发现问题，并结合当时社会发展的实际情况对政策进行及时的调整和完善，使这一政策的实施更加科学合理，更加精细化，更有利于促进教育公平。

（四）规范和明确少数民族高考加分政策的实施对象

我国不同地区基础教育发展水平不一致，优质教育资源不均衡的现象在当前和今后一段时期会长期存在，民族之间、地区之间、城乡之间、不同社会分层之间都存在差异。尽管同处民族地区，“农村不仅教育发展落后于城镇，而且不平等程度更高”。[①] 因此，在制定政策的过程中应尽可能综合考虑上述因

① 何立华、成艾华：《民族地区的教育发展与教育平等——基于最近三次人口普查资料的实证研究》，《民族研究》2015 年第 4 期。

素，尽力避免出现对整个少数民族群体实施普惠性加分的行为，应在精准测算的基础上确定加分的范围和分值，让真正需要的对象享受这一政策带来的实惠。同时，为避免某些考生在政策的执行过程中利用政策漏洞钻空子，应对享受政策的少数民族考生的户籍、学籍等实际情况进行明确要求和严格限制，对加分人员资格进行严格审核，从而使少数民族高考加分政策能够给真正需要帮助的考生带来实惠。

参考文献

杨学为：《高考文献·下（1977～1999）》，高等教育出版社，2003。

杨学为：《高考文献·下（1977～1999）》，高等教育出版社，2003。

杨学为：《中国高考报告（2019）》，社会科学文献出版社，2019。

国家民族事务委员会经济司、国家统计局国民经济综合统计司编《中国民族统计年鉴（1949～1994）》，民族出版社，1994。

谢治菊、刘和健：《少数民族高考加分政策实施效果评价——基于西部四所民族院校汉族学生与少数民族学生的对比调查》，《民族教育研究》2019年第2期。

杨芳：《少数民族高考加分政策的公正性探究》，《民族研究》2010年第6期。

何立华、成艾华：《民族地区的教育发展与教育平等——基于最近三次人口普查资料的实证研究》，《民族研究》2015年第4期。

事业产业篇

Reports on Career and Industry

B.6 少数民族医疗卫生事业发展报告*

阿拉坦　孙佳慧**

摘　要： 少数民族医疗作为我国传统医疗文化资源的重要组成部分，在我国医疗卫生事业的制度性供给中扮演着其独特的角色。本报告依据相关卫生统计资料及政策信息，总结了现阶段我国少数民族医疗的制度性供给的主要特色，分析了少数民族医疗制度性供给机构的主要类型和发展现状。结合这些民族医疗的总量和分布特征，发现民族医疗的制度性供给主要分布在我国西部少数民族地区的乡村社会，蒙、藏、维医医疗是我国现阶段民族医疗发展的主要三个民族医疗，且其发展现状各有特色。结合少数民族医疗的制度性供给和当前国家中医药发展战略布局，报告建议丰富民族医疗供给方式、扩大民族医疗健康服务

* 本报告为青年项目“建国以来内蒙古农村医疗组织变迁研究（项目编号：18CSH001）”阶段性成果。

** 阿拉坦，社会学博士，中央民族大学民族学与社会学学院世界民族学人类学研究中心讲师；孙佳慧，中央民族大学民族学与社会学学院硕士研究生。

范围，以及加强民族医疗事业的相关卫生统计工作。

关键词： 少数民族医疗　制度性供给　医疗组织

少数民族医疗是我国医疗卫生事业的重要组成部分，是少数民族地区人民群众解决医、育、病、痛问题的重要医疗制度资源和文化资源。考察和理解我国少数民族医疗事业在当前社会的角色和发展规律是一项重要的工作。

我国少数民族医疗事业发展的一个核心特征是少数民族传统医疗在现代医疗组织机构和国家卫生体制内的执业实践，是国家医疗制度的一部分。换言之，国家卫生体制包含少数民族医疗，少数民族医疗以一种制度化的方式面向社会大众提供医疗卫生服务，形成了民族医疗的制度性供给。讨论我国民族医疗事业的发展，也应围绕着民族医疗的制度性供给特征展开。

本报告以国家及省级卫生健康年鉴、卫生法规政策文件为基础，就我国少数民族医疗事业制度性供给的主要形式、当前的发展、分布的结构特征以及2019年度相关政策的发展内容做出总结性汇报。报告在第一部分着重介绍我国少数民族医疗制度性供给的主要组织形式及现阶段发展情况。第二部分讨论少数民族医疗制度性供给在我国医疗卫生事业中的结构性角色。第三部分讨论维吾尔族、藏族、蒙古族三个少数民族的民族医疗的制度性供给特点和发展特色。第四部分则着重回顾2019年民族医药事业的重要事件、政策和影响。

一　少数民族医疗的制度性供给：组织机构、专业人员与医疗服务

我国少数民族医疗制度性供给，主要依靠民族医医院、综合医院民族医疗科、民族医医院门诊部以及民族医诊所四类医疗组织。[①]

① 此外，民族医学院以及民族医药科研机构是民族医疗卫生事业重要的组成部分。一部分此类科研、教育机构隶属于民族医医院或其大学医学院，另一部分则是独立的科研机构。因这些机构有的不直接参与医疗服务的社会供给，有的本身是民族医医院的另一重身份或医疗组织中的一个组成部分，故本报告暂不将民族医疗的教学和科研机构纳入讨论。

民族医医院是以医院为组织形式提供民族医疗服务的组织机构。卫生事业官方统计上，与综合性医院、中医医院、中西医结合医院以及各类专科医院及护理院共同归属医院机构类别，如藏医医院、蒙医医院、维医医院等。综合医院民族医疗科，指一般综合性医院或中医民族医医院医疗科室，以专业科室形式在医院组织内提供民族医疗服务。民族医医院门诊部与民族诊所则属于基层医疗组织机构。四类民族医疗组织在我国医疗机构体系中的角色如图 1 所示。

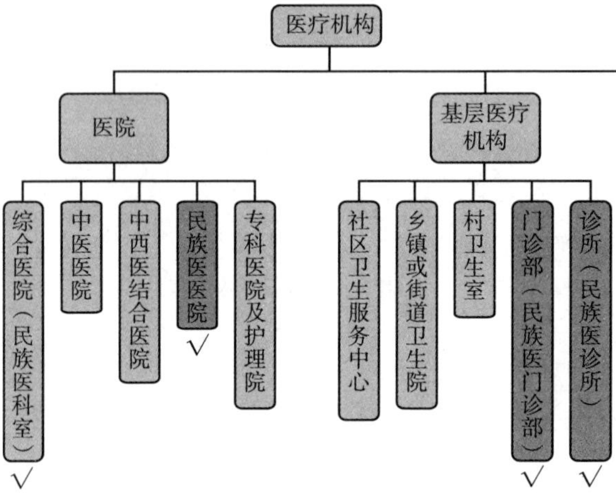

图 1　我国医疗机构系统中的民族医疗机构

表 1 是依据卫生部门的统计数据整理、计算的四类民族医疗机构的基本情况。基于此，我们可以进一步了解我国少数民族医疗制度性供给的机构特征、专业人员和医疗服务方面的情况。

表 1　2018 年四类民族医疗组织机构、人员及医疗服务情况

情况分类		民族医医院	民族医科室	民族医诊所	民族医门诊部
机构规模	机构数量（家）	312	—	608	27
	床位数（张）	38179	33800	NA	13
专业人员	人员总数（人）	40497	—	995	183
	执业（助理）医师数（人）	7891	3600 *	—	—

续表

情况分类		民族医医院	民族医科室	民族医诊所	民族医门诊部
医疗服务	诊疗人次(万)	1391.1	1164.9	122.8	6.2
	出院人次(万)	91.7	83.3	NA	NA

注："—"为数据缺失，NA 不适用，* 为依据《2019 中国卫生健康统计年鉴》相关数据估算结果。

资料来源：国家卫生健康委员会编《2019 中国卫生健康统计年鉴》，中国协和医科大学出版社，2019。

医疗组织机构方面，就组织规模而言，通常民族医诊所规模最小，民族医医院规模最大，其组织复杂程度也最高。2018 年全国有民族医医院 312 家，民族医诊所 608 家，民族医门诊部 27 家。民族医科室数量暂无相关统计数据，无法了解共有多少个民族医科室分布在多少家医院。依据其床位数总量（33800 床）来看，在整体医疗规模上民族医科室与民族医医院接近。

这四类医疗机构人员方面，2018 年，民族医医院共有 40497 人，其中卫生技术人员 21568 人。这 2 万余名在民族医医院工作的卫生技术人员中，有 7891 名医师、11851 名注册护士和 1826 名中药师①，民族医诊所人员总数为 995 人，民族医门诊部有人员 183 人。民族医科室执业（助理）医师约占全国各类执业（助理）医师人数（360.7 万人）的 0.1%，约为 3600 人。② 需要说明的是，在这些组织中的医务人员并不是每位都是受过民族医学专业知识教育的"民族医医生"，也包含通俗意义上的"中医"和"西医"医生以及其他专业技术人员。2018 年民族医医院、民族医门诊部和民族医诊所中民族医执业（助理）医师占比如图 2 所示（暂无民族医科室数据）。

在医疗服务方面，民族医医院和民族医科室面向社会提供了更多的医疗服务：2018 年分别为 1391.1 万人和 1164.9 万人；与之相比，民族医门诊部和民族医诊所提供的医疗服务相对较少，同年数据分别为 6.2 万人和 122.8 万人。我们也可以看出，民族医医院和民族医科室的社会医疗服务能力相对接近，这

① 民族医药师在专业资格认定上归入中药师一类。相关数据见《2019 中国卫生健康统计年鉴》，中国协和医科大学出版社，2019，第 211 页。

② 在这些组织以外，在非民族医诊所、乡镇（街道）卫生院或村卫生室亦存在民族医医生执业行医的情况，但此类情况不属于本报告考察的民族医疗制度性供给，暂不纳入讨论。

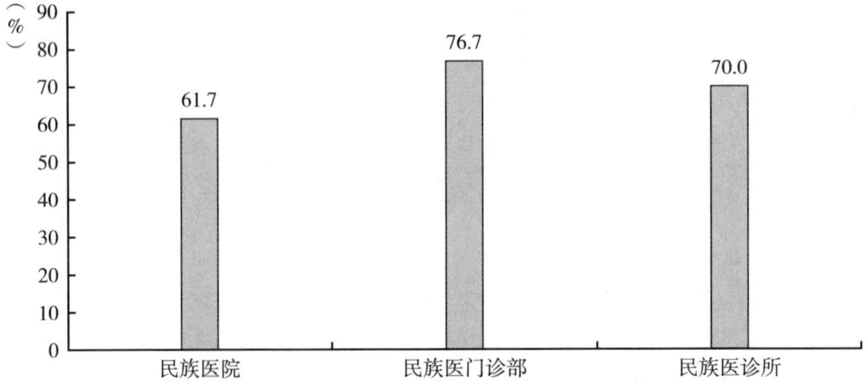

图 2　2018 年民族医疗机构民族医执业（助理）医师占比

资料来源：国家卫生健康委员会编《2019 中国卫生健康统计年鉴》，中国协和医科大学出版社，2019。

一情况也反映在两个机构的出院人数上，分别是 91.7 万人和 83.3 万人。

综上，我国少数民族医疗的制度性供给大致可以分为医院模式供给和诊所、门诊部模式供给。前者主要是民族医医院和民族医科室，后者主要是民族医门诊部和民族医诊所。无论是在机构规模、机构人员数量还是在面向社会提供医疗服务方面，前一种医院模式是现阶段我国民族医疗制度性供给的主要力量。其中，民族医医院在机构规模和业人员规模总量上较民族医科室更多，民族医医院提供的医疗服务总量也略高于民族医科室。但无论哪一种类型，都是现阶段少数民族医疗的制度性供给的重要构成部分。在接下来的第二部分，我们从少数民族医疗制度性供给机构类型的内部比较转向考察民族医疗在我国医疗卫生事业中的结构性角色。

二　少数民族医疗的结构性角色："1%"的力量

（一）国家卫生医疗体系中少数民族医疗的角色

就我国医疗资源的供给结构而言，少数民族医疗在我国医疗卫生事业中占比非常小的。2018 年，作为少数民族医疗资源制度性供给的主要类型民族医医院，全国共有 312 家，仅占全国医院数量（33009 家）的 1%；民族医医院工作人员数40497人，占全国医院工作人员数的0.5%。如果进一步考察医院工作人员中医生的数量，将民族医医院中执业医师与助理执业医师数量与全国同类数据进行比较，其占比将下降至0.1%。在2018年，这些全国1%的医院中行医的全国0.1%的医生为1391.1万人次提供了诊疗服务。这一数据（1391.1人次）约占全国所有医院提供医服务总人次数（537737.5万人次）的0.2%。所以，民族医医院作为少数民族医疗制度性供给组织化程度最高的形式，在全国医疗卫生事业中的角色可以概括如下：作为全国医疗机构的1%，以占全国0.1%的执业医生承担了全国0.2%的诊疗服务工作。无论是在机构数量、专业人员数量还是在所提供专业服务总量等方面，民族医医院的占比可谓非常小。

如果我们将另外三类机构的情况纳入考察，就医疗服务而言，其结构性角色如表2所示：民族医科室和民族医诊所提供的医疗服务占比（0.22%与0.18%）大致与民族医医院的角色接近，民族医门诊部在同类机构中占比则更小（0.05%）。

表2　2018年民族医疗服务人次与全国医疗机构服务对照

	民族类医疗机构诊疗（万家）	全国同类医疗机构诊疗（万家）	民族类医疗机构诊疗人次占全国同类机构比重(%)
民族医科室	1164.9	537737.5	0.22
民族医诊所	122.8	67098.8	0.18
民族医门诊部	6.2	13581.4	0.05

资料来源：国家卫生健康委员会编《2019中国卫生健康统计年鉴》，中国协和医科大学出版社，2019。

我们再转向考察少数民族医疗在我国中医医疗事业中的角色。少数民族医疗事业在我国医疗卫生体系中归属中医药管理部门管理。民族医疗机构与中医医疗机构和中西医医疗机构共同构成中医类医疗机构。民族医疗机构与中医和中西医结合医疗机构共享相似政策和制度环境。民族医疗机构、人员和医疗服务三个方面在中医类医疗机构中的地位如表3所示。

表 3　2018 年民族医疗机与中医类医疗机构的在机构规模、专业人员和医疗服务方面的对照

民族医疗机构类型	机构规模		专业人员	医疗服务
	占中医类同类机构数比(%)	占中医类同类机构床位数比(%)	占中医类同类机构医师数比(%)	占中医类同类机构诊疗人次比(%)
民族医医院	7.19	3.81	4.52	2.54
民族医门诊部	0.91	2.37	0.47	0.22
民族医诊所	1.15	NA	0.86	0.82

注：NA 不适用；中医类医院包括中医医院、中西医结合医院和民族医医院；中医类门诊部包括中医门诊部、中西医结合门诊部和民族医门诊部；中医类诊所包括中医门诊、中西结合门诊和民族医门诊。

资料来源：国家卫生健康委员会编《2019 中国卫生健康统计年鉴》，中国协和医科大学出版社，2019。

从表 3 可以看出，民族医医疗机构在中医类同类机构占比仍然很低。机构规模、专业人员数量以及医疗服务方面，民族医医院在三类医疗机构中占比最大①，但都未超过同类机构的 10%。因此，民族医疗机构在中医类医疗机构中的占比仍然很小。

（二）民族医疗机构的分布结构

我们已经初步了解了民族医疗的制度性供给在我国医疗卫生事业中的角色。这个角色简单说来就是“占比小”：从机构规模到专业人员再到服务人次的相关数据，在全国同类机构中占比不超过 1%，在全国中医类机构中占比不超过 10%。但是如果我们进一步细致考察这 1%、10% 的民族医疗资源的分布，对其在我国医疗卫生事业中所扮演的角色又将有着进一步的认识，即：民族医疗在我国西部民族地区——特别是少数民族聚居的乡村地区扮演重要的角色。如图 3 所示，以民族医医院为例，少数民族医疗的体制性供给主要呈现“以西部地区为主”的特点。截至 2018 年底，94.6% 的民族医医院（295 家）分布在西部地区（见图 3）。

我们对于民族医医院在西部各省区市的分布进行进一步考察。如表 4 所

① 民族医学科因相关数据缺失难以构建比例关系。

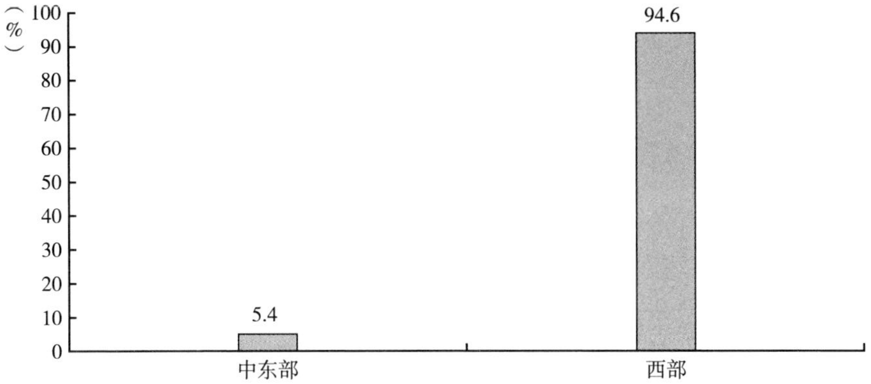

图 3　全国民族医医院的地理分布

资料来源：国家卫生健康委员会编《2019 中国卫生健康统计年鉴》，中国协和医科大学出版社，2019。

示，民族医医院主要分布在内蒙古自治区、新疆维吾尔自治区、西藏自治区、青海省以及四川省 5 个省区，共有 258 家民族医医院。这一数字占西部地区民族医医院总数的 87.5%，占全国同类数据的 82.7%。可见蒙、青、藏、新、川五省区是我国民族医疗卫生事业发展的主要地区。

表 4　2018 年蒙、新、藏、青、川五省区民族医医院数量及占比

单位：家，%

省份	民族医医院数	占全国民族医医院比例	占西部地区民族医医院比例	省区内民族医医院占比
内蒙古	95	30.45	32.20	11.65
新疆	54	17.31	18.31	5.95
西藏	38	12.18	12.88	24.05
青海	36	11.54	12.20	16.36
四川	35	11.22	11.86	1.49
总计	258	82.69	87.46	NA

资料来源：国家卫生健康委员会编《2019 中国卫生健康统计年鉴》，中国协和医科大学出版社，2019。

在表 4 中，我们总结了民族医医院在这五个省、自治区的医疗资源制度性供给中扮演的角色。我们可以发现，民族医医院占比在西藏自治区、青海省和内蒙古自治区有了显著的提高。其中内蒙古自治区民族医医院数量最多（95

家)，约占全国民族医医院的30.45%，西部地区民族医医院的32.20%；内蒙古自治区的各类医院中，约11.65%由民族医医院构成。民族医医院在区内各类医院占比最高的是西藏自治区，约占全自治区医院总数的近1/4(24.05%)。在青海省所有医院机构中，16.36%的医院是民族医医院。在没有明显提高的四川省，借助四川省2018年的卫生统计数据我们进一步考察该省民族地区可以发现：在该省民族地区——阿坝、甘孜、凉山和绵阳北川，民族医医院在各类医院中占比分别上升至17.07%、36.36%、7.87%和33.33%，[①]凸显了民族医医院在西部民族地区的重要性。

此外，民族医疗机构在西部地区的分布同样呈现主要分布在乡镇的特征。如图4所示，2018年，全国312家民族医医院中有81.7%（255家）分布在乡镇。

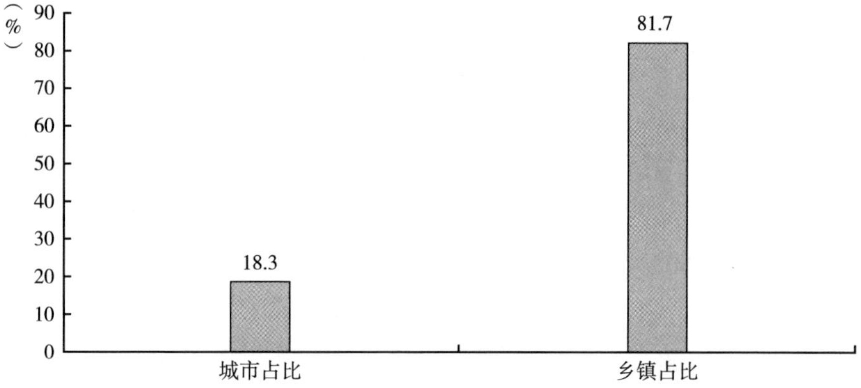

图4　2018年全国民族医医院的城乡分布

资料来源：国家卫生健康委员会编《2019中国卫生健康统计年鉴》，中国协和医科大学出版社，2019。

在省、自治区层面，2018年内蒙古自治区95家民族医医院中，有72家分布在乡镇地区，占自治区民族医医院总数的75.8%；[②] 2018年四川省35家民

① 《四川省卫生健康委员会四川省卫生健康统计年鉴（2018）》，西南交通大学出版社，2019，第6页、第12页、第14页。

② 《内蒙古自治区卫生健康委员会2019内蒙古卫生健康统计年鉴》，内蒙古人民出版社，2019，第6页。

族医医院中，有 34 家分布在乡镇，占该省民族医医院总数的 97.1%。[①] 这 34 家民族医医院主要分布少数民族聚居区的乡镇地区，如阿坝州（7 家）、甘孜州（16 家）、凉山州（10 家）、绵阳市北川县（1 家）。[②] 西藏自治区、青海省以及新疆维吾尔自治区的民族医医院的城乡分布数据难以查找，但根据内蒙古自治区和四川省民族地区的民族医医院的分布情况推测，这三个省区的民族医医院也应主要分布在民族地区的乡镇。

那么，这些主要分布在民族地区乡镇的民族医医院在当地的医疗供给中占比几何呢？现在来考察内蒙古和四川分布在乡镇地区的民族医医院在乡镇医疗卫生制度性供给中的角色。内蒙古 72 家乡镇民族医医院占所有乡镇民族医医院（382 家）的 18.5%。[③] 四川省 34 家乡镇民族医医院与四川省乡镇医院总数 1188 家相比占比仍很小（2.86%），但占到了四川省民族地区乡镇民族医医院的 20.24%。特别是在甘孜和绵阳市北川县的乡村地区，民族医医院占比分别达到了 50.00% 和 33.33%（见表 5）。

表 5　四川省民族医医院分布情况

单位：家，%

	乡村民族医医院数	乡村医院总数	乡村医院占比
阿坝州	7	36	19.44
甘孜州	16	32	50.00
凉山州	10	97	10.31
绵阳市北川县	1	3	33.33
民族地区总计	34	168	20.24

资料来源：四川省卫生健康委员会编《四川省卫生健康统计年鉴（2018）》，西南交通大学出版社 2019。

综上，我国民族医疗在我国医疗卫生制度性供给体系中总体占比是很小的。民族医疗机构主要分布在我国西部地区，西部地区中主要分布在蒙、新、

① 《四川省卫生健康委员会四川省卫生健康统计年鉴（2018）》，西南交通大学出版社，2019，第 16 页。

② 《四川省卫生健康委员会四川省卫生健康统计年鉴（2018）》，西南交通大学出版社，2019，第 15 页。

③ 《内蒙古自治区卫生健康委员会 2019 内蒙古卫生健康统计年鉴》，内蒙古人民出版社，2019，第 6 页。

藏、青、川五个省区的民族聚居区，特别是乡村地区。在民族地区的乡村社会，民族医疗的制度性供给占比相对较高。

三 维吾尔族、藏族和蒙古族医疗机构及其发展特征

从少数民族医疗的医别来看，维吾尔族、蒙古族和藏族三个民族的民族医疗事业是我国少数民族医疗事业主要构成部分。就民族医疗制度性程度最高的民族医医院而言，维医、蒙医和藏医医院数量占全国民族医医院的绝大多数，分别有 112 家、108 家和 44 家，分别占民族医医院总量的 35.90%、34.62% 和 14.10%。[①] 这三类民族医学主导的民族医医院也构成了我国民族医医院主体部分，约占总数的 84.62%（见表 6）。

表 6 各类民族医医院数及占比

单位：家，%

民族医	民族医医院数	民族医医院占比
蒙医	108	34.62
藏医	44	14.10
维医	112	35.90
傣医	1	0.32
其他	47	15.06
总计	312	100

资料来源：四川省卫生健康委员会编《四川省卫生健康统计年鉴（2018）》，西南交通大学出版社，2019。

对作为主要类型的蒙医、藏医和维医医疗机构的诊疗服务进一步考察，我们发现：蒙医医院虽然不是机构数量最多民族医医院种类，但其面向社会提供的医疗服务居各类民族医医院之首（见图 5）。

2018 年蒙医医院为 753.1 万人提供了医疗服务，超过了各类民族医医院

① 根据《2019 卫生健康统计年鉴》维吾尔族维医院数量是 112 家。不过该年鉴中新疆维吾尔自治区的民族医医院同年数量为 54 家，这两个统计数据之间关系意味着“至少有 58 家维医医院分布在新疆维吾尔自治意以外的地方”，这与我们经验观察有差异。对此，我们的猜想是这两个数据的统计标准上有差异。

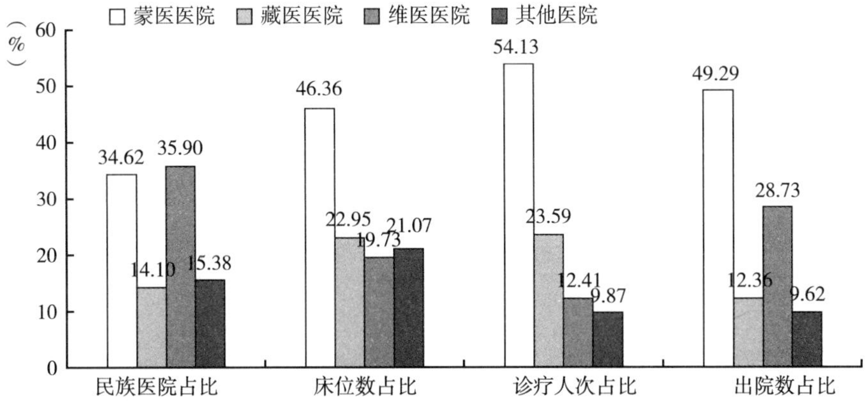

图 5　2018 年我国蒙、藏、维医医院及其他民族医医院机构规模和医疗情况

资料来源：资料来源：国家卫生健康委员会编《2019 中国卫生健康统计年鉴》，中国协和医科大学出版社，2019。

诊疗人次总数的一半（54.13%），蒙医医院出院人数也约占各类民族医医院总数的一半（49.29%）。换言之，2018 年蒙医医院机构数量约占全国民族医医院数量的 1/3，但为该年赴民族医医院寻求医疗服务的一半人提供了民族医疗专业服务。这种医疗服务占比超出机构占比的情况，可能受到民族地区人口数量、民众接受程度等医疗社会环境因素影响，同时也受民族医医院的自身规模和发展情况的影响。如图 5 所示，蒙医医院的机构数量虽不是最多的，但其床位数量约占所有民族医医院床位数量的 46.36%，是各类民族医医院床位数量之首，超过了藏医医院和维医医院之和。

这说明，医疗机构的规模是影响医疗服务能力的重要因素。一些民族医医院当前的发展特色是（相对其他民族医医院）数量多，但规模小，如维医医院。不过，需要注意的是医疗机构的规模仅仅是衡量民族医疗发展状况的指标之一。“规模小，机构数量多”也可能意味着民族医疗机构分布地区较为广泛，更接近基层民众。因此，对民族医疗机构发展也不能唯规模论。

综上，我国民族医疗事业的制度性供给体系中，民族医医院和民族医疗科室无论是在机构规模、人员数量还是在医疗服务方面都是民族医疗事业的主要担纲者。现阶段民族医医院绝大多数为维医医院、藏医医院和蒙医医院，反映出这三个民族的民族医疗制度性供给较强的特征。这三类民族医医院的发展模式也各有其特色。其中，维医医院机构数量最多，但机构规模不大；蒙医医院规模较大，在提供医疗服务总量上最高。而藏医医院则呈现出在西藏自治区内各类医院总量中占比高的结构性特征。民族医医院在西藏自治区医院总数中接近1/4（见表4）；在西藏自治区以外的藏族自治州，如四川甘孜占比高达50%（见表5）。这种在当地医疗制度供给结构中民族医疗高占比情况，是藏医医疗有别于其他民族医疗发展的特色。这三类民族医疗和医疗机构各自的发展趋势值得我们持续关注。

四　2019年民族医疗机构的政策与发展

2019年我国民族医药卫生事业取得进一步发展。10月，全国中医药大会于北京召开。本次会议是新中国成立以来第一次以国务院名义召开的全国中医药大会，习近平总书记对中医药工作做出重要指示、李克强总理做出重要批示，孙春兰副总理到会并做了重要讲话，会议充分肯定了中医药事业取得的历史性成就，深刻阐述了新时代促进中医药传承创新发展的重要意义，对新时代中医药传承创新提出了殷切期望，为做好新时代中医药工作指明了方向、提出了明确要求，为加快促进中医药传承创新发展提供了根本遵循和行动指南。①

2019年10月，中共中央、国务院发布了《关于促进中医药传承创新发展的意见》（后文简称《意见》），对我国中医药事业服务体系的健全、维护和促进人民健康、中药的质量提升和高质量发展、中医药人才队伍建设、中医药传承与创新、中医药管理体制机制改革完善提出了指导性意见。②《意见》的发布，也为少数民族医药事业的发展提供了契机和方向。就本报告集中关注的以民族医疗机构为核心的体制性医疗服务供给方面，《意见》提出了我国中医医疗机构“龙头+骨干+基础”的机构建设方向。机构体系中的“龙头”由国家中医医学中心、区域中医医疗中心构成，“骨干”为各级各类中医医疗机构

① 国家中医药管理局：《习近平对中医药工作作出重要指示强调传承精华守正创新为建设健康中国贡献力量李克强作出批示》，国家中医药管理局网站，http：//www. satcm. gov. cn/s/rlqzqgzyydhzk/，2019年10月25日。

② 《中共中央国务院关于促进中医药传承创新发展的意见》，新华社，http：//www. gov. cn/zhengce/2019－10/26/content_ 5445336. htm，2019年10月26日。

和其他医疗机构中医科室，“基础”为基层医疗卫生机构。

中医医疗机构这一建设方向对民族医疗机构的发展最突出影响方面在于作为“龙头”的国家中医医学中心和区域中医医疗中心建设。特别是区域中医医疗中心的建设，意味着在民族医疗机构中可能产生少数或个别大型综合民族医疗机构。这些机构将成为民族地区民族、医疗机构的代表性医疗机构。2018年国家中医药管理局发布了《中医类区域（专科）诊疗中心名单》，共有21家民族医医院进入该名单。其中，藏医医院9家，蒙医医院5家，维医医院3家，哈萨克医、傣医、壮医、朝医医院各1家，分布在西藏、内蒙古、新疆、四川、青海等地区。[①] 2019年民族医疗机构沿着这一建设方向有所发展，如2019年，广西国际壮医医院入选区域中医诊疗中心建设单位。[②] 2019年内蒙古国际蒙医医院二期扩建项目完成建设招标。[③] 此类大型国际民族医医院的发展是建设区域性医疗中心的基础。这些“龙头”型民族医疗机构的建设在提高民族医疗的服务能力和民族医药的科研能力上有着重要的意义。

国家中医医学中心方面，2019年科技部、国家卫生健康委等四部委认定并发布《第四批国家临床医学研究中心依托单位名单》，中国中医科学院西苑医院和天津中医药大学第一附属医院两家医院成为中医领域第一批国家临床医学研究中心，尚无民族医疗机构入选。[④] 无论是国家中医医学中心，还是区域中医医疗中心，其建设势必对作为中医医疗机构类别之一的民族医疗机构的发展产生影响和推动。我们也许将更多地见到更大规模的民族医疗机构在更多民族地区建设。这将是我们进一步考察和关注民族医疗制度性供给发展的一个重要背景。

---

① 国家中医药管理局办公室：《国家中医药管理局办公室关于区域中医（专科）诊疗中心建设入选项目名单的公示》，国家中医药管理局网站，http：//yzs. satcm. gov. cn/zhengcewenjian/2018 - 07 - 12/7360. html，2018年7月12日。

② 《西国际壮医医院入选区域中医诊疗中心（壮医）建设单位》，澎湃网，https：//www. thepaper. cn/newsDetail_ forward_ 4311216，2019年9月1日。

③ 《内蒙古自治区国际蒙医医院扩建项目专项工程深化设计公开招标招标公告》，中国政府采购网，http：//www. ccgp. gov. cn/cggg/dfgg/gkzb/201810/t20181008_ 10841353. htm，2018年10月8日。

④ 《中医领域第一批！四部委认定两家国家中医临床医学研究中心》，国家中医药管理局网站，http：//www. satcm. gov. cn/hudongjiaoliu/guanfangweixin/2019 - 06 - 03/9972. html，2019年5月31日。

如果说“龙头”医疗机构涉及特定地区的少数或个别医疗机构的发展，那么“骨干”和“基础”医疗机构的相关政策将涉及的范围更为广泛。《意见》提出：“规范中医医院科室设置，修订中医医院设置和建设标准，健全评价和绩效考核制度，强化以中医药服务为主的办院模式和服务功能，建立健全体现中医药特点的现代医院管理制度。”随着《意见》相关内容贯彻落实，民族医疗机构的设置标准、建设标准以及评价考核标准很可能会得到进一步的修订和完善。① 有关中医医疗机构设置标准，2019 年值得我们关注的是我国第一部《纯中医医院治疗标准医院设置标准》在深圳推出。② 这一地方性医院设置标准为在民族地区开设相应民族医治疗标准医院提供了参考。

除医疗机构的标准、考核制度方面的发展，在医疗机构的办院模式和服务功能方面，民族医疗机构 2019 年面临的新的政策环境突出表现在医疗机构联合体建设工作方面。2019 年 7 月 25 日，国家中医药管理局、国家卫生健康委联合发布《关于在医疗联合体建设中切实加强中医药工作的通知》，要求推进中医医院牵头组建多种形式医联体。该通知着力强调了县级中医医院在牵头组建联合体中的角色，并鼓励城市三级中医医院优先于区域内县级中医医院通过共建、托管等形式组建联合体，鼓励中医专科联盟建设。③ 该政策是 2017 年《国务院办公厅推进医疗联合体建设和发展的指导意见》（国办〔2017〕32 号）在中医药领域的进一步推进。2019 年 8 月国家卫生健康委员会发布了 100 个医联体建设试点城市名单，内蒙古、新疆、西藏、宁夏等多个民族地区的多

---

① 现行中医医院执业登记设置标准是 1994 年原卫生部发布的《医疗机构基本标准（试行）》和原国家卫计委 2012 年发布的《三级中医医院基本标准》；现行国家民族医疗机构建设标准主要依据 2008 年拟定、2009 年国家中医药管理局正式发布的《中医医院建设标准》和 2014 年《中医医院建设标准（修订）》（征求意见稿）；现行中医医院绩效考核主要依据文件是《国家中医药管理局关于修订中医住院病案首页的通知》（国中医药医政发〔2011〕54 号）、《国家中医药管理局办公室关于印发中医病案首页数据填写质量规范、质量管理与质控指标和质控考核细则的通知》（国中医药医政发〔2017〕1 号）。

② 《深圳市卫生健康委员会关于印发〈深圳市纯中医治疗医院设置标准（试行）〉》的通知，深圳市卫生与健康委员会官方网站，http：//wjw. sz. gov. cn/xxgk/zcfggfxwj/mybh _ 5/201903/t20190308_ 16673755. htm，2019 年 3 月 7 日。

③ 《关于在医疗联合体建设中切实加强中医药工作的通知》，国家中医药管理局网站，http：//bgs. satcm. gov. cn/zhengcewenjian/2019 -07 -29/10385. html，2019 年 7 月 29 日。

个城市入选。[①] 这为民族地区民族医疗机构发展带来了新的政策指向。这种城市和县域医疗组织联动、不同医疗机构间联动以及不同医疗机构的专业科室之间联动的政策指向明确：增强基层医机构的服务能力。目前内蒙古、西藏等多地都已经成功组建城市和县域医疗联合体。如，内蒙古自治区卫生健康委于2019年提出了城市医疗集团和旗县医共体建设计划，提出2019年底实现城市和旗县医疗联合体的网格化覆盖。全区11个盟市80个旗县共划分127个网格，以推进医联体计划，内蒙古多个民族医疗机构参与联合体网格建设。[②] 民族地区民族医医院作为多分布于乡镇基层的医疗机构，在该政策影响下的发展趋向有待今后持续关注。

为提高民族地区基层传统医疗机构的服务能力，贯彻打赢脱贫攻坚战决策部署，2019年国家中医药管理局发布了《“三区三州”中医药扶贫工作实施方案》。该方案在加强基层医疗卫生机构中的中医药、民族医药机构服务能力建设方面，提出提升146个县级中医院服务能力、每个医院建设好1个中医特色优势专科、加强中医（少数民族医）适宜技术推广等政策方案。[③] 该方案在推进中医药健康扶贫工作开展的同时，旨在提高少数民族贫困地区基层医疗组织机构的服务能力，特别就15个地市级少数民族医医院在提高制剂能力方面提出意见，为基层民族医医院的民族医药治疗和临床使用提供了政策导向。

五　总结与建议

作为我国传统医药文化有机组成部分，少数民族医药知识和医疗实践在我国医疗卫生体系中发挥着重要的作用。本报告以少数民族医疗制度性供给为核

---

① 《关于印发城市医疗联合体建设试点城市名单的通知》，国家卫生健康委官方网站，http://www.nhc.gov.cn/yzygj/s3594q/201908/a3a1723e0bcb49c6a575a101cc0fdc22.shtml，2019年8月13日。

② 《内蒙古自治区卫生健康委关于印发内蒙古自治区城市医疗集团和旗县域医共体建设计划的通知》，内蒙古自治区卫生健康委官方网站，http://wjw.nmg.gov.cn/doc/2019/09/04/278177.shtml，2019年8月12日。

③ 国家中医药管理局：《国家中医药管理局办公室关于印发“三区三州”中医药扶贫工作实施方案的通知》，国家中医药管理局网站，http://yzs.satcm.gov.cn/zhengcewenjian/2019-06-21/10078.html，2019年6月10日。

心，考察了当前我国民族医疗机构发展状况。国家医疗卫生体系中的民族医医院、民族医科室、民族医门诊部和民族医诊所构成了民族医疗制度性供给的主要实践机构。民族医医院和民族医科室作为以现代医院组织形式提供医疗服务的机构，具有较大的组织规模和专业人员数量，也是提供少数民族医疗服务的主要制度性供给机构。少数民族医疗的制度性供给整体而言在我国医疗卫生系统中占比很小。民族医疗机构主要分布在我国西部省区，特别是少数民族群众聚居的乡镇，而城市分布相对较少，反映了我国民族医疗制度性供给的主要地理区位分布和主要服务人群。民族医疗机构中，藏族、维吾尔族和蒙古族的民族医疗在制度性供给层面是我国主要的民族医疗力量，三个民族的民族医医院在发展特征上各有特色。

2019 年全国中医药大会的召开和《中共中央国务院关于促进中医药传承创新发展的意见》（下文简称《意见》）、国家民族地区精准扶贫战略部署、国家卫生部门和地方卫生部门的一系列医疗卫生政策都为我国民族医疗的发展提供了新的政策环境，也是我们继续考察我国少数民族医疗事业发展趋向的基础背景。

基于我国少数民族医疗卫生事业当前的发展特点，相关建议如下。

第一，在现有少数民族医疗制度性供给模式的基础上，应进一步探索少数民族医疗面向社会供给的模式。《意见》提出“大力发展中医诊所、门诊部和特色专科医院，鼓励连锁经营”，这意味着少数民族医疗应在吸纳更多的社会资本、专业人才的基础上进一步探索医疗服务的多元模式。

第二，《意见》还提出应建设“融预防保健、疾病治疗和康复于一体的中医药服务体系”。这意味着医疗服务社会角色和社会职能需要更加丰富，不再以医治疾病为唯一任务，同时应关注促进民众健康的预防保健和康复保健。少数民族医疗的科研、医疗工作也应在疾病预防和康复保健工作方面发挥专业特色。

第三，少数民族医疗卫生事业的发展仍有待持续关注。应加强对少数民族医疗卫生事业发展历程、现状和发展趋势的考察和研判。以民族医疗事业统计为例，如各民族医疗科室数量及其他民族医疗机构发展情况等相关数据统计仍不甚充分，各民族医疗发展历史历程梳理工作仍有待推进。因此，应进一步构建针对我国少数民族医疗事业统计的详细指标并开展统计工作，对各民族地区卫生发展历程、各类民族医疗的发展历史进行专门梳理，进而全面详细了解我国少数民族医疗卫生事业历史与现状，把握其发展态势。

参考文献

国家卫生健康委员会：《2019 中国卫生健康统计年鉴》，中国协和医科大学出版社，2019。

内蒙古自治区卫生健康委员会：《2019 内蒙古卫生健康统计年鉴》，内蒙古人民出版社，2019。

四川省卫生健康委员会：《四川省卫生健康统计年鉴（2018）》，西南交通大学出版社，2019。

B.7

关于进一步推动民族地区殡葬事业发展的研究报告*

马金生　付延功**

摘　要： 近年来，随着民族地区社会经济的较快发展，民族地区的殡葬事业也取得了一定的进展。这表现在民族地区殡葬基本公共服务体系建设稳步推进、殡葬服务设施数量有所增加、殡葬服务质量逐步提升、殡葬改革精神得到较好贯彻、殡葬改革试点工作取得一定成效等诸多方面。与此同时，民族地区殡葬事业的发展也面临着殡葬服务设施严重不足、殡葬服务总体水平依然偏低、殡葬高技能人才缺乏、殡葬改革试点举措同质性较强等一系列问题。为进一步推动民族地区殡葬事业的发展，应在明确并坚持殡葬事业公益属性的基础上，推动建立多层次的殡葬基本公共服务体系，积极完善殡葬服务资源配置，不断提升殡葬服务质量，充分利用民族地区独特的地理生态环境创新生态葬法，持续深入推动殡葬改革综合试点工作，不断推动殡葬事务社会治理能力的现代化。

关键词： 民族地区　殡葬基本公共服务体系　殡葬事务社会治理

---

* 本报告为国家社会科学基金一般项目《当代中国殡葬改革的路径创新研究》（项目编号：17BSH103）、国家民政部2020年政策理论研究课题《社会治理视域下殡葬习俗改革的路径创新研究》（项目编号：2020MZJ008）的阶段性成果。在此尤其感谢民政部社会事务司殡葬处的有关领导以及贵州省民政厅社会事务处的杨焱副处长在调研期间给予的大力支持。

** 马金生，历史学博士、民族学博士后，中央民族大学中国少数民族研究中心、少数民族事业发展协同创新中心副教授；付延功，遵义医科大学马克思主义学院副教授、校宣传部副部长。

党的十九大报告指出，人民日益增长的美好生活需要和不平衡不充分的发展之间的矛盾已成为新时代社会的主要矛盾。这一矛盾，在殡葬改革和服务领域体现尤为突出。随着人们物质生活水平和精神文化需求的提高，民众越来越讲求多元化、个性化和人性化的殡葬服务。殡葬服务的供给侧改革，已成为殡葬事业发展的核心命题。自 2018 年以来，党中央、国务院对殡葬改革领域的突出问题数次做出指示或批示，充分体现了对殡葬改革工作和大众民生福祉的高度重视。

作为民生领域的一项重要内容，近年来民族地区殡葬事业的发展越来越受到中央和地方政府的重视。随着边疆民族地区的开发和脱贫工作的深入展开，一些民族地区的政府部门也在积极推动本地区的殡葬改革。那么，当前民族地区殡葬事业的发展究竟呈现什么样的特征，又应当如何推动民族地区殡葬事业的发展，至今仍未见有专门的调查研究。为了解并推动民族地区殡葬事业的发展，调研组于 2019 年分别在贵州、云南和青海进行了调研工作，对近年来民族地区殡葬事业发展中存在的突出问题进行了研究，同时对如何进一步推动民族地区殡葬事业发展提出了对策和建议。

一　近年来民族地区殡葬事业发展的基本情形

殡葬事务属于地方社会事务。当代中国的殡葬改革历史发展表明，地区殡葬事业的发展，与当地社会经济发展程度和地方财政实力有着一定的正相关关系。地区社会经济发展迅速，老百姓在城市化和工业化过程中切实受益，当地的殡葬改革推动便相对顺利。反之，当地区社会经济发展迟滞或者在发展中遭遇瓶颈徘徊不前时，殡葬改革也会原地踏步甚至走回头路。在很长一段历史时期内，我国民族地区社会经济发展落后，地方财政实力相对薄弱，民族地区殡葬事业发展一直都比较滞后。近年来，随着国家边疆开发和扶贫战略的实施与推进，我国民族地区的社会经济发展有了明显进步。贵州、云南等民族地区的 GDP 增速连续多年居于全国前列。民族地区城市化、工业化的发展，对周边城市环境提出了客观要求。与此同时，在建设“生态中国”的时代背景下，各地政府对生态环境保护也越来越重视。在政府部门的主导推动下，民族地区的殡葬事业呈现较为快速的发展。

（一）殡葬基本公共服务体系建设稳步推进，火化率逐步提升

2018年，民政部、中央文明办、国家发改委、公安部、财政部等16个部门联合颁布的《关于进一步推动殡葬改革促进殡葬事业发展的指导意见》（民发〔2018〕5号）勾画了“坚持推进殡葬改革与完善殡葬服务供给相结合，优化殡葬资源配置，完善殡葬服务网络，建立基本殡葬服务制度，确保实现人人享有公益性基本殡葬服务，让人民群众成为殡葬改革的最大受益者”的民生蓝图，以及建立健全殡葬基本公共服务体系的具体措施。相关文件的出台，给民族地区殡葬基本公共服务体系建设带来了利好。近年来，民族地区不断加大殡葬事业的经费投入力度，大力推行惠民殡葬政策，殡葬基本公共服务体系建设稳步推进。如2018年，贵州省民政厅拨付经费1.16亿元用于殡葬事业发展。其中，补贴黔南州瓮安县2000万元、黔西南州晴隆县800万元用于城镇公益性公墓建设；支出8293.3万元用于惠民殡葬补贴，相关经费是2012年的10.44倍。再以云南省为例，2018年云南省民政厅共安排资金1.39亿元，资助新建4个殡仪馆和新建、改扩建115个农村公益性公墓（骨灰堂）。与此同时，加大实施惠民殡葬力度，对农村特困人员、城乡最低生活保障对象和重点优抚对象死亡后火化一次性补助1000元。据统计，云南省现已有73个县（市、区）实施惠民殡葬奖补或减免，在省域内基本上实现了政府部门的兜底作用。随着政府部门着力建设殡葬基本公共服务体系，民族地区的火化率近年来得到逐步提升（见表1）。特别是云南和贵州，近年来火化率提升尤为明显。云南省2017年全省平均火化率仅为26.6%，2018年全省平均火化率已达47.75%；贵州省2017年全省平均火化率为39.9%，最新的统计数据表明2019年前三季度火化率已达46.14%，比2017年有了大幅提升。

表1　2014、2017年民族八省区火化率增长情形

单位：%

地区	2014	2017
内蒙古	41.1	49.2
广西	22.7	29.2

续表

地区	2014	2017
贵州	24.9	39.9
云南	17.6	26.6
西藏	4.1	6.2
青海	18.7	16.8
宁夏	12.2	11.4
新疆	14.1	20.5

资料来源：民政部《中国民政统计年鉴》2014 年、2017 年有关数据。

（二）殡葬服务设施数量有所增加，服务质量明显提升

民族地区公共基础设施建设薄弱，是普遍存在的事实。在殡葬服务设施的建设上，更是如此。近年来，随着政府部门加大经费投入力度和民众殡葬需求的提高，一些地区通过新建或对老旧设施进行改建和扩建，使殡葬服务设施的质量有了大幅提高。近年来内蒙古、贵州、云南等地区的殡仪馆数量和火化设施数量总体上都有所增加（见表 2、表 3）。

表 2　2014～2017 年民族地区殡仪馆数量

单位：处

地区	2014	2015	2016	2017
内蒙古	60	66	68	66
广西	32	33	32	31
贵州	48	49	56	59
云南	79	78	77	78
西藏	2	2	2	2
青海	20	20	11	6
宁夏	6	7	8	6
新疆	49	58	30	27

资料来源：民政部《中国民政统计年鉴》2015～2018 年有关数据。

表 3　2015 年、2017 年民族地区火化炉数量

单位：台

地区	2015	2017
内蒙古	159	170
广西	99	110
贵州	136	178
云南	186	233
西藏	6	6
青海	50	20
宁夏	10	12
新疆	56	60

资料来源：民政部《中国民政统计年鉴》2016 年、2018 年有关数据。

为满足群众日益提高的殡葬需求，着力提升殡仪服务质量已成为各地殡葬服务机构的重要任务。民族地区省会（首府）城市殡葬服务机构的服务质量，有了明显提升。课题组在贵州省贵阳市殡葬服务中心和云南省昆明市殡仪馆调研时发现，改、扩建后的两处殡仪馆环境优美、布局讲究、整洁明净。据负责人介绍，两馆在硬件和环境上已达到国内一流水准。两馆还分别制订（修订）了服务人员奖惩办法，实行经济处罚与扣分相结合，在编职工与月目标考核奖、年终奖励性绩效相挂钩，聘用职工与年终绩效奖励金相挂钩的形式，以不断提升服务人员的积极性，进而提升服务质量。经随机采访发现，逾九成的受访丧户对殡仪馆服务质量的提升表示满意。

（三）受过高等教育的服务人员比例增大，职业化水平有所提高

民族地区殡葬服务机构人员知识水平的提升，主要表现为殡葬服务人员中受过高等教育的人数比例在逐步增大。如表 4 所示，除了贵州、西藏、青海和宁夏外，内蒙古、广西、云南、新疆等地区具有大专以上学历的殡葬服务人数均呈现明显增长的趋势，甚至超过了全国水平。

表 4　2015～2017 年民族地区具有大专以上学历殡葬服务人员数量

单位：人，%

地区	2015		2016		2017	
	人数	占总员工比重	人数	占总员工经重	人数	占总员工比重
全国	30992	36.96	31525	38.70	31568	38.84
内蒙古	900	44.47	874	43.85	850	46.50
广西	921	44.39	983	48.38	922	48.89
贵州	1254	34.26	1115	31.29	1104	29.63
云南	616	45.66	640	48.12	676	49.74
西藏	21	63.64	11	36.67	11	39.29
青海	131	46.95	48	37.21	40	26.85
宁夏	101	32.58	217	45.78	122	28.31
新疆	523	43.40	540	49.00	491	49.90

资料来源：民政部《中国民政统计年鉴》2016～2018 年有关数据。

殡葬服务人员的职业化能力也有不小提高。例如，作为一项反映单位职业资格水平的重要指标，民族地区殡葬服务单位获得社会工作师的人数近年来有着明显增加（见表 5）。从这一指标来看，内蒙古、贵州、宁夏等省区的职业化水平仍低于全国平均水平。

表 5　2015～2017 年民族八省区殡葬服务机构人员职业资格水平情况

单位：人，%

地区	2015 年		2016 年		2017 年	
	数量	单位占比	数量	单位占比	数量	单位占比
全国	1208	1.44	1480	1.82	1690	2.08
内蒙古	27	1.33	26	1.30	26	1.42
广西	45	2.17	55	2.71	43	2.28
贵州	14	0.38	11	0.31	13	0.35
云南	22	1.63	26	1.95	36	2.65
西藏	—	—	—	—	—	—
青海	—	—	—	—	—	—
宁夏	6	1.94	33	6.96	5	1.16
新疆	6	0.50	3	0.27	28	2.85

资料来源：民政部《中国民政统计年鉴》2016～2018 年有关数据。

（四）殡葬改革精神得到较好贯彻，民众对节俭治丧理念有所认可

在相对独特的民族宗教文化影响下，民族地区尽管经济相对落后，但在红白喜事上不吝花费。近年来，在政府部门的积极介入下，不少地区在殡葬上的大操大办现象得到了有效扭转。2018 年 3 月，中共云南省委纪律检查委员会、云南省监察委员会印发《关于规范农村操办婚丧喜庆事宜的通知》，对操办原则、要求、范围、标准、随礼上限、申报备案及公示、违规处理等做出明确规定，要求丧事宴请每桌费用控制在 200 元以内、烟酒支出不超过每桌的 30%、礼金或礼品价值不超过 100 元。调研组成员在云南怒江地区调研时发现，相关精神在农村地区得到了较好贯彻落实。怒江农村以前有丧事大操大办现象，自该通知实施后，当地政府部门和村委会加大了丧事简办宣传力度，群众知晓度比较高，有些村还成立了红白理事会并把简办丧事具体要求写入村规民约，婚丧事办理比以前规范了，支出也减少了。目前，操办丧事时间基本不超过三天，家庭支出一般为 1 万 ~2 万元，村民家庭人情往来随礼支出一年大概为 4000 ~8000 元（经济困难的会少些）。一般老百姓对节俭治丧的精神，抱持肯定和欢迎的态度。

（五）殡葬改革综合试点成效初显，节地生态安葬推广有所突破

2017 年 11 月，民政部确定全国 80 个地区（单位）作为殡葬改革综合试点地区（单位）。在民政部拟定的全国殡葬改革综合试点名单中，内蒙古自治区、广西壮族自治区、宁夏回族自治区、新疆维吾尔自治区、贵州省、云南省和青海省 7 个民族省区以及重庆酉阳土家族苗族自治县、辽宁喀喇沁左翼蒙古族自治县等多个少数民族地区（单位）入选殡葬改革综合试点地区（单位）名单（见表 6）。

表 6　少数民族地区殡葬改革综合试点地区（单位）

地区	试点地区(单位)
内蒙古	奈曼旗 五原县
广西	钦州市 平乐县
宁夏	银川市

续表

地区	试点地区(单位)
新疆	乌什县　呼图壁县　奎屯市
贵州	贵阳市　福泉市　瓮安县
云南	云南省民政厅　玉溪市　安宁市　施甸县　个旧市
青海	海南藏族自治州　海东市平安区　玉树市
辽宁	喀喇沁左翼蒙古族自治县
重庆	酉阳土家族苗族自治县

殡葬改革综合试点工作是为了深入推进殡葬事业发展，重点围绕健全殡葬工作领导体制和工作机制、强化殡葬公共服务、改革殡葬管理服务方式、加强殡葬监管执法、加快殡葬信息化建设、深化殡葬移风易俗、推进节地生态安葬、治理农村散埋乱葬等八个方面内容开展先行先试，希望形成可复制、可推广的经验做法和管理模式。两年来，一些民族地区积极借鉴我国东部地区在殡葬改革中探索出的成功经验和典型做法，积极创新殡葬改革路径，在节地生态安葬上取得了一定成绩。新疆的乌什县，就是一个改革典型。

乌什县是一个以农业为主、农牧结合的国家级边境贫困县，也是一个以少数民族为主的地区。县域内居住有维吾尔族、回族、汉族和柯尔克孜族等 19 个民族，总人口 22.08 万人，其中少数民族人口 20.76 万人，占总人口的 94%。全县每年去世人口约 1300 人，汉族群众去世采取火化方式，少数民族群众则按照其风俗习惯进行土葬。为解决当地墓葬用地紧张的问题，当地政府联合宗教界人士，积极探索安葬的新方式，采用并排“复式（两层或多层）”墓穴（平均高 1 米、宽 1 米、长 2.3 米）进行土葬，每亩地可安葬 400 余人，是原安葬方式的 4 倍。由此一来，在不新建、不扩建的情况下，不仅缓解了当前墓地紧张问题，还可满足今后数百年当地群众的安葬需求。这表明政府部门在尊重民族宗教传统的基础上，因势利导、积极作为，是能够有效推动民族地区殡葬改革的。

二　当前民族地区殡葬事业发展面临的突出问题

经过 40 年的改革开放，我国已由生存型社会进入发展型社会，人民群众对教育、医疗、殡葬等具有发展性质的公共产品提出更高层次的要求。此外，我国基本公共服务均等化进程还在起步阶段，区域、城乡间基本公共服务还存在较大差距。近年来，尽管民族地区殡葬事业发展取得了一定的成绩，但是由于历史欠账太多，民族地区殡葬事业发展的基础依然非常薄弱。特别是由于地方财政实力有限，民族地区殡葬服务资源的配置依然不尽合理，殡葬服务水平更是整体偏低。同其他民生领域相比，民族地区的殡葬事业发展需要给予更多关注。

（一）殡葬设施建设滞后，已成为民族地区殡葬事业发展的瓶颈

民族地区殡葬服务设施滞后，主要体现在三个方面。一是目前全国还有419个县没有殡仪馆。这些县主要位于边疆民族地区。按照《殡仪馆建设规范》和有关规划要求，我国平均每50万人应有一处殡仪馆。但现实中除内蒙古外，其他民族地区殡仪馆数量缺口都非常大（见表7）。此外，由于民族地区财政紧缺，政府建设的公墓数量也非常少，也做不到每县有一处公墓（见表8）。二是除了省会（首府）城市和个别市县的殡葬服务设施得到明显改善外，其他多数地区已有的殡葬服务设施比较简陋，缺乏多元化、个性化的配套殡葬服务设施，殡仪服务基本难以展开。三是城市少数民族殡葬服务设施建设和使用问题凸显。在我国东部和东南沿海城市，由于土地资源相对紧缺，城市回民公墓已不同程度地面临饱和问题。调研中曾有多位政府主管领导向我们表示，“当前殡葬设施建设的严重不足，已成为民族地区殡葬事业发展的瓶颈”。

表7　2017年民族八省区常住人口数和应有、实有殡仪馆数

地区	人数(万人)	应有殡仪馆数(处)	现有殡仪馆数(处)
内蒙古	2438.5	49	66
广西	4885.0	97	31
贵州	3580.0	71	59
云南	4734.8	94	78
西藏	326.3	6	2
青海	598.4	11	6
宁夏	681.8	13	6
新疆	2286.7	45	27

资料来源：民政部《中国民政统计年鉴》2018年有关数据。

表 8　2016 年、2017 年民族八省区国营公墓数

单位：处

地区	2016 年	2017 年
内蒙古	24	23
广西	30	28
贵州	31	23
云南	23	23
西藏	—	—
青海	8	5
宁夏	20	21
新疆	15	13

资料来源：民政部《中国民政统计年鉴》2017 年、2018 年有关数据。

（二）青年服务人员流失严重，殡葬服务高技能人才缺乏

民族地区的殡葬服务机构中，存在较为突出的人员流失现象。如在 2015 ~ 2017 年，民族八省区的殡葬服务人员都有过一定幅度的变动。其中，内蒙古、广西、西藏、新疆连续三年减员，且减员幅度都比较大（见表 9）。在调研中课题组了解到，这和殡葬服务人员社会地位比较低、收入不高等因素是直接相关的。除了北京、上海和广州等发达地区外，一般年轻人并不愿涉足这一领域。在工作一段时间后转而从事其他行业者，大有人在。通过殡葬服务人员年龄结构的统计分析可以看出，部分民族省区 35 岁以下的殡葬服务人员占比近年来呈现缩小的趋势（见表 10），一些地区 36 ~ 45 岁的服务人员占比也有减少，从侧面反映出青年人才的流失情形。

表 9　2015 ~ 2017 年民族八省区殡葬服务机构人员变动

单位：人

地区	2015 年	2016 年		2017 年	
		数量	同上年比变化数	数量	同上年比变化数
内蒙古	2024	1993	-31	1828	-165
广西	2075	2032	-43	1886	-146
贵州	3660	3564	-96	3726	+162

续表

地区	2015 年	2016 年		2017 年	
		数量	同上年比变化数	数量	同上年比变化数
云南	1349	1330	-19	1359	+29
西藏	33	30	-3	28	-2
青海	279	129	-150	149	+20
宁夏	310	474	+164	431	-43
新疆	1205	1102	-103	984	-118

资料来源：民政部《中国民政统计年鉴》2016~2018 年有关数据。

表 10　民族八省区殡葬服务机构人员年龄结构分布情

单位：人，%

地区	35 岁以下				36~45 岁				46~55 岁				56 岁及以上			
	2016 年		2017 年		2016 年		2017 年		2016 年		2017 年		2016 年		2017 年	
	数量	占比	数量	占比	数量	占比	数量	占比	数量	占比	数量	占比	数量	占比	数量	占比
内蒙古	548	27.50	490	26.81	738	37.03	674	36.87	555	27.85	528	28.88	152	7.63	136	7.44
广西	769	37.84	715	37.91	704	34.65	660	34.99	424	20.87	393	20.84	135	6.64	118	6.26
贵州	1130	31.71	1073	35.46	1517	42.56	1634	43.85	714	20.03	809	21.71	203	5.70	210	5.64
云南	466	35.04	469	34.51	493	37.07	509	37.45	193	14.51	205	15.08	178	13.38	176	12.95
西藏	13	43.33	9	32.14	9	30.00	11	39.29	6	20.00	5	17.86	2	6.67	3	10.71
青海	37	28.68	31	20.81	62	48.06	57	38.26	28	21.71	41	27.52	2	1.55	20	13.42
宁夏	68	14.35	51	11.83	154	32.49	140	32.48	164	34.60	161	37.35	88	18.57	79	18.33
新疆	371	33.67	308	31.30	445	40.38	354	35.98	222	20.15	233	23.68	64	5.81	89	9.04

资料来源：《中国民政统计年鉴》2017 年、2018 年有关数据。

此外，民族地区殡葬服务水平总体偏低，这主要表现为高水平殡葬服务人员数量相对缺乏。2019 年 1 月，民政部公示了全国殡葬服务专业资源库的 43 名人员名单。从名单统计来看，入选的专业人员多集中在北京、江苏、上海、广东等地，除了宁夏、新疆、云南和内蒙古外，其他民族省区没有人员入选（见表 11）。

表 11　全国殡葬服务专业人才分布

单位：人

	北京	上海	福建	山东	广东	云南	新疆	天津	河北	江苏	安徽	宁夏	浙江	湖北	重庆	江西	河南	四川	内蒙古
人数	7	3	2	2	3	2	2	1	3	4	1	3	2	3	1	1	1	2	1

资料来源：《民政部办公厅关于张洋等43 名同志入选全国殡葬服务专业人才资源库的公示》，民政部网站，http：//www.mca.gov.cn/article/xw/tzgg/201901/20190100014448.shtml，2019 年 1 月 15 日.

（三）部分地区传统丧葬观念根深蒂固，制约殡葬改革深入推进

从全国地理环境和人口分布来看，胡焕庸线是我国人口分布的分界线，同时也大致符合我国火葬区和土葬改革区的分界线。所谓的“土葬区”，即由我国北部的内蒙古开始，沿国境线呈逆时针方向分布，分别为内蒙古、新疆、甘肃、青海、西藏、云南、广西、海南。这些省区的占地面积较大，山区及荒漠化面积比例较高，人口聚集点之间交通相对困难，且经济相对欠发达。相关区域基本覆盖了我国主要的民族地区。依照国家殡葬改革的方针，除了回族、维吾尔族、哈萨克族等十个信仰伊斯兰教的少数民族外，其他民族都有推行火葬的必要。在国家积极推广火葬的时代背景下，传统的丧葬观念和国家殡葬改革政策之间形成了不小的张力。

课题组在云南怒江州调研时便发现，由于当地长期实行土葬，“入土为安”、自行安葬的观念根深蒂固。对于火葬和集中安葬，当地民众的态度比较矛盾。虽然有些群众支持火葬，认为火葬比土葬卫生、简单，省时省钱省地，但也有相当一部分群众对火葬有顾虑和担心。有的群众特别是老年人认为，火化时身体很烫不舒服、亡人的脸是黑的、遗体烧没了不能轮回等；有的认为即使火化，骨灰也要和先人葬在一起，从思想观念上抵触火化和集中安葬；也有的群众担心不让散葬但村里又没有公益性公墓，将来葬在哪里是个问题，殡仪馆距离远，交通不便，遗体接运、火化、骨灰盒等收不收费、收费贵不贵，会不会比土葬负担还重。对于火葬，一些村干部也有顾虑，认为如果火葬经济负担比土葬还重，群众肯定不支持，也很难做通群众思想工作。在其他还未开展或者刚刚推行火葬的民族地区，一般民众普遍持有类似的观念和思想。

（四）殡葬改革试点举措同质性强，改革模式创新性有待加强

2019 年 11 月 27 ~ 29 日，全国殡葬改革综合试点工作座谈会在山东临沂召开，来自北京、上海、江苏、浙江、新疆等地的试点地区和单位代表汇报并交流了两年来改革试点的成绩和经验。按照试点统一部署，到 2020 年全国殡葬改革试点工作将进入经验总结评估阶段。殡葬改革试点，本意在结合各地地理生态环境、民族宗教状况和社会经济发展水平，探索符合当地殡葬改革的新模式和新方法，因此殡葬改革试点应该有重点。但是从内蒙古、宁夏、青海和新

疆的试点地区（单位）方案来看，有关举措雷同性较强，试点重点并不突出。出现这种状况，一方面是因为殡葬改革试点时日尚短；另一方面也与一些地区对殡葬改革试点的重视程度不够有关。特别是试点地区（单位）并未被赋予足够的权力，在殡葬法制缺位的情形下，很多地区政府不敢放手探索。甚至有的地区存在着敷衍应付的心理，这显然不利于殡葬改革试点工作的深入开展。

三　推动民族地区殡葬事业发展的对策建议

党的十九届四中全会将研究和促进国家治理体系和治理能力的现代化作为会议的核心议程，将努力开辟“中国之治”作为新时期政府部门的重要工作任务和使命。社会治理的思路，强调的是社会各方以合作协商、共建共享的方式处理复杂的社会问题和社会矛盾。相关思路对于新时期的殡葬改革，同样具有重要的指导意义。我们认为，在全面深化国家治理体系现代化的时代背景下，推动民族地区殡葬事业的发展既要积极借鉴和吸收我国东部地区的成熟经验和既有教训，同时也要高度正视并紧密结合西部地区的地理生态环境和宗教文化习俗，相关措施应体现出西部地域特色、民族宗教特点和地方文化特征。具体而言，我们认为似可从如下五个方面重点着手。

（一）坚持殡葬公益属性，建设多元化、多层次的殡葬基本公共服务体系

2017 年，《国务院关于印发“十三五”推进基本公共服务均等化规划的通知》（国发〔2017〕9 号）明确提出加快推进社会事业改革和扩大基本殡葬公共服务有效供给，充分体现了以人民为中心的思想和以满足群众殡葬需求作为出发点和落脚点的务实精神。我们认为，在未来的一段时期内，民族地区应在国家有关精神的指引下，进一步着力建设和完善殡葬基本公共服务体系。特别是应将基本殡葬服务体系建设纳入地区年度总体规划，重点加强城乡和民族地区公益性殡葬服务资源配置，不断推进殡葬服务设备的升级改造以及服务设施的改扩建工程，更新改造落后的公益性殡葬服务设施。这应成为民族地区殡葬事业发展的指导思想和依循路径。

（二）结合民族地区地理资源条件，将殡葬设施用地与生态环境的恢复和保护相结合

我国的土葬改革区，基本属于我国少数民族人口广泛分布和集中聚居的地区。因此结合少数民族地区的自然条件，有针对性地将殡葬设施用地与生态环境的恢复和保护相结合，是一条值得探索的路径。以调研组近年来重点关注的贵州省为例，在该省17.6万平方公里的省域中，山地和丘陵占据了92.5%左右，这是贵州省最大的地理生态特征。与当地多山、多丘陵、多岩洞的地理生态环境相适应，贵州省有着土葬、岩洞葬等多元的丧葬习俗。因此，在推动殡葬改革的过程中，应将山地、丘陵和岩洞纳入殡葬设施用地考量。对于山地植被薄弱、能够进行改造、地理位置适宜的荒山，可通过植树造林、建设生态型公墓的方式，为殡葬服务资源的路径改造提供可能。例如，贵阳市著名墓园海天园就是在荒山的基础上建成的，如今的海天园已经成为陵园、公园、庄园“三位一体”的文化地标。再如，在盛行岩洞葬的黔南州等地区，政府部门完全可以结合当地的地理生态条件，将岩洞改造为公益性公墓进行遗体集中安葬，没有必要强制推行火化。如此不仅能够节约大量的财力物力，同时也满足民众的殡葬文化需求，对当地环境保护也颇有助益。

（三）完善殡葬服务资源配置体系，引导社会资本进入殡葬服务领域

如上所述，殡葬事务属于地方社会事务。在地方财政实力雄厚的江浙地区，殡葬服务资源的配置是丰富而优质的。无论是殡仪馆还是公墓修建得都非常具有现代气息，但是在西北和西南民族地区，多数殡葬设施要落后许多。要想提升民族地区的殡葬服务水平，在地方财政实力有限的前提下，只能在引导社会资本上寻找思路。我们在查阅内蒙古、贵州、云南等少数民族地区殡葬综合改革试点方案时，均看到了类似“引导社会资本投入殡葬服务业，有效解决殡葬领域公共财政投入不足、资源配置效率不高等问题”的方案设计，说明在这个问题上政府部门已然形成了一定共识，只是在如何监管社会资本上，目前还认识不一。其实，这些问题并不难解决。以农村公益性公墓的建设来

说，完全可参照我国东部一些地区的成熟做法，采取政府与社会合资控股的形式（如地方政府出土地、社会组织或者个人出资的模式）进行建设。只要政府控股占据优势，殡葬设施的公益属性就能够得到保障，殡葬服务资源配置的“短板”就会慢慢补足。近年来，贵州省多数新建公墓由民间资本建设与经营，在政府部门的有效监督下，大大推动了地区殡葬事业的发展。

（四）充分发挥基层社会组织的作用，重视宗教人士的正面引导作用

当代中国的殡葬改革历史表明，政府的行政强制易引发社会问题。其实，在推动殡葬改革的进程中，充分发挥红白理事会等民间社会自治组织以及宗教界人士的作用，比政府直接介入更加有效。例如，在调研中我们发现，贵州省的三都水族自治县在2018年以前没有公墓，因此逝者在道公指引下多散葬在城镇周边的山地或农田中。随着近年来城市化进程的加快，周边的散坟限制了城市建设。三都县政府在2018年决定兴建一处公墓，为了寻找公墓地点，组织了6位当地颇有影响的道公在县城四周用时一月选定了公墓地点。县政府还在殡仪馆内为道公设置了办公空间，明确并限定了殡葬服务的项目。对此，当地的道公和老百姓非常满意，政府部门推动火葬和集中安葬的初衷得以实现。相关经验和尝试值得有关部门重视和省思。鉴于民族地区的宗教信仰特征，民族地区有关政府部门应充分发挥阿訇、毕摩、喇嘛、道公等宗教人士的正面引领作用，发挥宗教界人士在符合民族优良传统的丧葬仪式方面的作用，多方面推动殡葬事业的良性发展。

（五）继续推动殡葬改革综合试点工作，充分鼓励地方政府的探索创新

当前殡葬改革的很多问题讲说不清，与殡葬改革基本理论研究薄弱相关，同时也与殡葬改革实践的探索有限有关。因此，殡葬改革的试点工作非常必要。当前的一些重要政策，多从地方实践摸索而来。如殡葬惠民政策，可追溯到河北省迁安县的“迁安模式”。新疆乌什县的“复式”立体安葬模式，无疑又是一大创新，在一定程度上会给殡葬管理政策带来突破。在未来的一段时期内，试点地区（单位）应进一步完善方案，特别是应紧密结合当地地理生态

环境、人口分布特征以及宗教文化习俗等，针对当地殡葬事业发展中面临的主要形势和问题，突出试点的重要方向和重要方面，达到改革试点的预期目的。上级政府部门应切实赋予试点地区（单位）应有的权力，充分尊重地方政府灵活制定有关具体政策的主体性和能动性，使其能够结合当地的地理生态环境和社会发展条件创新殡葬改革和殡葬管理的模式，进而不断推动国家殡葬事业的深入发展。

参考文献

国务院法制办公室：《中华人民共和国民政法典》（第2版），中国法制出版社，2011。

民政部社会事务司：《全国殡葬综合改革试点优秀案例汇编》，山东临沂，2019年11月。

民政部社会事务司：《全国殡葬综合改革试点工作座谈会典型发言材料》，山东临沂，2019年11月。

顾秋根、乔宽元、周少云：《公墓管理研究新论》，上海大学出版社，2003。

朱勇：《中国殡葬事业发展报告（2010）》，社会科学文献出版社，2010。

朱勇：《中国殡葬事业发展报告（2011）》，社会科学文献出版社，2011。

《国家统计局中国统计年鉴》，中国统计出版社，2016～2019。

张明亮：《中国殡葬年鉴》，中国社会出版社，2004。

李伯森：《中国殡葬事业发展报告（2015～2016）》，社会科学文献出版社，2013。

胡焕庸：《中国人口的分布、区划和展望》，《地理学报》1990年第2期。

胡焕庸：《研究人口应该重视地理环境的作用》，《人口研究》1986年第2期。

胡焕庸：《中国八大区的人口增长、经济发展和经济圈规划》，《地理研究》1985年第4期。

胡焕庸：《我国人口地理分布概述》，《人口研究》1982年第4期。

胡焕庸：《中国人口之分布——附统计表和密度图》，《地理学报》1935年第2期。

黄荣清：《人口死亡研究的展开》，《人口学刊》2002年第3期。

董锁成等：《宁蒙陕甘沿黄生态经济带建设构想》，《地理研究》2010年第2期。

余实、汪慧玲：《西北生态脆弱区色怀念柜台保护与区域经济发展双赢模式研究》，《三峡环境与生态》2010年第5期。

王克勤等：《西南地区经济可持续发展的支撑点：生态环境的保护与重建》，《国土与自然资源研究》2001年第1期。

方创琳等：《中国城市群紧凑度的综合测度分析》，《地理学报》2008 年第 10 期。

陈胜昌、闫甜：《发展城市群和城市带：中国城市化的新方向》，《江西财经大学学报》2005 年第 4 期。

王生鹏等：《对中国十大城市群综合发展水平的灰色综合评价与非均衡差异研究》，《西北民族大学学报》（哲学社会科学版）2008 年第 2 期。

宁越敏：《中国都市区和大城市群的界定：兼论大城市群在区域经济发展中的作用》，《地理科学》2011 年第 3 期。

张莎：《墓地管理：英国经验及对中国的启示》，《金融博览》2011 年第 5 期 .

王晓军、蔡正高：《死亡率预测模型的新进展》，《统计研究》2008 年第 9 期。

王晓军、黄顺林：《中国人口死亡率随机预测模型的比较与选择》，《人口与经济》2011 年第 1 期。

罗昆娅：《土葬年吞噬 2.7 万亩森林》，《昆明日报》2008 年 10 月 2 日，第 2 版。

凌军辉：《“墓地”吃紧，“入土为安”观念不改将无处可葬》，《新华每日电讯》2008 年 4 月 3 日，第 4 版。

马金生：《殡葬服务设施规划重点问题研究》，载《中国殡葬事业发展报告（2011）》，社会科学文献出版社，2011。

马金生等：《我国墓葬用地的扩张态势及调控策略》，《广西社会科学》2012 年第 6 期。

马金生、张楠：《我国经营性公墓的经营状况与发展对策》，《甘肃社会科学》2014 年第 1 期。

马金生等：《逝有所安的路径优化：我国公益性公墓建设模式研究》，《湖南社会科学》2017 年第 1 期。

严奇岩：《贵州喀斯特墓葬与民族地区的殡葬改革》，《民族学刊》2016 年第 6 期。

杨知勇等：《云南少数民族生葬志》，云南民族出版社，1988。

夏之乾：《谈谈我国少数民族地区丧葬习俗的改革》，《民族研究》1985 年第 3 期。

温军：《中国少数民族丧葬的类别、成因及改革建议》，《西北民族大学学报》（哲学社会科学版）2002 年第 2 期。

陈启新《我国民族丧葬习俗源流和改革刍议》，载《人类学论文选集》，中山大学出版社，1987。

B.8

少数民族非物质文化遗产保护实践与传承创新研究报告*

王　丹**

摘　要： 中国少数民族非物质文化遗产具有深厚的意蕴内涵和鲜活的实践内容，是各民族民众的生活方式和文化传统。2019年少数民族非物质文化遗产保护坚持以习近平新时代中国特色社会主义思想为指导，通过科学研究和合理利用，激发持久存续和活态传承的内生动力，满足当代社会和民众生活的多种需求。我国在与国际公约积极对接的同时，不遗余力地构建自己的非物质文化遗产保护体系，为世界文化的传承保护和创新发展提供中国经验和中国方案。当前，我国少数民族非物质文化遗产保护在既有成绩的基础上，继续坚持顶层设计和政策机制的引领；充分发挥自身优势和社会力量，守正与创造相结合；积极开展学术研究、人才培养、宣传展示等，多措并举，提升非遗传承能力，助力精准扶贫，助力城乡建设，让中华优秀传统文化展现出永久魅力和时代风采。

关键词： 少数民族非物质文化遗产　保护实践　活态传承　文旅融合

* 本文为2019年度国家社会科学基金后期资助项目“中国南方民族迁徙类口头传统研究”（项目编号：19FZWB063）的阶段性成果。

** 王丹，法学（人类学）博士，中央民族大学中国少数民族研究中心、少数民族事业发展协同创新中心副教授，研究方向为民族文化遗产、民俗学与文化人类学。

2019年，少数民族非物质文化遗产保护实践与传承创新以习近平新时代中国特色社会主义思想为指导，在“活态传承”“传承能力建设”等观念引领和“文旅融合”“乡村振兴”等战略语境下，通过国家与地方、学界与其他社会各界的共同努力和通力合作，取得了多维度、多方面的巨大成绩。

2019年7月15日至16日，习近平总书记在内蒙古考察期间，到赤峰博物馆观看史诗《格萨（斯）尔》的说唱展示，他指出：“我国是统一的多民族国家，中华民族是多民族不断交流交往交融而形成的。中华文明植根于和而不同的多民族文化沃土，历史悠久，是世界上唯一没有中断、发展至今的文明。要重视少数民族文化保护和传承，支持和扶持‘格萨（斯）尔’等非物质文化遗产，培养好传承人，一代一代接下来、传下去。”8月19日至22日，习近平总书记在沿甘肃河西走廊调研时，再次强调立足优秀传统文化，守护中华民族精神生生不息的根脉，在交流互鉴中共同创造更多更优秀的人类文明成果。

一　少数民族人类非物质文化遗产名录项目保护成果与经验交流

自2003年联合国教科文组织通过《保护非物质文化遗产保护公约》以来，世界各国纷纷投入民族文化多样性的保护之中，非物质文化遗产保护传承进入一个新的发展阶段。2019年是中国正式加入《保护非物质文化遗产公约》十五周年，也是我国花儿、藏戏、格萨（斯）尔、玛纳斯、侗族大歌、热贡艺术、蒙古族呼麦歌唱艺术等25项非物质文化遗产项目入选联合国教科文组织人类非物质文化遗产名录（名册）十周年。时至今日，中国非物质文化遗产保护在多年探索中形成了相对完整成熟的体系，收获了丰富的理论和实践成果，为世界非物质文化遗产保护贡献了中国方案，发出了中国声音。

2019年6月7日，在我国“文化和自然遗产日”及传统节日端午节到来之际，2019年全国非物质文化遗产保护工作会在广东省广州市召开。[①] 此次会议强调要深入学习贯彻习近平总书记关于弘扬中华优秀传统文化的重要论述，

① 参见《2019年全国非物质文化遗产保护工作会在广州召开》，中国非物质文化遗产保护中心，http：//www.ihchina.cn/news_ details/18785.html，2019年6月10日。

增强自觉自信，强化责任担当，像爱惜自己的生命一样保护好文化遗产。文化和旅游部党组副书记、副部长李金早在讲话中指出，近年来，全国非物质文化遗产保护工作秉持“见人见物见生活”的理念，坚持“科学保护，提高能力，弘扬价值，发展振兴”，大力实施非物质文化遗产传承发展工程，法律法规体系不断健全，机制日益完善，能力显著提升，实践更加活跃。会议上，部分省（自治区、直辖市）文化和旅游行政主管部门的负责同志就非物质文化遗产保护相关专项工作进行了交流。例如在国家级文化生态保护实验区建设方面，青海省介绍了热贡文化生态保护实验区坚持政策规划引导、坚持联动发展、坚持传承培训等方面的举措。在传承人研培工作方面，内蒙古自治区介绍了本区突出民族特色、优化课程、加强传播、延伸服务等方面的措施。在“非遗＋扶贫”工作方面，贵州省在工作开展过程中，坚持制度先行，强化领导，多部门联动，以传统工艺工作站、非遗扶贫就业工坊为重要抓手，在传统工艺培训上下功夫，有效提升“非遗＋扶贫”工作开展水平。

在列入联合国教科文组织非物质文化遗产名录（名册）项目保护座谈会上，一批有代表性的优秀少数民族非物质文化遗产项目展示了保护成绩，分享了保护经验。比如，全国《格萨（斯）尔》工作领导小组办公室主任诺布旺丹介绍了格萨（斯）尔项目保护情况，青海省黄南藏族自治州文体旅游广电局副局长阮园成介绍了热贡艺术项目保护情况，黑龙江省文化和旅游厅副厅长孟祥武介绍了赫哲族伊玛堪项目保护情况，新疆维吾尔自治区非物质文化遗产保护研究中心副主任罗静介绍了麦西热甫项目保护情况。中国社会科学院民族文学研究所研究员巴莫曲布嫫作为联合国教科文组织非物质文化遗产保护领域的专家，进一步解读了《保护非物质文化遗产公约》的精神，系统评价了我国开展联合国教科文组织非物质文化遗产名录（名册）项目申报与履约过程中的系列实践举措、所取得的成效，以及联合国教科文组织非物质文化遗产政府间委员会在第十三届常会上对我国履约保护实践的积极评价。

这次座谈会举办的目的是做好入选项目的履约保护工作，增强项目之间的沟通交流，共同探讨保护工作取得的成效。目前，我国对列入联合国教科文组织非物质文化遗产名录（名册）项目的保护措施及其主要成效表现在以下方面：政策引领，筑起非遗保护的堤坝；建立统筹协调、完善协同机制；强化非遗的调研和学术研究；场馆建设和经费保障；用展览、演出等方式，让非遗走进群众；强化对外交流、履行推广职责；传承人保护和培养；非遗进校园；加强非遗传承与旅游融合；复排传统作品，创作新的剧目。项目保护的经验体会包括：进一步发挥政府管理文化事业、维护文化多样性、保障国家文化安全的职能；加强项目之间的合作，共同开展对非遗的保护工作；协调各层级之间、层级与层级之间的责任关系；坚持整体性保护的原则，将文化遗产、人、环境等作为有机统一的整体；发挥民间组织的作用等。申遗和履约是列入联合国教科文组织非物质文化遗产名录（名册）项目保护工作紧密关联的两个方面，也是公约缔约国的法定权利和义务。做好这两项工作将有助于我国通过国际合作机制传播和分享中国的非物质文化遗产保护经验和成果，也有利于我国及时吸纳和借鉴其他缔约国的实践经验，完善和发展非物质文化遗产保护相关管理、监测和评估机制。

座谈会也对未来工作，特别是计划重点解决的问题，提出了展望。制定切实可行的非遗统筹保护计划；加强非遗普查和研究的力度；加强国际合作和扩大国际影响；与高校合作创办相关非遗专业；非遗进校园，进入中小学教育体系；加强非遗传承和旅游的结合；进一步完善代表性传承人管理的机制等。因此，非物质文化遗产保护工作者要开阔思路，深化理念，秉持正确态度和科学认识，做好中国入选联合国教科文组织非物质文化遗产名录（名册）项目的申报和保护工作，切实落实保护责任和承诺；着力加强保护能力建设，在可持续发展、符合当代价值的情况下开展保护工作；健全保护工作机制，提高履约工作效能；强化非物质文化遗产保护的国际交流与传播。

2019 年 6 月 7 日至 10 日，由文化和旅游部、广东省人民政府主办，中山大学承办的“非物质文化遗产保护的中国实践”论坛在广州市城市规划展览中心举行。与会专家学者在“国家战略视野下的非物质文化遗产保护”和“理论到实践，中国实践经验的根本动力”等议题下，从保护经验总结、现代化转化和个案分析三个方面探讨了新时代中国非物质文化遗产保护的新机遇和新使命。保护经验方面的讨论有巴莫曲布嫫的《履约报告与中国实践：从社区参与到多元协同行动》、高丙中的《非遗保护的中国经验》、宋俊华的《非遗保护的中国探索》、高小康的《作为国家发展战略的非遗保护：传承、互享与公共化》。黄永林的《智能媒体及其在非物质文化遗产传播中的运用》、杨红的《目的·方式·方向——中国非遗保护的当代传播实践》、萧放的《非物质文化遗产与中国传统节日的保护与传承》、邱春林的《传统工艺的当前形势与振兴问题》、蔡丰明的《唤醒·保护·融入——当代非物质文化遗产可持续发展路径探索》等侧重非物质文化遗产的现代化转化和传承传播问题。陈华文的《实践性与可操作性：非遗的规范管理与依法保护——以文化生态保护区的建设与保护为例》、陈岸瑛的《振兴中国传统工艺的目标和标准》、邓尧的《完美的保护模式——地理标志法律制度下的非遗保护探索与实践》、陈秀华的《"岭南陈氏针法"的传承保护与创新发展》、陶伟的《基于身体地理学视角的非物质文化遗产研究：广州沙涌村鳌鱼舞案例》等从个案视角体现中国非物质文化遗产保护实践的特色和对世界文化发展的意义。①

2019 年 7 月 14 日至 16 日，中山大学中国非物质文化遗产研究中心主办了"非物质文化遗产保护能力建设国际学术研讨会"，来自国内外的专家学者从非遗保护能力的理论构建、博物馆社区参与的实践经验、非遗口述史和文献整理、非遗高校研培实践与非遗教育、非遗保护的文化诉求等方面讨论和反映了非遗保护能力建设理论和实践研究新动态。②

新时代我国非物质文化遗产保护工作已经开始由保护为主向传承为主转变，由体系建设为主向建设与管理并重转变，由保护项目申报向注重工作成效转变，以优化非物质文化遗产保护的目标定位，驱动非物质文化遗产保护的理论研究和创新实践，鼓励和倡导各民族民众共同创造、共同享用和共同发展成为非物质文化遗产保护传承的意旨和方向。

二　少数民族传承人群研修研习与非物质文化遗产区域性整体发展

2019 年 1 月，中宣部、文化和旅游部、财政部联合印发《非物质文化遗产传承发展工程实施方案》，明确了到 2025 年非物质文化遗产保护的指导思想和基本原则，部署了重点任务，提出了保障措施。随后，青海省、四川省、云

---

① 宋俊华、倪诗云：《非遗保护的中国经验与中国声音——"非物质文化遗产保护的中国实践"论坛会议综述》，《文化遗产》2019 第 5 期。

② 宋俊华、何研：《学科视野下的非物质文化遗产保护能力建设——"非物质文化遗产保护能力建设国际学术研讨会"综述》，《文化遗产》2019 第 6 期。

南省等省（自治区、直辖市）分别遵照文件精神，研究部署当前和今后一个时期非物质文化遗产保护传承工作，包括夯实保护工作基础，壮大传承人队伍，加大展示传播力度，推进振兴传统工艺和“非遗 + 扶贫”协同发展，推动非物质文化遗产区域性整体保护，促进非物质文化遗产与经济社会融合发展等内容。

非物质文化遗产保护的核心是人及人创造的生活，尤其是具备非物质文化遗产知识和技艺的传承人。2015 年以来，在《国家“十三五”时期文化发展改革规划纲要》指导下，中国非物质文化遗产传承人群研修研习培训（以下简称“研培计划”）成为文化发展建设的重要指标和任务，也成为非物质文化遗产保护事业的一项基础性、战略性工作。每年组织开展约 200 期各级各类研修研习培训，为传承人群学习新知识和创造性表达提供契机和条件。2019 年 3 月 27 日，“研培计划”成果展“额吉牧歌”首次亮相中国国际时装周，重点展示了内蒙古自治区文化和旅游厅与北京服装学院共同开展的“非遗 + 扶贫”兴安盟科右中旗王府刺绣培训成果。5 月，来自云南楚雄的彝族传承人在上海参加了东华大学承办的传统刺绣创意设计研修班；湘西民族职业技术学院举办了民族服饰设计研培班，全州各县市 40 余名土家族、苗族等民族的传承人参加了学习。7 月，来自浙江、贵州、辽宁、湖南、湖北、云南、江苏、河南 8 个省包括少数民族传承人在内的 44 名学员参与了浙江艺术职业学院承办的手工印染技艺培训班。9 月，广西民族大学举办了广西民族服饰制作技艺培训班，全区各地 41 名壮族、苗族、瑶族、侗族等民族的传承人参加了此次研培。10 月，回族、锡伯族、汉族等民族共创共享的地方戏剧“新疆曲子”培训班在石河子大学举办；贵州师范大学承办了少数民族蜡染研修班，苗族、布依族、水族等民族的传承人参加了培训。12 月，50 名蒙古族服饰传承人在赤峰学院进行了专业系统的蒙古族服饰研修研习培训。这些研修研习培训通过集聚优质师资、优化课程设置、强化过程管理和服务，构建传承人群培训体系和服务平台，帮助传承人强基础、拓眼界、增学养，提升他们的文化传承和技艺水平，增强其可持续发展能力。在学习中，传承人借助名家讲座、传统技艺实践操作、设计创新训练、实地考察观摩、结业汇报展示等多种形式，充分交流，展开合作，发挥创意，不仅传承各民族优秀的传统文化和知识技艺，而且将传统技艺与当代生活融合，体现了知识的更新和技艺的再创造，成为有技艺、懂创新、知理论、熟市场的少数民族非物质文化遗产传承人群骨干人才。

在《中国非物质文化遗产传承人群研修研习培训计划实施方案（2018～2020）》的引领及要求下，2019年6月，全国参与“研培计划”项目建设的高校共计110余所，举办了研修研习培训670余期，培训传承人近2.8万人次；加上各地延伸培训，全国参与人数达9.7万人次。“研培计划”有效帮助传承人群增强了文化自信和传承实践能力，提升了非物质文化遗产保护传承水平；丰富了非物质文化遗产保护的举措，激发了非物质文化遗产传承的活力；密切了高等院校、科研院所与地方社会的联系，促进了相关学科专业建设，完善了院校文化传承创新机制。在这个过程中，“研培计划”还积极探索了文化扶贫、非遗扶贫的路子，在增加城乡居民就业、带动地方经济社会发展、扩大社会影响力等方面发挥了重要作用，精准助力非物质文化遗产传承人群脱贫致富，有效实现经济效益与社会效益的双赢。在未来3年内，“研培计划”将进一步扩大实施范围，覆盖更多非物质文化遗产门类，惠及更多传承人群，推动非物质文化遗产的当代实践。

各级非物质文化遗产代表性项目代表性传承人是传承人群中的杰出代表。截至2018年5月，国家文化主管部门先后命名并发文公布了五批国家级非物质文化遗产代表性传承人，一共3068人，其中少数民族传承人836人，占总数的27.2%。为了更好地激励国家级非物质文化遗产代表性传承人进一步做好传承工作，2019年11月12日，文化和旅游部部务会议审议通过《国家级非物质文化遗产代表性传承人认定与管理办法》（以下简称《办法》）。《办法》总结了近年来我国非物质文化遗产代表性传承人认定与管理的经验和做法，将工作中形成的一系列理念成果和行之有效的经验，予以固定和规范。《办法》着重从知识和技艺的掌握程度、领域内的代表性和社会影响力、传承活动的开展情况，以及品德修养等方面，详细规定国家级非物质文化遗产代表性传承人的评选和认定条件；提出他们要增强使命和担当意识，提高传承实践能力；明确他们肩负的责任和承担的义务；确定一般每五年开展一批国家级非物质文化遗产代表性传承人认定工作；提出省级文化和旅游行政部门要根据传习计划评估传承人义务履行和传习补助经费的使用情况；规定完善国家级非物质文化遗产代表性传承人退出机制。非物质文化遗产代表性传承人认定与管理的固定化和规范化有助于持续激发传承人的文化自觉意识和主观能动性，提升非物质文化遗产的传承效率和创新品质。

文化生态保护区作为我国非物质文化保护与传承的重要举措，是整体性、系统性保护观念和方法。2007～2017 年，文化和旅游部先后批准设立闽南、徽州等 21 个国家级文化生态保护实验区，其中涉及少数民族和民族地区的保护区分别是热贡文化生态保护实验区、羌族文化生态保护实验区、武陵山区（湘西）土家族苗族文化生态保护实验区、迪庆民族文化生态保护实验区、大理文化生态保护实验区、铜鼓文化（河池）生态保护实验区、黔东南民族文化生态保护实验区、格萨尔文化（果洛）生态保护实验区、武陵山区（鄂西南）土家族苗族文化生态保护实验区、武陵山区（渝东南）土家族苗族文化生态保护实验区、藏族文化（玉树）生态保护实验区等 11 个。2019 年 12 月，热贡文化生态保护实验区、羌族文化生态保护实验区、武陵山区（湘西）土家族苗族文化生态保护实验区成为首批国家级文化生态保护区（见表 1）。2019 年 3 月 1 日起施行的《国家级文化生态保护区管理办法》说明了文化生态保护实验区与文化生态保护区的关系："国家级文化生态保护实验区设立后一年内，所在地区人民政府应当在文化生态保护区规划纲要的基础上，细化形成国家级文化生态保护区总体规划，经省级人民政府文化主管部门审核，报省级人民政府审议通过后发布实施，并报文化和旅游部备案"，"申报国家级文化生态保护区，要具备良好的文化生态区域性整体保护工作基础，并在本省（区、市）内已实行文化生态区域性整体保护两年以上，成效明显。"①

表 1　首批国家级文化生态保护区名单

序号	名称	地区
1	闽南文化生态保护区	福建省（泉州市）
		福建省（漳州市）
		福建省（厦门市）
2	徽州文化生态保护区	安徽省（黄山市、宣城市绩溪县）
		江西省（婺源县）
3	热贡文化生态保护区	青海省（黄南藏族自治州）

① 文化生态保护实验区通过评定后改称为文化生态保护区。但行文中跨时段的名称，仍沿用"文化生态保护实验区"，以免造成混乱。

续表

序号	名称	地区
4	羌族文化生态保护区	四川省(阿坝藏族羌族自治州茂县、汶川县、理县、松潘县、黑水县,绵阳市北川羌族自治县、平武县)
5	武陵山区(湘西)土家族苗族文化生态保护区	湖南省(湘西土家族猫族自治州)
6	海洋渔文化(象山)生态保护区	浙江省(象山县)
7	齐鲁文化(潍坊)生态保护区	山东省(潍坊市)

2008 年 8 月设立于青海省黄南藏族自治州的热贡文化生态保护实验区到 2019 年已拥有各级非物质文化遗产项目 322 项，建成 71 个各类非物质文化遗产传习中心，挂牌非物质文化遗产示范户 158 户，在全国各地开设了 200 多家热贡艺术窗口，集教学培训、创作生产、展示收藏、宣传研究等多种功能于一体。自保护区建设以来，黄南地区非物质文化遗产的传承人群不断壮大，尤其是藏戏、堆绣、泥塑、石刻、热贡“六月会”等存续状况相对薄弱的非物质文化遗产项目，保护区以资金扶持、扩大传习场所、实施文化人才培育等措施加强其保护传承。出台《金融支持热贡文化产业发展的指导意见》，为国家级、省级非物质文化遗产项目代表性传承人及民间艺人贷款 5000 余万元。组织对贫困群众进行唐卡、堆绣、石刻、同仁刻板印刷技艺等传统技艺的专项培训，热贡艺术形成“公司 + 艺人”的发展模式。通过支持开展民俗活动、设立非遗旅游线路、非遗进景区、开发非遗旅游产品等方式方法，助推文化产业的发展，不仅实现了贫困人口就业增收，而且促进热贡文化市场日益兴盛。保护区被国家质检总局命名为“全国热贡文化产业知名品牌创建示范区”，这是当前我国文化知名品牌创建唯一的示范区。

2008 年 10 月批准设立的羌族文化生态保护实验区以四川省阿坝藏族羌族自治州的汶川县、理县、茂县和绵阳市北川羌族自治县为核心区域，兼及毗邻的松潘县、黑水县和平武县的部分相关区域，涉及 7 个县 102 个乡镇 971 个村寨，总面积 23000 多平方公里。保护区内总人口 81.9 万人，主要民族有藏、羌、回、汉，其中羌族总人口 27.82 万人，占全国羌族人口的 96% 以上。保护区主要抢救保护遭受地震破坏的羌区非物质文化遗产，弘扬民族优秀传统文化，保护羌族文化多样性。截至2019年，保护区内有国家级非物质文化遗产项目13项、省级项目34项、州级项目175项、县级项目261项，羌年被批准列入联合国教科文组织人类非物质文化遗产名录（名册）。保护区内有非物质文化遗产国家级代表性传承人8人、省级传承人62人、州级传承人156人。保护区争取保护补助专项资金3265万元，统筹推进保护建设。2019年，涵盖保护区在内的《藏羌彝文化产业走廊发展指南》发布，共推出文旅招商项目189个，投资总额1459亿元。

2010年11月设立的武陵山区（湘西）土家族苗族文化生态保护实验区位于湖南省湘西土家族苗族自治州，范围涉及湘西地区的47个乡镇。保护区内，土家族、苗族等各族人民创造传承的神话、传说、歌谣、鼓舞、织锦、刺绣、印染等，与当地自然环境，古村镇、古建筑相依相存。到2019年，保护区有1项非物质文化遗产入选联合国教科文组织人类非物质文化遗产名录（名册），有26项国家级非物质文化遗产项目、84项省级项目、255项州级项目。近5年来，湖南省文旅厅向保护区投入非遗项目、文物等保护资金逾5000万元，自治州投入文化建设资金4.2亿元，通过法制化保障、多元化阵地分类建设、活态性传承、形成规范化管理机制、多载体传播打造品牌五大举措，形成了具有湘西特色的文化生态保护模式和实践经验。2018年，湘西州被文化和旅游部评为全国非物质文化遗产保护先进集体。

文化生态保护区围绕“遗产丰富、氛围浓厚、特色鲜明、民众受益”的建设目标，尊重保护区民众的文化主体地位，提高他们的文化认同与保护传承的自觉意识，以传承人为骨干，实现区域辐射，发挥地域优势，突出民族特色，加强资源利用，打造文化品牌，形成产业化。一方面加强了非物质文化遗产的区域性整体保护；另一方面使保护区建设与区域经济社会协调发展，取得了显著成效，促进了各族人民的交往交流交融与中华民族共有家园建设。

三　少数民族非物质文化遗产传承创新推进文旅互惠融合

党的十九大报告明确提出“推动文化事业与文化产业发展”、“加强文物保护利用和文化遗产保护传承”、“健全现代文化产业体系和市场体系”，“全域旅游”“文旅融合”逐渐成为关键热词。2019 年，在《保护非物质文化遗产公约》履约实践中，“非遗 + 旅游”的非物质文化遗产传承创新及成果转化模式全面推广，把握和顺应了当今世界文化发展趋势和新时代推进文化与旅游互惠融合的新要求和新态势。

《国家级文化生态保护区管理办法》对非物质文化遗产等文化资源的旅游功能进行了界定：“国家级文化生态保护区建设管理机构应当依托区域内独具特色的文化生态资源，开展文化观光游、文化体验游、文化休闲游等多种形式的旅游活动。”文化旅游成为非物质文化遗产传承创新的重要方式。2019 年 3 月 10 日至 13 日，文化和旅游部非物质文化遗产司举办“非遗 + 旅游”专题培训班。来自全国 30 个省（自治区、直辖市）的旅行社和旅游企业相关负责人共计 60 余人参加了培训。本次培训班旨在帮助旅游从业者了解非物质文化遗产及其保护实践，提高以非物质文化遗产为主题的旅游产品研发、设计能力，加强队伍建设。学员们分享了来自湖南省雨花非遗馆、广东省广州市非遗保护中心、四川省北川羌族自治县、浙江省景宁畲族自治县、云南省大理白族自治州的非遗与旅游融合发展的优秀案例。非物质文化遗产资源为开发设计旅游产品提供了多种多样的素材和线索，有利于非物质文化遗产的创新性发展和创造性转化。

2019 年 7 月 24 日，中央全面深化改革委员会会议审议通过《长城、大运河、长征国家文化公园建设方案》，明确“要坚持保护优先、强化传承，文化引领、彰显特色，总体设计、统筹规划，积极稳妥、改革创新，因地制宜、分类指导，根据文物和文化资源的整体布局、禀赋差异及周边人居环境、自然条件、配套设施等情况，重点建设管控保护、主题展示、文旅融合、传统利用 4 类主体功能区”，为拥有特殊文化资源集合的线形或带状区域内的文化遗产族群的旅游开发等提供政策支撑。8 月 23 日，《国务院办公厅关于进一步激发文化和旅游消费潜力的意见》表示，“为贯彻落实《中共中央　国务院关于完善促进消费体制机制进一步激发居民消费潜力的若干意见》，提升文化和旅游消费质量水平，增强居民消费意愿，以高质量文化和旅游供给增强人民群众的获得感、幸福感”，要“促进文化产业融合发展”，“支持非物质文化遗产主题旅游等业态发展”。10 月 31 日，中国共产党第十九届中央委员会第四次全体会议通过的《中共中央关于坚持和完善中国特色社会主义制度推进国家治理体系和治理能力现代化若干重大问题的决定》指出，要“建立健全把社会效益放在首位、社会效益和经济效益相统一的文化创作生产体制机制”，“深化文化体制改革”、“完善文化和旅游融合发展体制机制”，使以非物质文化遗产为核心的中华优秀传统文化肩负起“激发全民族文化创造活力，更好构筑中国精神、中国价值、中国力量”的时代使命。12 月 1 日，中共中央、国务院印发《长江三角洲区域一体化发展规划纲要》，在农村环境整治方面强调要对独具自然生态与地域文化风貌特色的古镇名村、居住群落、历史建筑及非物质文化遗产进行整体性保护；在公共服务建设方面提出推动文化旅游合作发展，通过加强重点文物、古建筑、非物质文化遗产保护合作交流，以及联合开展考古研究和文化遗产保护，来提升区域文化创造力、竞争力和影响力。

少数民族和民族地区非物质文化遗产类型多样，资源富集。2019 年 1 月，文化和旅游部资源开发司联合中国科学院地理科学与资源研究所编制了《“三区三州”旅游大环线设计宣传推广方案》。根据方案，旅游大环线以 G30、G314、G3012、G219、G318、G214、G213 等核心路段为支撑，以“三区三州”所在青藏高原区为核心，以兰州、乌鲁木齐、成都、拉萨、昆明、西宁六个省会（首府）城市为中心，以敦煌、喀什、林芝、大理为次级中转枢纽，串联了丝绸之路、茶马古道、唐蕃古道等历史文化和自然风情并重的传统路线，以及新藏公路、珠穆朗玛峰、三江并流等高海拔旅行的极限体验和多元民族历史文化线路。“三区三州”旅游大环线全长约 1.1 万公里，为彰显特色，大环线设置了四条支线线路、六条主题线路、56 条世界级徒步旅游线路，比如西北段丝绸之路（甘肃新疆）、西南段边境探险（新疆西藏）、东南段茶马古道（西藏云南）、东北段藏羌走廊（四川青海）等。[①] 1 月 5 日，“三区三州”旅游大环线宣传推广联盟在甘肃省临夏州永靖县成立。来自甘肃、云南、四川、青海、西藏、新疆等六省区和新疆生产建设兵团文化旅游部门的负责人共同审议了联盟章程，签署了合作协议，走上了联合发展道路。[②] 10 月 15 日，“三区三州”旅游大环线暨西藏旅游推介会在西藏拉萨举行。活动主办方发布

① 参见《“三区三州”旅游大环线发布》，《经济日报》2019 年 1 月 6 日，第 4 版。

② 参见《“三区三州”旅游大环线宣传推广联盟成立》，《甘肃经济日报》2019 年 1 月 7 日，第 1 版。

了《冈底斯国际旅游合作区建设总体规划（2018—2035年）》，指导打造西藏旅游新的增长点。西藏旅游以“入藏”为主题，着重边境极限体验线、唐蕃古道民族文化线、318中国景观大道川藏线、滇藏茶马古道寻踪线等经典“三区三州”旅游路线，力促深度贫困地区旅游脱贫和产业转型升级。[①]“三区三州”旅游线路依托“一带一路”，在文化旅游产业集聚、促进民族交流融合、传承非物质文化遗产等方面发挥引领示范作用。云南大理推出非遗研学之旅项目，从大理州非物质文化遗产博物馆到下关沱茶厂，从大理泥塑省级非物质文化遗产传承人苏龙祥家到剑川木雕国家级非物质文化遗产传承人段四兴家，从土陶、鱼鹰到银饰、扎染，浸润文化智慧的深度研学成为新时代面向青年学生的文旅融合路径。[②]

“文化和自然遗产日”期间，中国旅游报社在广州市举办了“2019非遗与旅游融合优秀案例”发布会，遴选并公布了“四川凉山：彝族火把节推动非遗与旅游融合发展”“贵州凯里：非遗与旅游融合推动麻塘精准扶贫”“湖南长沙：非遗馆让非遗项目活态发展”等十大优秀案例（见表2）。我国各地相继开展包括少数民族非物质文化遗产在内的大中型宣传展示活动3200多场，“非遗之旅”成为主打活动品牌。根据不同地域特色、文化风格和资源特点，各地将非物质文化遗产宣传展示与旅游休闲有机结合，促进二者融合发展，充分发掘非物质文化遗产的当代价值，进一步提升其保护传承水平，助力扶贫攻坚。四川省“非遗之旅”主题活动的推广与实践走在全国前列。四川省将藏族、羌族、彝族等多民族非物质文化遗产融入旅游线路策划和旅游产品设计中，以非遗传习所、非遗体验区和非遗体验基地为载体，推出“藏羌环线非遗之旅”“香格里拉非遗之旅”“蜀道三国非遗之旅”“古蜀名镇非遗之旅”“川北巴山非遗之旅”“茶马古道非遗之旅”“川江沿线非遗之旅”“青城峨眉非遗之旅”“年画体验之旅”“竹艺体验之旅”等10条旅游线路。这些“非遗之旅”巧妙融合了非物质文化遗产元素和资源，以文促旅，以旅彰文，实现

---

① 参见《“三区三州”旅游大环线助力深度贫困地区脱贫攻坚》，新华网，http://www.xinhuanet.com/politics/2019-10/15/c_1125108599.htm，2019年10月15日。

② 参见《开启一趟非遗研学之旅》，春晚新闻，https://337.ccwb.cn/wxpage/main/detail.html?share_id=20190117171448388LTR&cw_id=20190117161231JSEZ5P，2019年1月17日。

了文化与旅游的多重整合。2019 年6 月，第三届“‘锦绣潇湘’湖南文化旅游创新创意大赛之遇见望城”启动，面向全国发起征集赋予湘江古镇群、望城特色旅游景区形象、非遗技艺、手工艺制品等新体验、新技术、新概念的创新项目，年底共有 23 件作品获奖，力图探寻文旅融合发展的新契机。贵州省创新开展全域旅游、山地旅游、高效旅游和满意旅游，守住发展和生态两条底线，以旅游推介、文化展演、非遗展示“三位一体”宣传推广方式，引导民族民间传统音乐、传统舞蹈、传统戏剧、传统游艺、传统美术、传统技艺等非遗项目进驻重点旅游景区、旅游度假区，做好非遗产品向旅游商品的转化，丰富旅游文化内涵，既保护好非遗，又让它活起来。贵州省是全国率先开展乡村旅游的省份之一，到 2019 年 9 月，已有 724 个村落入选中国传统村落名录，“十三五”时期，通过旅游业发展累计助推 89 万余名贫困人口增收脱贫。

表 2　2019 非遗与旅游融合十大优秀案例

序号	地区	名称
1	江苏南京	秦淮灯会彰显文旅融合新生态
2	江西景德镇	古窑让非遗“活”起来
3	江西婺源	非遗让中国最美乡村更有“味道”
4	福建龙岩	看世遗永定土楼 体验非遗传经典
5	湖南长沙	非遗馆让非遗项目活态发展
6	四川凉山	彝族火把节推动非遗与旅游融合发展
7	陕西韩城	让非遗在景区发展中绽放魅力
8	湖北十堰	“郧西七夕”将非遗与旅游深度融合
9	贵州凯里	非遗与旅游融合推动麻塘精准扶贫
10	浙江东沙	非遗让古渔镇焕发新活力

2019 年 10 月，由文化和旅游部非物质文化遗产司、资源开发司发起的“全国非遗主题旅游线路征集活动”在第七届中国成都国际非物质文化遗产节上正式启动，至 2020 年 4 月，活动面向全国征集非遗主题旅游线路。本届非遗节国际论坛的主论坛是“非遗传承与旅游发展”，邀请了联合国教科文组织代表、国外政府部门官员及相关人员、全国各地文化和旅游部门代表、国内外非遗专家、国家级代表性传承人和亚太中心培训人员参会。与会人员本着“传承发展、交流互鉴”的理念，充分交流非遗传承经验，聚焦成都建设世界

旅游名城，探讨将活化的非物质文化遗产传承有机植入文化和旅游融合场景，丰富文化旅游内涵和体验的实践路径。联合国教科文组织驻华代表处文化部门负责人古榕讲到，文化对于社区群体具有不可估量的内在价值，这是旅游业发展的重要条件之一，而旅游业在继承、发扬、保护有形和无形遗产，以及促进艺术、手工艺和其他创新活动方面也发挥着重要作用。自2011年以来，联合国教科文组织一直牵头开展世界遗产和可持续旅游计划项目，并与联合国世界旅游组织合作，取得了显著成效。格鲁吉亚文化遗产局专家组组长路苏丹·图苏特苏米亚介绍了本国非物质文化遗产与旅游融合发展的情况，并指出要考虑非物质文化遗产本身固有的特性以及与当地居民生活的关系，充分尊重遗产持有者的意愿，保障其权益。[①] 2019年12月26日至27日，海南省三亚市举办了第七届中国旅游产业发展年会，会议以“融合驱动创新　传播赋能升级”为主题，总结了2019年度全域旅游、文旅融合等战略的实施成果，分享了非遗与旅游融合发展优秀案例等。[②]

在文旅融合政策引导下，少数民族和民族地区积极探索“非遗+旅游”的转化路径，厚植时代新风，深入促进非物质文化遗产的旅游体验与传播，形成了诸多民族性、地方性的文化旅游品牌，发挥了文化产业助推经济社会发展的积极效应，也为非物质文化遗产回归生活提供了可行方案。文化旅游业的发展是一把双刃剑，要防范过度开发、过度商业化以及去情景化等现象的发生，否则不仅可能削弱和破坏非物质文化遗产的存续力，而且会削弱民族地方的整体发展潜力。因此，应与非物质文化遗产的活态传承之间构建一种健康有益的平衡，一方面通过不同方式提高公众意识；另一方面进行合理管控，促使非物质文化遗产和旅游成功融合。

四　少数民族非物质文化遗产传承发展助推民族地区乡村振兴

乡村振兴战略在党的十九大报告中首次提出。《国家乡村振兴战略规划

① 参见《非遗传承与旅游发展——第七届成都国际非遗节国际论坛举办》，中国非物质文化遗产保护中心，http://www.ihchina.org.cn/news_details/19170.html，2019年10月20日。

② 参见李鹏冲等《第七届中国旅游产业发展年会举办——以“融合驱动创新 传播赋能升级”为主题》，《中国旅游报》2019年12月30日，第1~2版。

（2018～2022年）》明确提出“以非物质文化遗产传统工艺技能培训为抓手，帮助乡村群众掌握一门手艺或技术；支持具备条件的地区搭建平台，整合资源，提高传统工艺产品设计、制作水平，形成具有一定影响力的地方品牌”等方针举措，支持和肯定了非物质文化遗产传承发展在乡村振兴中的重要地位。

2019年4月15日，《中共中央　国务院关于建立健全城乡融合发展体制机制和政策体系的意见》指出，要重塑新型城乡关系，走城乡融合发展之路。在“建立健全有利于城乡基本公共服务普惠共享的体制机制”中具体强调要建立文化结对帮扶机制，推动文化工作者和志愿者等投身乡村文化建设；划定乡村建设的历史文化保护线，保护好农业遗迹、文物古迹、民族村寨、传统村落、传统建筑和灌溉工程遗产，推动非物质文化遗产活态传承；发挥风俗习惯、村规民约等优秀传统文化基因的重要作用。6月23日，中共中央办公厅、国务院办公厅印发《关于加强和改进乡村治理的指导意见》，提出要加强基层文化产品供给、文化阵地建设、文化活动开展和文化人才培养；传承发展提升农村优秀传统文化，加强传统村落保护；结合传统节日、民间特色节庆、农民丰收节等，因地制宜广泛开展乡村文化体育活动；挖掘文化内涵，培育乡村特色文化产业，助推乡村旅游高质量发展。6月28日发布的《国务院关于促进乡村产业振兴的指导意见》再次强调依靠乡村优势特色，培育壮大乡村产业，充分挖掘农村各类非物质文化遗产资源，促进乡村特色文化产业发展。

产业兴旺是乡村振兴、城乡融合发展的基础，其中非物质文化遗产保护传承既是培育和壮大文化产业的宝贵资源，亦是推进城乡治理体系和治理能力现代化的有效手段。2019年3月3日至13日中国人民政治协商会议第十三届全国委员会第二次会议期间，很多来自地方的委员提交了乡村振兴战略中有关乡村文化建设的提案。这些提案均将非物质文化遗产视为助力乡村振兴的重要文化资本。比如，全国政协委员、内蒙古自治区文物保护中心主任吉平指出，文化振兴不仅为乡村全面振兴提供了文化哺育和支撑，而且是乡村振兴的重要动力和源泉。他提议通过建设乡村文化展陈馆，深入挖掘与弘扬厚重的历史积淀，将文化融入百姓生活，用文化力量提升文明素质，激发乡村振兴的内生动力。不少关于文化、文化产业、非物质文化遗产助推乡村振兴的提案得到了文化和旅游部资源开发司、产业发展司等司局的回复。例如，对乡村振兴过程中文化建设提案的回复强调国家级文化生态保护区建设管理机构要深入挖掘、阐释非物质文化遗产蕴含的优秀思想观念、人文精神、道德规范，培育文明乡风、良好家风、淳朴民风，提升乡村文明水平，助力乡村振兴；继续完善、实施中国非物质文化遗产传承人群研修研习培训计划，扩大该计划在乡村地区的实施范围；重视并加强乡村特色文化产业人才队伍建设，为产业发展输送更多高质量的非物质文化遗产从业人才。

增强贫困人口的创业、就业能力是解决贫困问题的关键环节，也是做好非遗扶贫事业的基础性工作。2019 年 9 月 3 日至 6 日，由文化和旅游部非物质文化遗产司、国务院扶贫办开发指导司主办的 2019 年基层非物质文化遗产保护工作队伍“非遗 + 扶贫”专题培训班在河北省丰宁满族自治县举办。来自四川省凉山彝族自治州、甘肃省临夏回族自治州、云南省怒江傈僳族自治州、西藏自治区拉萨市尼木县、新疆维吾尔自治区和田地区墨玉县、青海省黄南藏族自治州同仁市、河北省承德市丰宁满族自治县、广西壮族自治区崇左市龙州县、湖南省湘西土家族苗族自治州花垣县、贵州省黔东南苗族侗族自治州雷山县等全国“非遗 + 扶贫”10 个重点支持地区的非遗扶贫就业工坊带头人、当地基层非物质文化遗产保护工作人员参加了培训。培训班设置了专题授课，非遗传承基地、非遗扶贫就业工坊现场考察，以及分组讨论交流等活动，展示了全国各试点地区开展非物质文化遗产保护实践及“非遗 + 扶贫”工作成果。① 12 月，乡村文化和旅游能人专题培训班在成都、北京共开班三期。培训采取集中授课、现场教学、交流分享等方式，围绕乡村振兴和脱贫攻坚解读乡村文化和旅游、农村土地资源开发使用等相关政策，对 2019 年度乡村文化和旅游能人支持项目的部分入选人员进行了基层文化建设、非遗传承保护、乡村文创设计、乡村民宿和乡村旅游产品开发等方面的知识讲授和技能训练，增强了他们扎根基层、奉献乡村的信心和能力。②

2019 年 2 月 18 日，湖南省湘西土家族苗族自治州首批 10 家非遗扶贫就业工坊分别在花垣县、凤凰县、古丈县、龙山县和吉首市等地正式挂牌。首批非

① 参见《2019“非遗 + 扶贫”专题培训班在河北丰宁举办》，文化和旅游部非物质文化遗产司，https：//www. mct. gov. cn/whzx/bnsj/fwzwhycs/201909/t20190909_ 846699. htm，2019 年 9 月 5 日。

② 参见白骅《乡村文旅能人专题培训成都开班》，《中国旅游报》2019 年 12 月 2 日，第2 版。

遗扶贫就业工坊重点结合了当地入选第一批国家传统工艺振兴目录的项目，将振兴传统工艺与推动精准扶贫相结合，将丰富的非遗资源优势转化为发展优势，主动对接市场，积极开展宣传，有效带动了当地贫困人口的就业增收。3月，工坊订单总量超过1100万元，人均月收入达800～2000元。[①] 除湖南湘西州外，甘肃临夏州、贵州黔东南州、四川凉山州、青海黄南州同仁市、河北丰宁县、新疆墨玉县、广西龙州县、西藏尼木县和云南怒江州等地已经设立或者正在推动设立非遗扶贫就业工坊。2019年，文化和旅游部与国务院扶贫办以深度贫困地区“三区三州”和部分少数民族地区为重点，总共支持设立了156家非遗扶贫就业工坊。各地依托非遗扶贫就业工坊，开展技能培训5600多期，培训人员17.67万人次。据不完全统计，全国现已推动非遗助力精准扶贫工作的县市包括393个国家级贫困县和150个省级贫困县，其间建设非遗扶贫就业工坊2310个，涉及2206个非遗项目，带动46.38万人参与就业，其中建档立卡贫困户22.92万人，22.02万人实现脱贫。

《关于大力振兴贫困地区传统工艺助力精准扶贫的通知》提出要加大贫困地区非物质文化遗产的保护与传承力度，要求各省（自治区、直辖市）高度重视传统工艺振兴，推进文化扶贫攻坚工作。2019年1月28日至3月8日，山东省组织开展第四个非物质文化遗产月活动。全省各地以“非遗助力脱贫推动乡村振兴”为主题，举办了685项非物质文化遗产展演展示活动，其中87.5%的活动直接或间接与非遗扶贫、乡村振兴有关。比如，与重庆市共同举办鲁渝共建非遗扶贫成果展，一共展出酉阳苗绣、彭水苗绣、万州三峡绣和巫溪大宁河刺绣4个鲁渝共建扶贫传承人群培训班学员作品880件，8名贫困学员现场展示，现场销售1300件非遗产品。鲁渝扶贫协作尤以非遗传统技艺项目为依托，挖掘贫困区县地方特色文化资源，举办了四期非遗扶贫培训班，139名学员实现就近或居家就业，达到了“培训一人、脱贫一户”的效果。一年来，山东14个市与对口协作的重庆区县对接交流105人次，先后引导44家山东企业落户重庆贫困区县，实施帮扶项目270个；选派山东教师、医生、农

① 参见《湖南湘西州首批非遗扶贫就业工坊挂牌》，文化和旅游部非物质文化遗产司，https://www.mct.gov.cn/whzx/bnsj/fwzwhycs/201903/t20190304_837528.htm，2019年3月4日。

技人员499人次赴重庆帮扶，组织重庆263名专业技术人才赴山东培训交流，探索将文化软资源转化为经济硬实力的文化精准扶贫特色之路。① 5月20日，河北省承德市丰宁满族自治县旅游和文化广电局牵头举办了"非遗+扶贫"满族剪纸、布糊画培训班，聘请代表性传承人石俊凤等6人为教师，全县21个乡镇的300多人参加了培训。这是在建立非遗传承展示基地和非遗扶贫就业工坊基础上的弘扬满族传统文化，传承非遗手工技艺，助力脱贫攻坚的一次有益实践。②

"非遗+扶贫"是《关于大力振兴贫困地区传统工艺助力精准扶贫的通知》的核心内容，全国各地特别是少数民族和民族地区主动摸索和提炼非遗扶贫就业工坊的经验和模式。2019年2月28日，唯品会驻四川凉山传统工艺工作站建站专题会议暨签约、揭牌仪式在西昌市举行，这是文化和旅游部、国务院扶贫办在全国设立的第15个传统工艺工作站，也是我国第一批"非遗+扶贫"重点支持地区的探索实践。唯品会驻四川凉山传统工艺工作站从彝族服饰、彝绣、彝族羊毛擀毡技艺等入手，借助"政府+唯品会+非遗扶贫工坊+贫困群众"的模式，在政府及相关部门政策支持和引导下开展工作。唯品会提供创意设计帮助和推广销售平台，再通过工作站下若干非遗扶贫工坊为贫困群众提供非物质文化遗产技艺指导和产品订单，贫困群众可选择多种就业方式增产增收。③ 工作站加大了产品研发、设计、宣传、推广和销售的力度，首批成果如彝族银饰"拂星"、彝绣马齿纹斜挎包等非物质文化遗产新品在唯品会上线，备受消费者追捧。7月9日，济南市文化和旅游局、历下区人民政府主办的非遗扶贫就业工坊产品展示展销活动中，来自全国10个"非遗+扶贫"重点支持地区、文旅部4个定点帮扶县市，以及重庆、山东等省市非遗扶贫就业工坊的625种近5000件传统工艺产品参加了现场销售活动。京东商城非遗频道同步搭建了非遗扶贫就业工坊产品线上销售专题平台，已有几百种产

① 参见《鲁渝共建非遗扶贫培训成果展暨十万山东人游重庆活动今日启动》，搜狐网，https：//www. sohu. com/a/298843926_ 99941276，2019年3月3日。

② 参见《丰宁"非遗+扶贫"培训倍受农民青睐》，文化和旅游部非物质文化遗产司，https：//www. mct. gov. cn/whzx/bnsj/fwzwhycs/201907/t20190702_ 844769. htm，2019年6月26日。

③ 参见付远书《四川：非遗资源盘活扶贫经济》，《中国文化报》2019年7月23日，第8版。

品上线。“非遗+扶贫”切实立足传统工艺生产基地，积极引进知名电商企业和相关企业，通过订单生产、以销定产等多种形式，稳定生产，确保品质，扩大销售，增加收入。

非物质文化遗产项目具有浓郁的民族地方特色，推进“非遗+扶贫”需要深入实际、突出特色，逐步建立健全长效而稳定的非遗工坊建设和运行机制，更好促进非物质文化遗产传承创新全面融入脱贫攻坚、乡村振兴等国家重大战略。2019年12月，文化和旅游部、国务院扶贫办印发《关于推进非遗扶贫就业工坊建设的通知》，支持各地特别是国家级贫困县以传统工艺为重点，依托各类非物质文化遗产项目，设立一批特色鲜明、示范带动功能显著的非遗扶贫就业工坊，帮助贫困人口学习传统技艺，激发内生动力，促进就业增收，巩固脱贫成果。对于传统技艺的传承，有关地区和部门要在脱贫攻坚工作中深入了解目标对象的现实需要和个人特长，根据非物质文化遗产项目的独特属性和地区资源禀赋，加强人员培训，加大宣传推广力度，做好保障引导。近年来，国家还通过税收优惠、贴息支持、财政奖补等政策机制，引导资金、人才、技术、土地、管理等各种要素向贫困地区聚集，为乡村振兴形成强大合力。

五　少数民族非物质文化遗产宣传展示与民族团结教育

中华文化是各民族共同创造的，少数民族非物质文化遗产是中华优秀传统文化的重要组成部分。2019年9月27日，习近平总书记在全国民族团结进步表彰大会上强调：“坚持文化认同是最深层的认同，构筑中华民族共有精神家园。”10月23日，中共中央办公厅、国务院办公厅印发《关于全面深入持久开展民族团结进步创新工作铸牢中华民族共同体意识的意见》，指出“大力实施中华优秀传统文化传承发展工程，推动中华优秀传统文化融入国民教育、道德建设、文化创造和生产生活”，“搭建促进各民族沟通的文化桥梁，坚持以社会主义先进文化引领促进各民族文化传承发展”，“加快建成小康社会增进民生福祉，把加快少数民族和民族地区发展摆到更加突出的战略位置，夯实民族团结进步的物质基础”。

着力“非遗保护，中国实践”的2019年“文化和自然遗产日”前后集中进行了多场少数民族非物质文化遗产宣传展示活动，深入挖掘非物质文化遗产在精准扶贫、乡村振兴、民生改善等领域的先进事迹，扩大宣传非物质文化遗产在推动经济发展、文化传承和社会建设等方面的正向作用，创建各民族共居、共学、共事、共乐的社会条件，打造“中华民族一家亲”的实践教育平台，促使各族群众相互尊重、相互欣赏，相互学习、相互借鉴。2019 年 10 月开始，文化和旅游部非物质文化遗产司正式启动“非遗 + 扶贫”主题传播活动，包括主题采风、优秀扶贫案例选编等，宣传“非遗 + 扶贫”工作典型，广泛发动更多社会力量参与非物质文化遗产传承及相关经济社会活动，使之成为加强民族团结教育和社会主义核心价值观教育的重要渠道。10 月 9 日，中央广播电视总台、《中国日报》、农民日报社、中国扶贫杂志社、小康杂志社等 10 余家中央媒体以及快手、字节跳动等新媒体分两批启程，赴西藏、青海、甘肃、湖南、贵州、山西开展实地采风，挖掘优秀实践案例，采访、报道和宣传建档立卡贫困户、非遗扶贫带头人的生动故事。①

云南省大理市文化和旅游局充分发挥大理文化底蕴深厚、旅游资源富集的优势，拉动乡村产业发展，推动全域旅游，破解脱贫攻坚造血功能不足的难题。2016 ~2019 年，依托大理文化生态保护实验区建设和公共文化服务体系建设资金，大理市非物质文化遗产保护管理所先后投入资金 190 万元，扶持代表性传承人建成白族扎染技艺、白族大本曲、白族刺绣技艺、甲马、泥塑、剪纸、“慎德堂”传统诊疗法等非物质文化遗产项目传习所 18 个、二类传习点 2 个、综合传习展示中心 1 个，支持传承人购置了设备、建起了展室、举办了培训班、加强了档案建设。据统计，近年来各传习所（点）、综合传习展示中心共组织传承培训班 40 余期，培训学员近千人。与此同时，文旅部门牵线搭桥，让企业参与进来，通过公司化的运作，将刺绣等手工技艺做成产业，生产出更多满足现代人需要和符合现代人审美情趣的既具传统元素又富有时尚气息的手工艺品，振兴传统手工艺，做强做大非遗产业。2019 年 8 月 3 日，由北京依文集团和大理州政府主办的“深山集市 · 风花雪月”活

① 参见《非物质文化遗产司启动“非遗 + 扶贫”主题传播活动》，文化和旅游部非物质文化遗产司，https://www.mct.gov.cn/whzx/bnsj/fwzwhycs/201910/t20191012_847218.htm，2019 年 10 月 11 日。

动专场上，大理扎染、白族刺绣、鹤庆银器、剑川木雕等手工艺人的匠心之作和核桃、黑蒜、鲜花饼、乳品等特色食品合计约3500多个品类，在北京侨福芳草地展销。白族刺绣传承人刘茂菲、彝族服饰传承人瞿标祥等18位手艺人携作品向北京市民展示大理手工艺术。随后持续不断的技艺宣传、爆款补货、产品推荐等工作，让各族都市居民聆听大理的故事，感受大理的情怀，走进大理13个世居民族的历史记忆，带动大理文创产业、特色旅游发展，促进群众增收致富。①

文明因多样而交流，因交流而互鉴，因互鉴而发展。习近平总书记在2019年5月15日出席亚洲文明对话大会开幕式发表的主旨演讲《深化文明交流互鉴 共建亚洲命运共同体》中指出，要加强世界不同国家、不同民族、不同文化的交流互鉴，夯实共建亚洲命运共同体、人类命运共同体的人文基础，向世界展现中华文明的魅力与活力。他强调，中国愿同各国开展亚洲文化遗产保护行动，为更好传承文明提供必要支撑，增强文明自信，增进民族团结。6月13日至15日，广东省连南瑶族文化及瑶绣非遗技艺推广交流会与连南瑶族自治县瑶族文化采风汇报会暨连南瑶族文化推广大使评选活动在连南瑶族自治县召开，连南瑶族自治县开辟了一条“非遗+时尚”的采风之旅，在展现瑶族民族文化风貌的同时，挖掘本民族本地区非遗时尚价值。10月17日至22日，第七届中国成都非物质文化遗产节成为对内推广、对外宣传的重要平台，首次举办了非物质文化遗产传承助力脱贫攻坚和乡村振兴成果展、“一带一路”传统手工艺展、非遗创意设计作品授权展等6个主要展览，丰富多彩的少数民族非物质文化遗产备受国内外嘉宾的青睐。12月6日，第三届中国世界遗产（福州）高峰论坛和第三届“一带一路”世界遗产文化论坛在福建举行，海峡两岸携手合作向世界推介中华文化。

2019年12月，中国移动咪咕公司成为光明网非物质文化遗产5G传播战略合作平台。互联网时代，跨界融合是其显著特征，非物质文化遗产保护传承需要强化“非遗+创意”“非遗+网络”等意识，创新实践模式，广泛搭建宣传平台，改进宣传载体和方式，为推广展示非物质文化遗产、拓展民族团结进

① 参见《大理市走出“非遗+旅游”旅游扶贫“大理模式”》，“大理非遗”微信公众号，2019年3月27日。

步宣传教育网络空间、实现文化历史资源与市场运营对接创造便利条件。依文·中国手工坊是中国传统手工艺文化和东方美学文化的传承与赋能平台，它通过数据化、IP化、产品化、市场化、产业化、时尚化的创新模式，链接全球优质资源。线上，搭建合作平台，建立起一个开放完整的数据库系统，收录了5000多种中国民族纹样，展示13000名绣娘和她们的技艺，全球的设计师和合作者都可以在这里参与“中国创意，全球设计”，中国的传统手工艺跟国际流行时尚实现顺畅连接。线下，建立了16座村寨博物馆与上千家“绣梦工坊”，打造十余条深入原生态村寨的“绣梦之旅”旅游路线，在让世界看见中国传统手工之美的同时，也让深山里的手艺人能够不离家乡，背着娃、绣着花养活自己、养活家。如今，依文·中国手工坊的创新扶贫模式已经落地到中国上百个贫困县，帮助上万名手艺人的产品走出大山，走进都市消费者的生活。2019年10月21日，“绣梦中国·风花雪月”依文·大理时装发布会于英国伦敦第十五届世界华商大会精彩亮相。① 传承了千年的中国民族传统手工艺以时尚的全新表达登上世界舞台，助力绣娘通过手工艺实现“指尖脱贫”，增强文化自信与文化自觉，促进各民族繁荣发展。

中华各民族共同创造了灿烂的文化，中华文化认同是民族团结的根脉。12月29日，由光明日报社主办、光明网承办的2019“中国非遗年度人物”推选宣传活动结果揭晓。② 新疆维吾尔自治区级非物质文化遗产“十二木卡姆”代表性传承人依力哈木·热依木、贵州省级非物质文化遗产“苗绣”代表性传承人石丽平、国家级非物质文化遗产“唐卡”代表性传承人罗布斯达、国家级非物质文化遗产“格萨（斯）尔”代表性传承人金巴扎木苏等少数民族传承人入选，他们以各自精湛的技艺和丰厚的知识在祖国大江南北传扬中华各民族的文化智慧和精神力量。“中国非遗年度人物”宣传活动至今已连续举办三年，系统盘点了一年中为非物质文化遗产保护传承事业做出突出贡献的标志性人物和重大事件，有效传播了非物质文化遗产保护典型人物和优秀案例，精彩记录了非物质文化遗产传承发展的生动实践，助力中国特色非物质文化遗产保

① 参见《大理市走出“非遗＋旅游”旅游扶贫“大理模式”》，“大理非遗”微信公众号，2019年3月27日。

② 参见《2019“中国非遗年度人物”揭晓》，《光明日报》2019年12月30日，第4版。

护体系日臻完善和成熟，向世界各国传播我国在非物质文化遗产保护方面的经验与做法，起到举旗帜、聚民心、育新人、兴文化、展形象的巨大作用，不断增强中华优秀传统文化的影响力和感召力。

结　语

非物质文化遗产兼具物质性和非物质性，是一种具有深厚意蕴内涵和鲜活实践内容的生活文化和文化生活。在长期的保护、传承和发展中，中国非物质文化遗产逐渐形成独具特色的有机体系，向世界奉献了中国经验，展示了中国风范。非物质文化遗产作为一种文化资源，通过科学研究和合理利用，激发其持久存续和活态传承的内生动力，能够为当代民众的生活提供多种服务，满足当代社会的精神文化需求。

倡导人类文化多样性是当今世界的共同诉求。中国是统一的多民族国家，各民族共生、共存、共荣，形成了“你离不开我，我离不开你”的多元一体格局。面对包括少数民族非物质文化遗产在内的这一积蓄着巨大能量的文化聚合体，我们应当遵循其规律，加强理论研究，正确把握其内涵，有效挖掘其功用，彰显文化自信，促进民族团结，实现文化传统的积极传承和传播，既立足本土实际，体现出中国智慧和民族精神，也适应国际规则，融入世界非物质文化遗产保护的话语体系中。

非物质文化遗产体系的建设，不仅是非物质文化遗产保护工作向纵深发展的深刻表现，也是传统文化在横向的更大舞台以及更高层面上作用的展现，有利于进一步促进文化与旅游、教育、扶贫等领域的融合发展。我国在与国际公约积极贯通的同时，仍要通过不断实践构建自己的非物质文化遗产保护体系，进而为世界文化保护、传承和创新提供案例和方案。深化和完善我国非物质文化遗产保护和研究的国际合作，将是进一步实现中华传统文化海外传播、展现中华文化自信的有效途径。当前，我国非物质文化遗产保护在既有成绩的基础上，要继续坚持顶层设计和政策机制的引领；充分发挥自身优势和社会力量，守正创新；积极开展学术研究、人才培养、宣传展示等，多措并举，增强传承活力。全国非物质文化遗产工作者以习近平新时代中国特色社会主义思想为指导，不断完善政策法规体系，夯实基础性工作，充分发掘非物质文化遗产的当代价值，进一步提升非物质文化遗产保护传承水平，助力精准扶贫，助力城乡建设，让中华优秀传统文化展现出永久魅力和时代风采。

参考文献

王文章：《非物质文化遗产概论》，文化艺术出版社，2006。

向云驹：《世界非物质文化遗产》，宁夏人民出版社，2006。

刘锡诚：《非物质文化遗产：理论与实践》，学苑出版社，2009。

顾江编著《文化遗产经济学》，南京大学出版社，2009。

杨红：《非物质文化遗产：从传承到传播》，清华大学出版社，2019。

宋俊华：《中国非物质文化遗产保护发展报告（2019）》，社会科学文献出版社，2020。

B.9

少数民族地区畜牧业发展研究报告

——以内蒙古为例*

阿妮尔**

摘　要： 作为我国五大牧区之一和五个少数民族自治区之一，内蒙古的畜牧业关乎北方少数民族农牧民的生计生活、农村牧区发展甚至全国畜产品消费市场。随着农业现代化的推进，2019年内蒙古地区畜牧业发展较平稳，在年末牲畜存栏量下降的情况下牛羊肉产量保持增长，“减羊增牛”战略初显成效，饲草料总体上较充足，农企利益联结进一步加强，牧区现代化试点工作取得进展。不过，其中仍存在畜肉价格上涨过快、进口依存度高、产业化水平较低、从事草原畜牧业生产的牧民难以从中获益、草原综合植被盖度低等问题，需要在今后的工作中加以关注和改进。

关键词： 内蒙古　畜牧业　产业化试点　牧民收益

畜牧业是很多少数民族地区的支柱产业之一，我国五大牧区都是少数民族聚居区域。五大牧区的畜牧业在全国占有举足轻重的地位，其猪牛羊肉和奶类产量分别占全国产量的9.95%、28.36%。作为五大牧区之首，内蒙古地区的猪牛羊肉和奶类产量远高于新疆、西藏、青海、甘肃等其他四个牧区。由于不同地区的畜牧业发展状况不尽相同，本文选取内蒙古地区作为理解少数民族地

---

* 本报告是中国社会科学院创新工程“乡村振兴与新时代农村社会治理”项目的阶段性成果。

** 阿妮尔，人类学博士，中国社会科学院法学研究所博士后。

区畜牧业发展的样本，考察其畜牧业发展所取得的成绩，分析其畜牧业发展过程中存在的问题①，并提出相应的政策建言，为其他少数民族地区畜牧业发展提供参考。

一　2019年内蒙古地区畜牧业发展回顾

（一）内蒙古地区继续保持7000万头（只、匹、峰）的年末牲畜存栏量，五畜结构得到初步调整，畜牧业发展较为平稳

自“十三五”以来，内蒙古年末牲畜存栏量突破7000万头（只、匹、峰）大关，2019年末牲畜存栏量稍有回落，从2017年的7441.9万头（只、匹、峰）降至7192.4万头（只、匹、峰），但降幅较上年减少1.03个百分点（见图1）。其中，牛的存栏量有所回升，达到626.1万头，较上年增加1.6%，包括奶牛122.5万头，较上年增加1.38%，占总存栏量的19.57%；羊和生猪存栏量持续下滑，分别为5975.9万只、429.6万头，较上年分别减少0.4%、13.6%（见图2），不过生猪存栏量降幅低于全国水平，且为了保障全国猪肉价格稳定，在保证本地区猪肉供应的同时，净调50.2万头生猪。除牛之外的大牲畜（马、骆驼、驴、骡）在2017年上涨4.47%后持续下降，其降幅在2019年有所放缓，从2018年的3.41%减少到1%，存栏量为160.82万头（匹、峰）。可见，一方面，2019年内蒙古地区牲畜存栏量的减少在很大程度上受到了猪瘟疫情暴发后生猪存栏量减少的影响，牛羊存栏量较稳定；另一方面，“减羊增牛”战略已取得初步成效，牛羊存栏量之比从2016年的1∶9.6升至1∶9.54。

（二）畜牧业产值继续增加，牛羊肉、牛奶产量上升，猪肉、绒毛产量下跌

“十三五”期间，内蒙古地区畜牧业产值稳定上升，2019年畜牧业产值

① 本报告的数据来自《内蒙古统计年鉴》（2017～2019年）、《内蒙古财政年鉴》（2002～2017年）、《中国民族统计》（2017年）、国家统计公报（2019年）、内蒙古自治区及各盟市旗县统计公报（2017～2019年），以及农业农村部、内蒙古农牧厅、各盟市旗县网站公开的数据。

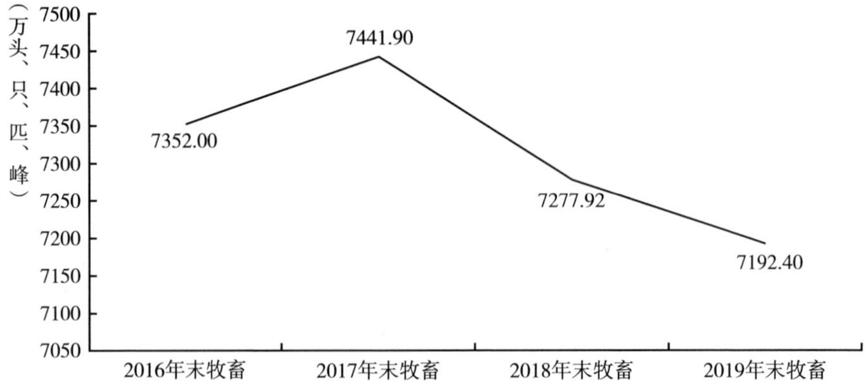

图1 “十三五”期间内蒙古地区牲畜存栏量变化

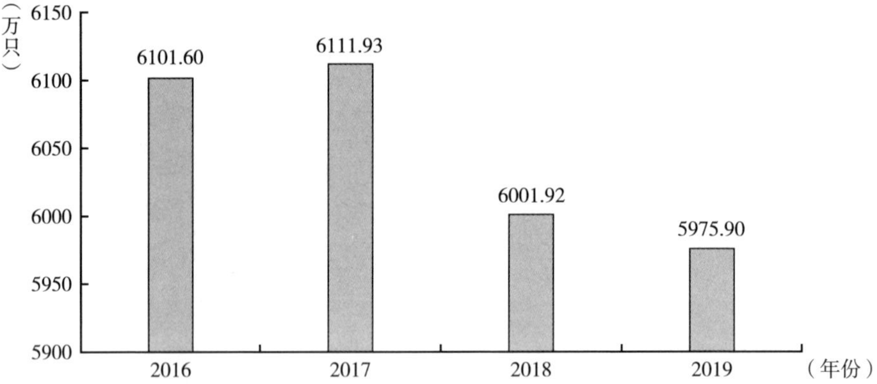

图2 “十三五”期间内蒙古地区羊存栏量

从2016年的1149.7亿元增至1389.8亿元，涨幅达到20.88%（见图4）。畜牧业产值占农林牧渔业总产值的43.76%，仅次于农业产值，较2016年增长2.75个百分点。猪牛羊肉总产量在2016~2018年呈上升趋势，但在2019年跌至236.2万吨，较上年下降1.38%，但较2016年增长13.56%，占全国猪牛羊肉产量的4.37%。其中，猪肉产量自2017年开始下跌，2019年的猪肉产量为62.6万吨，较上年减少12.8%，占全国猪肉产量的1.47%；牛肉和羊肉产量逐年增加，2019年分别达到63.8万吨、109.8万吨，占全国牛肉和羊肉产量的9.57%、22.5%，其增速均略高于全国水平，外调牛羊肉共150万吨，羊肉产量增速为2.08%~3.29%，但牛肉产量增速从2017年的7%跌至4%（见图5）。

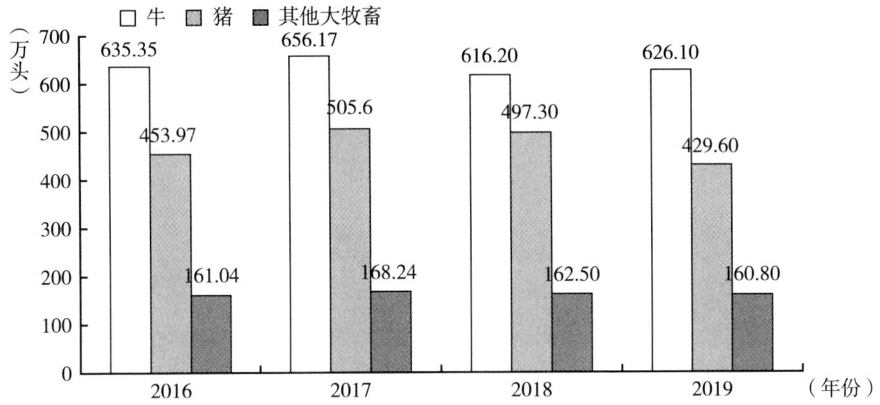

图3　“十三五”期间内蒙古地区牛、猪及其他大牲畜存栏量

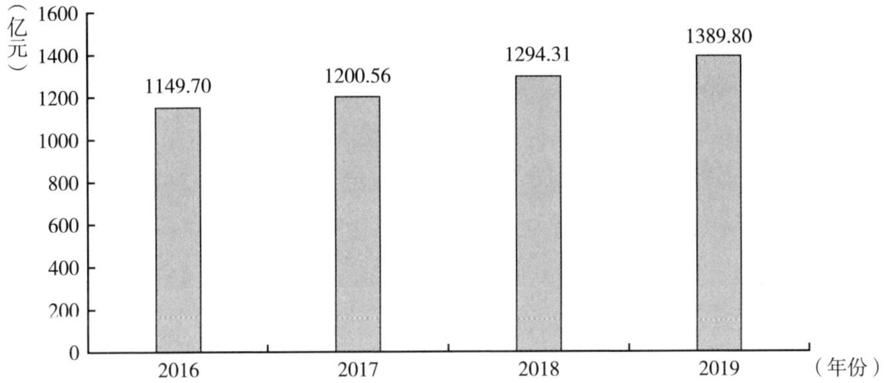

图4　“十三五”期间内蒙古地区畜牧业产值

除了畜肉之外，“十三五”期间内蒙古地区的畜产品呈现牛奶产量上升、绒毛产量下跌的趋势。在奶业振兴政策的推动下，2019年牛奶产量回升至577.2万吨，较上年增加2.05%，达到550万吨的目标，接近2016年585.65万吨的水平，占全国牛奶产量的18.03%（见图6）。而绵羊毛和山羊绒产量则大幅减少，2019年绵羊毛产量从2016年的13.29万吨跌至11.50万吨，降幅达到13.47%（见图7），山羊绒产量以25.72%的降幅从2016年的8498吨跌至6312吨（见图8）。

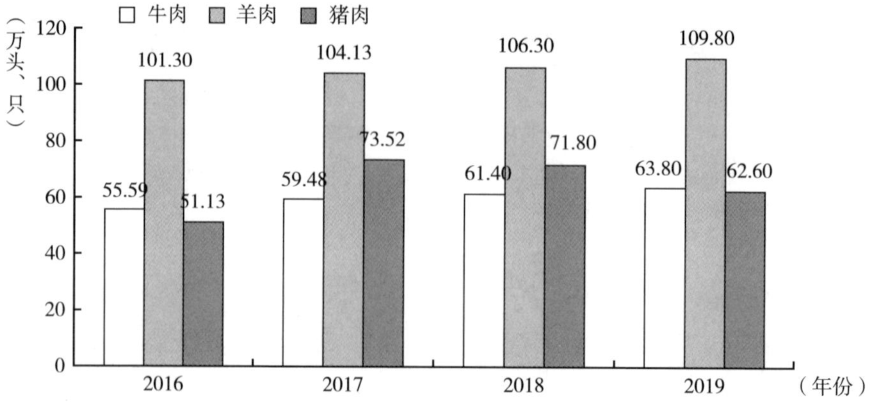

图5　“十三五”期间内蒙古地区猪牛羊肉产量变化情况

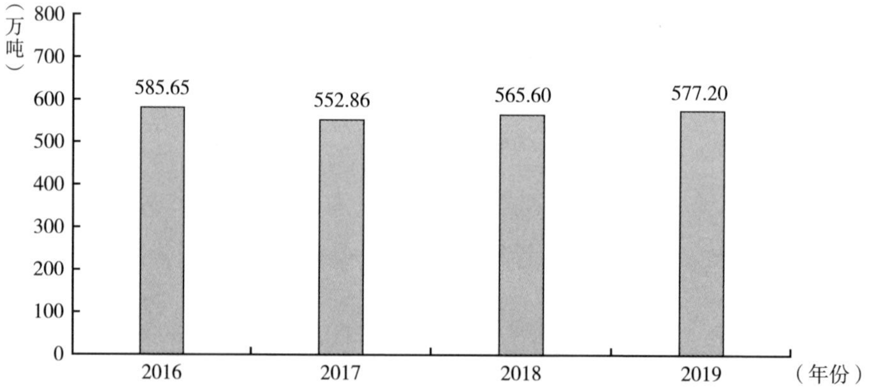

图6　“十三五”期间内蒙古地区牛奶产量

（三）畜肉价格全面上涨，牲畜及畜产品进出口贸易逆差进一步扩大

从整体情况来看，猪肉供给量的减少使2019年内蒙古地区的畜肉价格全面上涨，不仅生猪和仔猪价格分别上涨了110.8%、69.5%，活牛和活羊价格也分别上涨了10.8%、11.4%，猪肉、牛肉和羊肉价格则分别上涨了109.2%、18.4%、12.7%。全区生猪平均出场价格从2018年的每50公斤676.48元猛涨至1042.61元，涨幅高达54.12%，但仍低于全国生猪平均出场价格（每50公斤1078.77元）；猪带皮后腿肉、猪肋条肉的全区零售价格分别

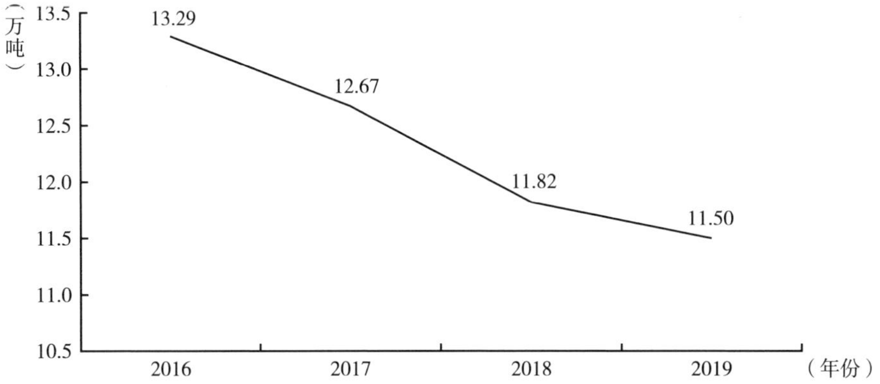

图7　“十三五”期间内蒙古地区绵羊毛产量变化情况

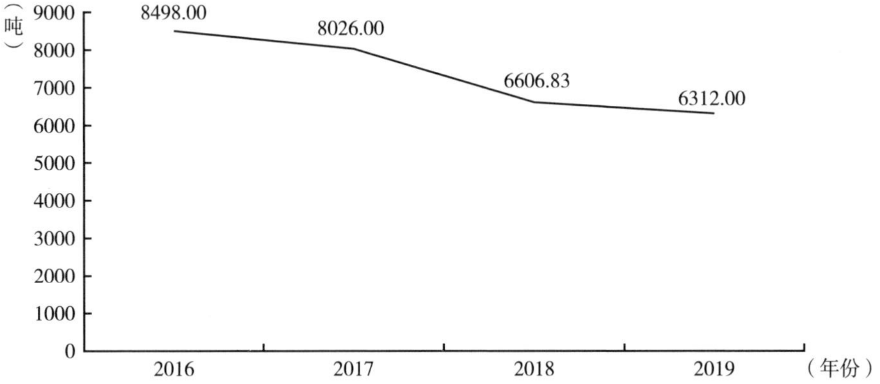

图8　“十三五”期间内蒙古地区山羊绒产量变化情况

为每500克16.64元、16.11元，较上年分别上涨43.87%、47.43%。

内蒙古自治区人民政府网站显示，从各季度的情况来看，生猪出场价格在1~10月持续增长，且涨幅逐渐扩大，在10月30日达到峰值每50公斤1820.23元，较年初猛涨156.19%，较上年同期上升131.48%。在消费量下降、前期压栏的生猪集中出栏等多种因素的影响下，11月、12月生猪出场价格回落到每50公斤1594.33元，较当年峰值下降12.41%，但仍较上年同期上涨117.90%。猪肉价格除了在2月上旬春节期间短暂回稳以外，在3月中旬之前持续下跌，随后在养殖成本攀升、市场供应量减少等因素的影响下出现恢复性上涨，从6月上旬开始涨幅不断扩大，在9月达到高峰，而后随着消费量的下降出现小幅回落，在10月上旬到11月上旬出现恢复性上涨后，从11月中旬起持续回落。牛羊肉价格在1～7月波动上涨，随着猪肉价格的升高，牛羊肉的替代作用加强，牛羊肉价格在8月后大幅上升，12月牛肉价格持续增长，羊肉价格稍有回落。牛奶（袋装，各地主销品种）平均价格较上年上涨0.24%，达到每500克2.50元，但从全年的情况来看，12月牛奶价格较年初小幅下降，降幅为1.64%。

2019年，内蒙古地区牲畜和畜产品进出口总额增长，但贸易逆差进一步扩大。牲畜和畜产品进出口总额达到3.32亿美元，较上年增长18.15%，出口额占当年畜牧业总产值的0.18%（2019年12月31日美元对人民币汇率中间价1USD＝6.9762CNY），贸易逆差高达2.61亿美元，较上年增长35.23%。

从不同品类的进出口情况来看，除了羊以外，其他牲畜和畜产品中均出现了贸易逆差，羊只进出口贸易顺差达到285.61万美元，较上年下降66.93%。2019年，内蒙古地区出口羊只571.84吨，占全国出口羊只的27.95%，出口金额达到625.28万美元；进口羊只129.68吨，占全国进口羊只的0.03%，进口金额339.67万美元。其他牲畜和畜产品根据进口金额由高到低排序，依次是奶类、肉类和牛（未查询到内蒙古地区生猪的进出口贸易情况），其中奶类的进口金额最高，超过了1亿美元。具体来看，进口奶类47995.33吨，占全国进口奶类的1.61%，进口金额1.38亿美元；出口奶类1831.28吨，占全国出口奶类的3.32%，出口金额200.54万美元，贸易逆差高达1.37亿美元。进口肉类35192.45吨，占全国进口肉类的0.58%，进口金额9661.86万美元；出口肉类2758.73吨，占全国出口肉类的0.74%，出口金额1677.27万美元，贸易逆差达到7984.59万美元。进口牛14415.26吨，占全国进口牛的0.81%，进口金额5831.41万美元；出口牛2181.19吨，占全国出口牛的9.72%，出口金额1050.64万美元，贸易逆差达4780.77万美元（见图9、图10）。

受到猪肉供应量减少的影响，2019年内蒙古地区大幅提高牛、羊和肉类的进口额，减少其出口额，其中羊的进口金额涨幅最高，达到936.7%，出口金额降幅也最大，为30.25%。与上年同期比较，牛、肉类的进口金额分别增加25.27%、20.06%，出口金额分别下降9.87%、18.51%。奶类也出现“进增出减”的趋势，与上年同期比较，奶类进口金额增长25.91%，出口金额减少16.6%。

从进出口均价来看，虽然羊的进出口出现了贸易顺差，但羊的进口均价和

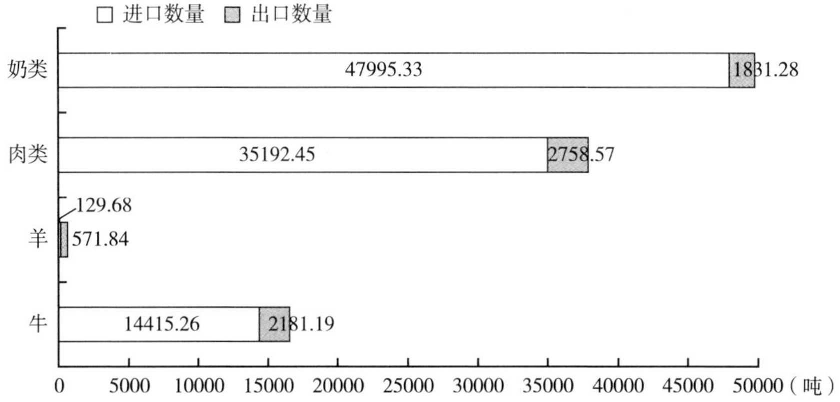

图9　2019年内蒙古地区不同牲畜及畜产品进出口数量

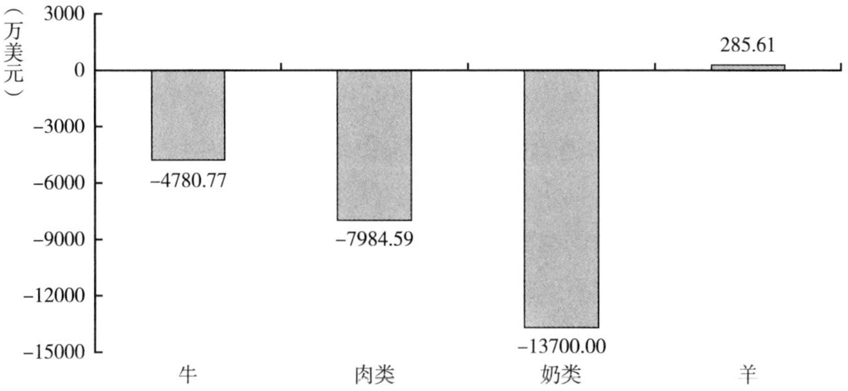

图10　2019年内蒙古地区不同牲畜及畜产品进出口贸易差

出口均价分别为26192.94美元/吨、10934.53美元/吨，羊的进口均价较高，约为出口均价的2.4倍。奶类的进出口不仅出现巨大的贸易逆差，其进出口均价差价也较大，奶类的进口均价和出口均价分别为2875.28美元/吨、1095.08美元/吨，进口均价约为出口均价的2.63倍。相较之下，即便牛的进出口出现贸易逆差，然而牛的进口均价和出口均价分别为4045.3美元/吨、4816.82美元/吨，牛的出口均价高出进口均价约19.07%。同样，肉类的进出口均价之间也有较大的差价，出口均价6079.86美元/吨为进口均价2745.43美元/吨的2.21倍，不过，肉类不仅包含畜肉，也包含禽肉，二者的构成情况会影响进出口均价的高低，由于缺少更为详细的数据，在此不便做进一步的判断。与上年同期比较，羊只进出口均价皆有上涨，出口均价涨幅 5.11% 高于进口均价涨幅 1.29%；奶类进出口均价差价有所缩小，进口均价下降 4.32%，出口均价增长 1.27%；牛和肉类进出口均价差距拉大，进口均价分别增长 2.91%、8.74%，出口均价下降 3.71%、5.01%。

（四）可打草区面积增加，饲料总产量上升，饲用粮食种植面积大体上增长，饲草料产量较为稳定

2019 年，内蒙古地区可打草区面积扩大，达到 3.98 亿亩，较历年平均数值增加 1440 万亩，主要分布于呼伦贝尔市西南部、兴安盟东部和西部、通辽市北部、赤峰市中部、锡林郭勒盟中东部牧区。其中，较适宜打草区、适宜打草区和最适宜打草区面积分别为 2.39 亿亩、1.23 亿亩、0.36 亿亩，分别占可打草面积的 60.05%、30.90%、9.05%（见图 11）。作为典型牧区之一，锡林郭勒盟可打草区面积为 403.067 万亩，2019 年打储草 22.01 亿公斤，较上年下降 1.83%，其中天然草、陈草、已收青贮和秸秆产量分别达到 14.47 亿公斤、0.83 亿公斤、5.5 亿公斤、1.21 亿公斤。与上年同期相比，已收青贮产量有所减少，降幅达到 11.15%；天然草产量略降 2.56%；陈草和秸秆产量明显上升，涨幅分别达到 88.64%、49.38%。

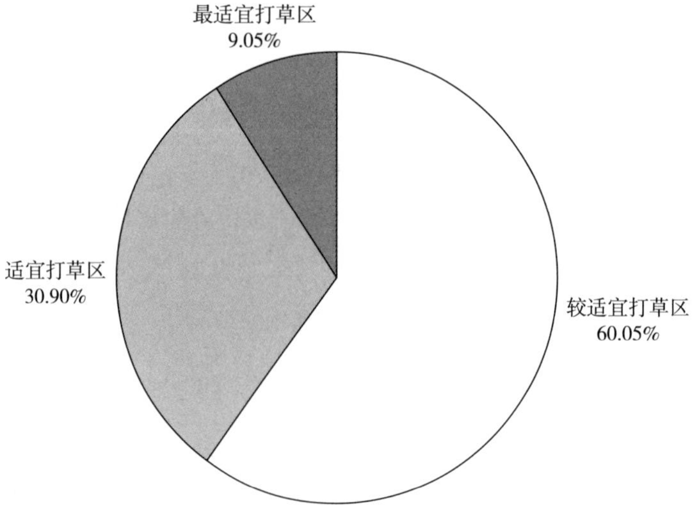

图 11　2019 年内蒙古地区可打草区构成百分比

2019 年，内蒙古地区饲料产值达到 160.03 亿元，占全国饲料产值的 1.98%，较上年增长 10.1%。其中，饲料产品产值最高，达到 103.9 亿元，占全区饲料产值的 64.93%，较上年增加 6.4%；饲料添加剂产值增长率最高，为 17.2%，达到 57.01 亿元。饲料总产量达到 378.94 万吨，较上年增加 8.2%。其中，配合饲料产量最高，达到 313.6 吨，占饲料总产量的 82.76%，增长率为 8.5%；浓缩饲料和添加剂预混合饲料产量分别为 57.69 吨、7.62 吨，浓缩饲料产量较上年略微减少，降幅为 0.2%，添加剂预混合饲料产量则成倍上涨，涨幅高达 145.1%。饲料添加剂产品总量从上年的 87.36 万吨降至 79.64 万吨，下降 8.8%，其中饲料添加剂产量从 2018 年的 84.14 万吨降至 75.80 万吨，降幅达到 9.9%；混合型饲料添加剂则从 2018 年的 3.23 万吨增至 3.83 万吨，增长 18.8%。

2019 年，内蒙古地区“粮改饲”成效明显。青贮玉米种植面积从 2016 年的 700 万亩陡升至 1520 万亩，涨幅达到 117.14%；大豆种植面积以 80.64% 的增长率从 2016 年的 923.4 万亩扩大到 1668 万亩；苜蓿种植面积为 800 万亩，较“十二五”末的 929 万亩有所减少，降幅达到 13.89%；人工种草保有面积稳定在 5787 万亩，粮经饲比例从 2018 年的 72∶17∶11 进一步调整为 65.9∶18.3∶15.8。

就目前披露的数据来看，2019 年 5～7 月内蒙古地区饲料价格稳中有涨，除了育肥猪配合饲料价格稳定在每公斤 3.3 元以外，玉米、豆粕和小麦麸价格都有不同程度的上涨。7 月每公斤玉米价格从 5 月的 1.6 元逐渐上涨至 1.77 元，涨幅达到 10.63%；豆粕价格在 5～6 月稳定在每公斤 2.8 元，进入 7 月涨至 3 元，涨幅达到 7.14%；6 月小麦麸价格从 5 月的每公斤 1.6 元涨至 1.7 元，涨幅达到 6.25%，7 月保持稳定。不过，由于粮食价格涨幅不如生猪出场价格涨幅大，猪粮比价大幅上涨，从 2018 年的 8.11∶1 升至 12.17∶1，生猪养殖的利润空间得到扩大。从全年的情况来看，猪粮比价在 1～10 月不断增长，从 8.35∶1 达到全年峰值 20.95∶1。随着 11 月、12 月生猪价格回落，猪粮比价也降至 18.66∶1。

（五）草畜平衡面积增加，草原综合植被盖度稳定，但低于全国水平

2019 年，内蒙古地区禁牧面积较上年减少 100 万亩，为 4.04 亿亩；实施

草畜平衡面积较上年增加 100 万亩，达到 6.16 亿亩；退耕退牧还草面积较上年增长 1.52 倍，达到 413.7 万亩；草原综合植被盖度连续三年稳定在 44%，但低于全国水平的 55.7%。

（六）一些畜产品品牌获得认定，展销会签约金额下降，养殖场的规模化、标准化和良种化有所推进，农企利益联结机制得到加强

2019 年，内蒙古地区共 11 个特色农产品区域公用品牌入选 2019 中国农业品牌目录，其中近一半与畜产品相关，分别是锡林郭勒羊肉、科尔沁牛、呼伦贝尔草原羊肉、鄂托克阿尔巴斯绒山羊、达茂草原羊。新增 3 个国家级特色农产品优势区，其中 2 个都与畜产品相关，分别是呼伦贝尔草原羊、阿拉善白绒山羊。截至目前，自治区内国家级特色农产品优势区总数达到 9 个，加上第一、第二批的锡林郭勒盟锡林郭勒草原肉羊、通辽市科尔沁牛、鄂托克旗阿尔巴斯绒山羊等 3 个，与畜产品相关的占一半以上。创建了 10 个自治区级特色农畜产品优势区，其中 4 个与畜产品相关，分别是呼和浩特市和林格尔县奶牛、鄂尔多斯市乌审旗鄂尔多斯细毛羊、阿拉善盟阿拉善左旗阿拉善双峰驼、锡林郭勒盟西乌珠穆沁旗乌珠穆沁白马等。在 2019 年区域品牌（地理标志产品）价值前 110 家的名单中，内蒙古地区有 3 家，且全部与畜产品相关，包括科尔沁牛、乌珠穆沁羊肉、苏尼特羊肉，分别排在第 27、第 72 和第 104 位。

2019 年，内蒙古农牧厅积极推销区内畜产品，举办第七届内蒙古绿博会、“内蒙古味道”上海和广州等展博会，参与多个产销对接活动，签约金额近 5.2 亿元，但较上年下降近 25%。

2019 年，内蒙古地区规模化养殖场达到 9.5 万个，标准化养殖存栏 3838.8 万头（只、匹、峰），较上年增长 2.79%，畜禽养殖综合规模化率保持在 60% 以上，支持 2854 个规模养殖场建设粪污处理设施，较上年增加 500 个以上，在 57 个畜牧旗县整旗县推进畜禽粪污资源化利用（较上年增加 26 个）。全区畜禽粪污综合利用率达到 78% 以上，较上年增长 4 个百分点以上；规模养殖场粪污处理设施装备配套率达到 93.50%，较上年增长 6.29 个百分点。畜禽良种化率达到 95% 以上，较上年提高 4 个百分点左右，培育的 2 头荷斯坦种公牛排名进入国际前 100 名，5 头进入国内前 20 名，启动 1.5 万匹蒙古马保

护。认定第一批自治区级农牧业产业化示范联合体共135个，进一步推动龙头企业与农牧民专业合作社、家庭农牧场的利益联结机制。

（七）牧区现代化试点工作有序推进

2019年，作为推进牧区现代化的两个试点旗，锡林郭勒盟阿巴嘎旗和呼伦贝尔市新巴尔虎右旗（新右旗）逐步开展工作。根据《阿巴嘎旗牧区现代化试点方案》，阿巴嘎旗民委投入少数民族发展基金1100万元，计划涉及3个镇15个试点嘎查，组织实施少数民族特色村寨建设和嘎查集体饲料加工基地建设、购置现代牧业机具、建设牧户现代化草牧场远程监控系统及多功能喂料系统等项目。目前，阿巴嘎旗政府组织实施了“兴边富民”行动、中国“一乡一品”乌冉克羊标准化智慧牧业实验基地项目，建设并投入使用了蒙根陶力蒙古包厂、民族手工艺品展示展销多功能展厅和加工车间。

新右旗政府制定《新巴尔虎右旗牧区现代化试点方案》，计划涉及牛羊粪便资源化循环利用建设项目、芒赉畜牧专业合作社基础设施建设一期项目、阿镇“七村”一体化基础设施建设一期项目、11个试点嘎查基础设施建设项目、丰盛呼伦贝尔羊扩繁基地提标改造项目、芒赉畜牧专业合作社种羊扩繁基地扩建项目、大数据平台建设项目等。其中，受到最多关注的是在克尔伦苏木芒赉嘎查成立的芒赉畜牧专业合作社，该合作社采取股份合作制经营模式，将入社牧户的草场和牲畜折价入股，其中牲畜头数按照草畜平衡标准折算，且按类别分群放牧入社牛羊。目前，芒赉畜牧专业合作社已有93户278名社员，入社牧户数占全嘎查牧户数的80.87%，整合草场达到39万亩以上，入社牲畜为7800头（只、匹、峰）。作为第二批牧区现代化试点嘎查，贝尔嘎查基于芒赉畜牧专业合作社的经验成立了5个畜牧业专业合作社，入社成员共25位，资产总额达到1320万元。其中，阿斯日养牛专业合作社有5位成员，整合草场8600亩，具备棚圈、贮草库、机井房、新生牛犊保湿室等基础设施。

（八）已披露数据的牧区、半牧区牲畜存栏量较为稳定，部分牧区畜产品产量波动较大

目前，内蒙古地区只有部分旗县市公布了2019年的畜牧业数据，不过，参考这些数据也可以大体了解内蒙古不同区域的畜牧业发展状况。在内蒙古地

区33个牧业旗中，15个牧业旗公布了2019年的畜牧业数据，这15个牧业旗分布在内蒙古东中西部各个区域，分别是呼伦贝尔市鄂温克旗、新巴尔虎左旗、新巴尔虎右旗、陈巴尔虎旗，兴安盟科右中旗，通辽市科左中旗，赤峰市巴林右旗，锡林郭勒盟东乌珠穆沁旗、镶黄旗、正镶白旗、正蓝旗、阿巴嘎旗、苏尼特右旗，鄂尔多斯市乌审旗、杭锦旗。

1. 牧业年度存栏量

如图12、图13所示，4个牧业旗的牧业年度牲畜存栏量较上年有所增加，鄂温克旗、陈巴尔虎旗、科左中旗、巴林右旗牧业年度牲畜存栏量分别达到108.23万、142.22万、132.1万、223万头（只、匹、峰），较上年分别增长15.6%、5.8%、11.76%、1.1%，其中鄂温克旗除了生猪存栏量较上年下降12.5%，其他牲畜的存栏量较上年都有不同程度的增长，牛、骆驼、马、绵羊、山羊较上年分别增长29.9%、69.3%、22.4%、13.5%、11.5%；陈巴尔虎旗的大畜和小畜存栏量较上年分别增长23.4%、3.7%；巴林右旗的五畜较上年同样增长1.1%；科左中旗牛、羊、猪存栏量较上年分别增长17.15%、8.24%、9.86%。

6个牧业旗的牧业年度牲畜存栏量较上年有所减少，新巴尔虎左旗、科右中旗、东乌珠穆沁旗、镶黄旗、阿巴嘎旗、苏尼特右旗牧业年度牲畜存栏量分别达到114.57万、191.06万、298.65万、34.64万、184.96万、90.13万头（只），较上年分别下降0.68%、12%、0.88%、8.8%、6.3%、0.3%。其中新巴尔虎左旗大畜存栏量较上年增长16.52%，小畜存栏量下降5.23%；科右中旗的牛和生猪存栏量较上年分别增长13.5%、2.58%，羊的存栏量下降16.51%；镶黄旗只有牛的存栏量较上年增长12.19%，骆驼、马、绵羊、山羊存栏量分别下降2.53%、8.31%、11.28%、2.56%；阿巴嘎旗大畜存栏量较上年增长9.3%，小畜存栏量下降8.0%。

2. 日历年度存栏量

如图14、图15所示，4个牧业旗的日历年度牲畜存栏量较上年有所增加，鄂温克旗、镶黄旗、正蓝旗、杭锦旗（猪羊）日历年度牲畜存栏量分别达到99.34万、22.5万、41.18万、164.04万头（只、匹、峰），较上年涨幅分别为23.4%、2.0%、4.21%、5.71%。其中鄂温克旗的骆驼、马、羊的存栏量较上年分别增长3.5%、3.4%、35.9%，牛和生猪存栏量较上年分别下降

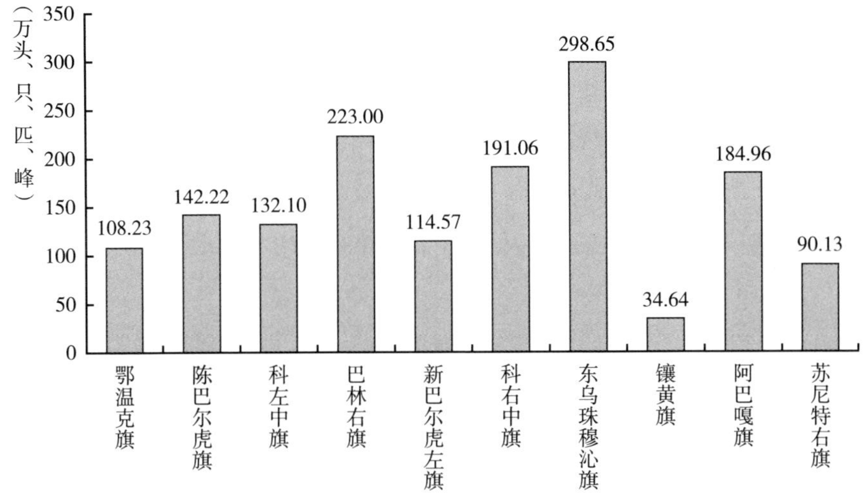

图 12　2019 年部分牧业旗牧业年度牲畜存栏量

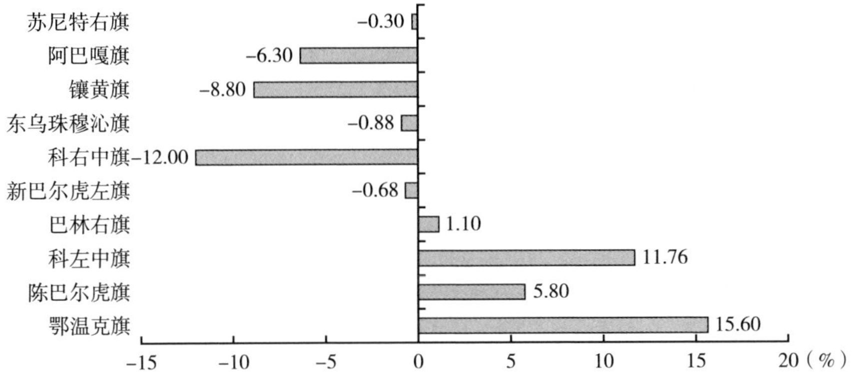

图 13　2019 年部分牧业旗牧业年度牲畜存栏量增长率

13.7%、18.7%；镶黄旗牛和绵羊存栏量较上年增长 11.55%、0.69%，马、骆驼、山羊的存栏量较上年分别下降 6.65%、14.05%、2.32%；正蓝旗牛的存栏量较上年增长 8.68%，羊的存栏量较上年下降 0.88%；杭锦旗羊的存栏量较上年增长 6.23%，生猪存栏量较上年下降 18.59%。

5 个牧业旗的日历年度牲畜存栏量较上年有所减少，新巴尔虎右旗、科右中旗、东乌珠穆沁旗、苏尼特右旗、乌审旗（猪牛羊）日历年度牲畜存栏量分别达到 107.16 万、190.36 万、128.01 万、57.19 万、116.65 万头（只、匹、峰），较上年降幅分别为5.0%、7.9%、8.0%、3%、3.91%，其中科右中旗牛的存栏量较上年增长20.4%，生猪和羊的存栏量分别下降25.6%、9.5%；东乌珠穆沁旗的牛存栏量较上年增长1.03%，羊存栏量较上年下降8.47%；苏尼特右旗的牛和马存栏量较上年分别增长18.9%、15.4%，骆驼、绵羊、山羊、生猪存栏量分别下降26.4%、4.5%、5.1%、100%；乌审旗的羊存栏量较上年增长2.22%，生猪和牛存栏量较上年下降50.69%、0.12%。

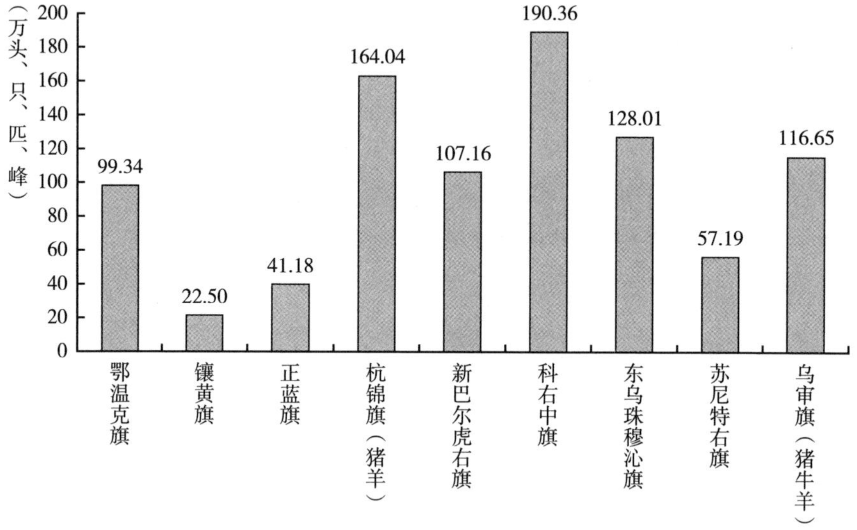

图14　2019年部分牧业旗日历年度牲畜存栏量

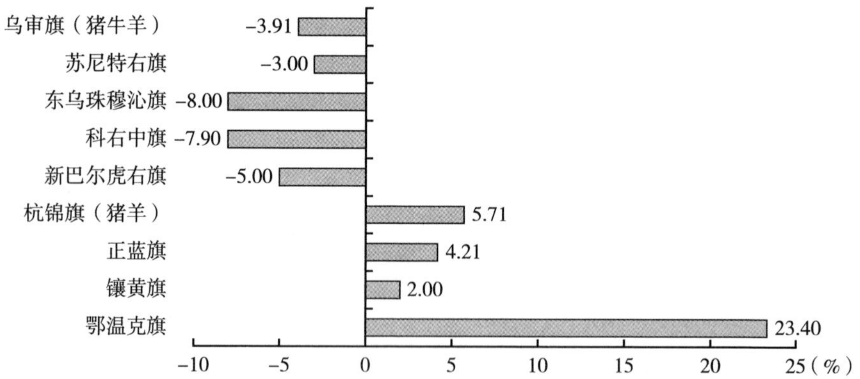

图15　2019年部分牧业旗日历年度牲畜存栏量增长率

3. 畜产品产量

5 个牧业旗肉类总产量有所增加，鄂温克旗、陈巴尔虎旗、新巴尔虎右旗（猪牛羊肉）、科右中旗（猪牛羊肉）、镶黄旗肉类总产量分别达到 17749、15403、42064、47927、6090 吨，较上年分别增长 5.1%、22.6%、54.68%、5.3%、0.9%。其中，新巴尔虎右旗牛羊肉和猪肉较上年分别增长 54.7%、54.5%；科右中旗猪肉、牛肉、羊肉产量较上年分别增长 3.18%、17.29%、2.08%。4 个牧业旗猪牛羊肉总产量较上年有所减少，新巴尔虎左旗、正镶白旗、正蓝旗和苏尼特右旗的猪牛羊肉总产量分别达到 20355、11668、29943、13901 吨，较上年分别下降 5.44%、10.82%、20.08%、34.57%。其中新巴尔虎左旗羊肉产量较上年增长 2.8%，猪肉和牛肉分别下降 50.6%、9.6%；正镶白旗牛肉产量较上年增长 29.4%，猪肉和羊肉产量分别下降 30.9%、13.4%；正蓝旗的猪肉产量与上年大体持平，牛肉、羊肉较上年分别下降 10.47%、58.53%；苏尼特右旗的牛肉产量较上年增长 5.0%，羊肉产量下降 13.2%（见图 16）。

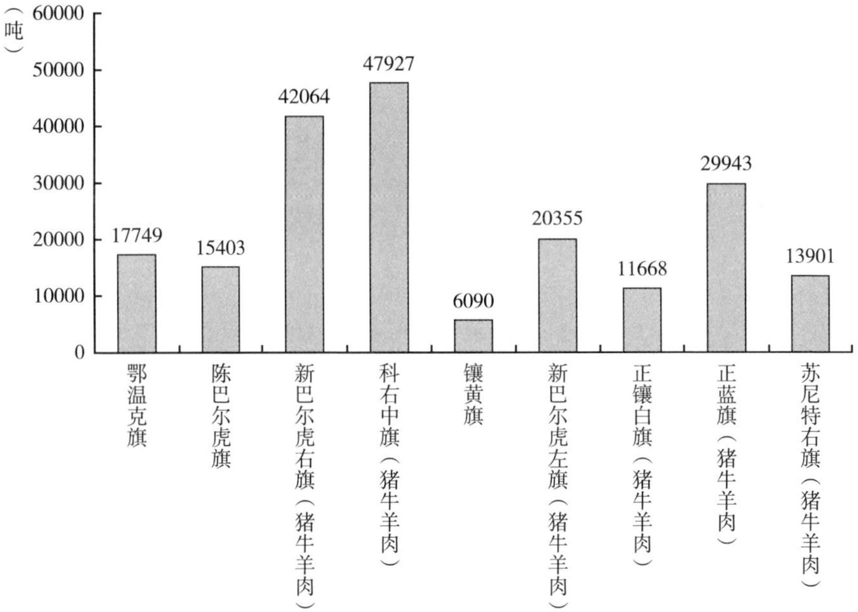

图 16　2019 年部分牧业旗肉类产量

3个牧业旗奶类产量较上年有所增加，陈巴尔虎旗、新巴尔虎左旗、科右中旗奶类产量分别达到75076、94310、14914吨，较上年分别增长139.9%、1.2%、0.38%。5个牧业旗奶类产量较上年有所减少，鄂温克旗、正镶白旗、镶黄旗、阿巴嘎旗和苏尼特右旗奶类产量分别达到85000、10400、6800、28700、321吨，较上年分别下降34.6%、13.4%、2.9%、42.6%、49%（见图17、图18）。2个牧业旗的绒毛产量较上年有所增长，新巴尔虎右旗、苏尼特右旗的绒毛产量达到1268、994吨，较上年分别增长11.6%、15.05%，其中绵羊毛产量增长14.8%，山羊绒产量增长75%。2个牧业旗的绒毛产量较上年有所减少，镶黄旗、阿巴嘎旗的绒毛产量分别达到805.5、1259吨，较上年下降7.25%、23.1%，其中镶黄旗绵羊毛和山羊绒产量较上年分别下降7.2%、11.76%。

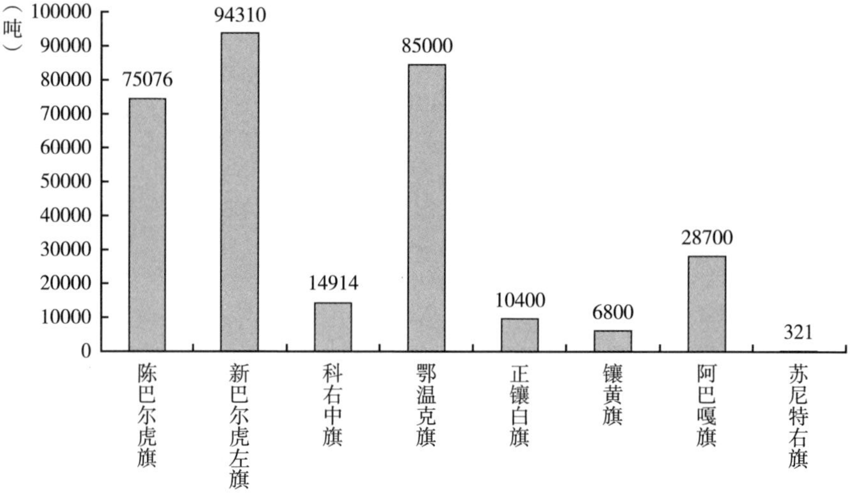

图17　2019年部分牧业旗奶类产量

在以上15个牧业旗中，东乌珠穆沁旗牧业年度存栏量遥遥领先，其牧业年度牲畜存栏量接近300万头（只、匹、峰）；科右中旗的肉类产量最高，接近4.8万吨；新巴尔虎左旗的奶类产量最高，约为9.4万吨。牧业年度与日历年度牲畜存栏量之差较大的有东乌珠穆沁旗、苏尼特右旗，较小的有鄂温克旗、科右中旗。虽然这些牧业旗的牲畜存栏量没有很明显的波动，但不少牧业旗的畜产品产量波动较大。陈巴尔虎旗、新巴尔虎右旗的肉类产量较上年涨幅分别为22.6%、54.68%；正蓝旗、苏尼特右旗的肉类产量下跌20.08%、

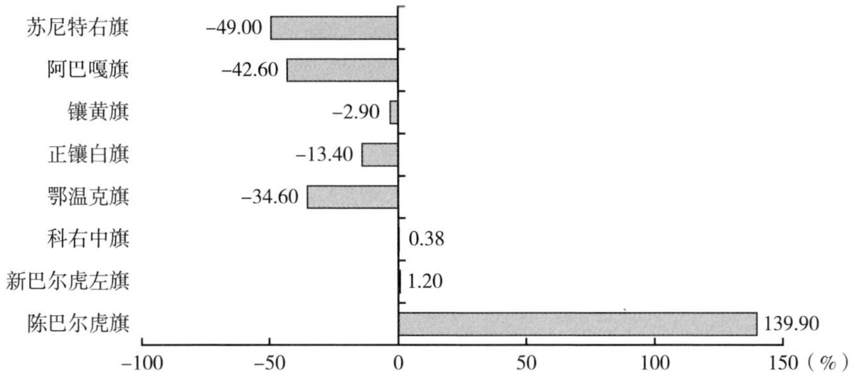

图18　2019年部分牧业旗奶类产量增长率

34.57%，主要源于羊肉产量的下降；陈巴尔虎旗的奶类产量较上年猛涨139.9%，鄂温克旗、阿巴嘎旗、苏尼特右旗奶类产量降幅分别为34.6%、42.6%、49%，可见奶业振兴政策对这三个牧业旗产生的影响较小；阿巴嘎旗的绒毛产量较上年降幅达到23.1%，在以上生产绒毛的牧业旗中波动最大。

在内蒙古地区21个半牧区中，6个半牧区公布了2019年的畜牧业数据，分别是呼伦贝尔市扎兰屯市、阿荣旗、莫力达瓦旗，鄂尔多斯市达拉特旗、准格尔旗、伊金霍洛旗。

其一，牧业年度牲畜存栏量。3个半牧区牧业年度的牲畜存栏量较上年有所增加，阿荣旗、莫力达瓦旗、准格尔旗牧业年度牲畜存栏量分别达到91.21万、80.97万、71.26万头（只、匹、峰），较上年分别增长2.94%、1.59%、31.14%。其中阿荣旗大畜和生猪存栏量较上年分别增长6.61%、46.22%，小畜存栏量下降7.99%；莫力达瓦旗生猪存栏量较上年增加13.54%。准格尔旗牛、羊存栏量较上年分别增长81.25%、35.23%，生猪存栏量较上年下降6.32%。扎兰屯市牧业年度的牲畜存栏量较上年有所减少，以3.78%的降幅跌至122.6万头（只、匹、峰），其中大畜和生猪存栏量较上年分别增长6.15%、3.07%，羊的存栏量下降5.93%（见图19）。

其二，日历年度牲畜存栏量。伊金霍洛旗日历年度牲畜存栏量较上年有所增加，以4.2%的涨幅升至49.7万头（只、匹、峰），其中羊的存栏量较上年增长5.8%，牛和生猪存栏量分别下降21.9%、6.2%。莫力达瓦旗日历年度

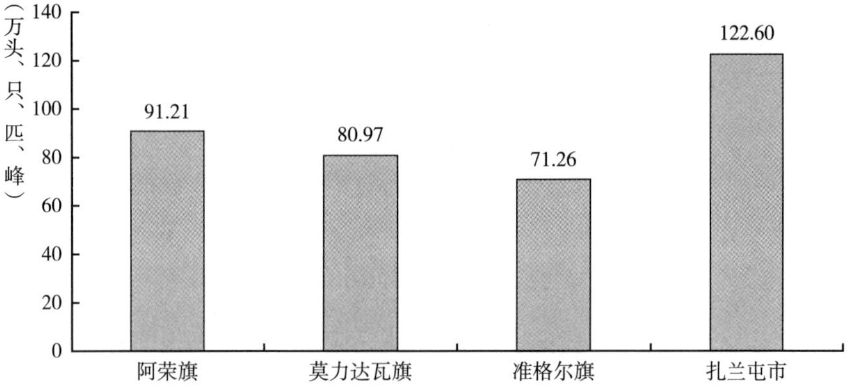

图 19　2019 年部分半牧区牧业年度牲畜存栏量

牲畜存栏量较上年有所减少，以 1.81% 的降幅跌至 86.04 万头（只、匹、峰），其中生猪存栏量较上年增长 26.68%，羊的存栏量下降 4.33%，牛的存栏量与上年大体持平。

其三，畜产品产量。扎兰屯市的猪牛羊肉总产量较上年有所增加，以 4.0% 的涨幅升至 7.89 万吨。2 个半牧区的肉类产量有所减少，阿荣旗、伊金霍洛旗的肉类产量分别达到 2.83 万、0.63 万吨，较上年分别下降 4.39%、2.2%。其中伊金霍洛旗牛羊肉产量较上年分别增长 7.5%、7.0%，猪肉产量较上年分别下降 11.5%。2 个半牧区的奶类产量较上年增加，扎兰屯市、伊金霍洛旗（牛奶）奶类产量分别达到 8.92 万、0.31 万吨，分别增长 26.7%、4.4%。达拉特旗的绒毛产量较上年有所减少，绵羊毛和山羊绒产量分别以 3.0%、32.01% 的降幅跌至 2681、325 吨。

在以上 6 个半牧区中，扎兰屯市不仅是牲畜存栏量最高、唯一一个超过 100 万头（只）的半牧区，也是肉类和奶类产量最高的半牧区。扎兰屯市牧业年度牲畜存栏量接近作为牧区的科左中旗，奶类产量接近以上牧业旗当中产量最高的新巴尔虎左旗，猪牛羊肉总产量甚至远高于以上所有牧业旗。牧业年度牲畜存栏量较上年波动最大的是准格尔旗，涨幅高达 31.14%，主要源于牛、羊的存栏量的大幅增长。与以上牧区相比，以上半牧区的畜产品产量较为平稳，扎兰屯市的奶类产量较上年涨幅较大，为 26.7%，达拉特旗的山羊绒产量较上年降幅较大，为 32.01%。

二　内蒙古地区畜牧业发展中存在的问题

（一）优势产业发展存在风险，对奶类、肉类和牛的进口依存度高，绒毛产量大幅下跌

2019 年，内蒙古地区对牲畜及畜产品的进口依存度达到 20.32%，进出口贸易逆差大幅增长，其中奶类进出口贸易逆差甚至超过 1 亿美元，肉类和牛的进出口贸易逆差也分别达到了 7984.59 万、4780.77 万美元。即便内蒙古地区的牛奶产量位居全国首位，然而奶类进口额依然高居不下，这说明国内对奶类的需求很大。面对这种情况，中央政府做出了反应，提出了奶业振兴政策，加强优质奶源基地建设，加大乳制品消费引导，各级政府也制定了相应的配套措施。不过，到目前为止，内蒙古地区奶类产量仍处于恢复性上涨阶段，未来发展存在不确定性。造成肉类进出口贸易逆差大的一部分原因在于，猪瘟疫情导致的猪肉供应量减少、猪肉和作为替代的牛肉进口量上升，然而，这会产生多个负面影响。首先，市场经营风险会上升，一旦国际市场发生动荡，国内市场则会遭到波及，造成供需失调，导致消费价格飙升，民众购买力降低。其次，国内肉类的价格和销量会被打压，尤其是进口牛肉品质上乘且价格相对低廉，与国内牛肉相比竞争力非常大，这不仅会压低国内牛肉的价格，也会抢占其市场，使赖以为生的农牧民面临收入减少的困境。特别是在实施“减羊增牛”战略后，内蒙古地区的牛肉产量也会增加，因此如何保障国内牛肉的市场成了一个亟待解决的问题。而内蒙古地区的绒毛产量在“十三五”期间继续大幅下跌，特别是山羊绒产量在 2016～2019 年跌幅超过 1/4，虽然内蒙古地区的山羊绒产量远高于其他省区，但在这种形势下，内蒙古地区很可能会丧失全国山羊绒龙头的地位。不过，政府方面也并不重视山羊绒的生产，没有就此出台任何的政策。

（二）畜牧业产业化水平仍然不高，尚未产生品牌效应，且从事草原畜牧业生产的牧民很难从中获益

虽然 2019 年内蒙古地区多个畜产品区域公用品牌获得认定，但除了科尔

沁牛之外，很多区域公用品牌目前还没有得到较好的经营和推广。一方面，这些区域公用品牌产品的生产和销售比较零散，没有形成完整、规模化的产业链；另一方面，很多消费者，特别是其他省区市的消费者，依然不够了解这些区域公用品牌产品所具备的价值，竞争优势没有凸显出来。另一个需要关注的问题是，养殖场会是畜产品品牌化最大的受益者，而从事草原畜牧业的牧民可能很难从中获益。近年来，养殖场的规模化、标准化、良种化水平不断增长，与下游产业、消费市场对接起来比较容易，然而，从事草原畜牧业生产的牧民几乎没有生产标准化的概念，政府对此也没有特别的关注，导致这些牧民的生计很可能被养殖场所挤压。而且，草原畜牧业的产品相较养殖场的产品有口感上乘等优势，但草原畜牧业生产标准化的缺失会造成其无法进入更大的市场，发挥区域公用品牌优势。即使政府已经着手加强农牧民和企业的利益联结机制，在 2019 年认定了首批自治区级农牧业产业化示范联合体，但参与其中的农牧民多为养殖户，少有从事草原畜牧业生产的牧民。

（三）猪肉价格波动大，带动牛羊肉价格上涨，涨幅超过人均可支配收入增速和食品烟酒类价格增速

2019 年，内蒙古地区猪肉价格较上年上涨 109.2%，10 月涨幅甚至达到了 131.48%，作为替代的牛羊肉价格也随之分别上涨 18.4%、12.7%，超过了当年内蒙古地区人均可支配收入增速（7.7%），以及食品烟酒类价格增速（5.4%）。其中，虽然内蒙古地区的生猪出场价格涨幅低于全国水平，但猪肉价格涨幅比全国水平高出近一倍，牛肉价格涨幅高出全国水平 8 个百分点。作为生活必需品，畜肉价格的过快上涨使人民生活质量受到影响，应加大相关政策力度、提高猪肉供应量使畜肉价格维持稳定。鉴于猪肉市场价格和生猪出场价格差价较大，屠宰企业抬价可能助长了猪肉价格的波动。

（四）草原综合植被盖度保持稳定，但仍低于全国水平

虽然内蒙古地区草原综合植被盖度连续三年保持 44%，较 2000 年和 2010 年分别上升 14 个、7 个百分点，却低于全国水平 11.7 个百分点。作为北方重要的生态屏障，内蒙古地区草原生态依然很脆弱。自 21 世纪初开始，内蒙古地区实施包括退耕退牧还草、京津风沙源治理、草原生态保护补助奖励、农牧

交错带已垦草原治理在内的多项生态工程。2002～2017年《内蒙古财政年鉴》显示，仅就草原生态保护补助奖励政策而言，2011～2016年，中央和内蒙古自治区、盟市、旗县向内蒙古地区累计投入资金共计279.45亿元，政策覆盖全区超过10亿亩天然草原。近年来，内蒙古地区还全面清理整顿了矿山企业非法占用草原的情况，截至2019年12月底，已完成整改非法占用草原矿山项目1030个。虽然草原生态保护成绩喜人，但目前内蒙古地区的草原综合植被盖度增长遇到瓶颈，对畜牧业未来平稳发展形成了潜在威胁。

三 对内蒙古地区畜牧业发展的建议

（一）加大对奶业振兴的政策投入力度，保持散户奶类产量，稳定畜肉价格，保障国内畜肉市场

为了减少对奶类的进口依赖，填补国内奶类供需缺口，内蒙古地区应继续加大对奶业振兴的政策投入力度，增加对养殖场的补贴额度，推动奶类产量加快增长，同时保持散户奶类产量，增加奶类总供应量。通过发放补贴等方式降低饲草料和饲用粮食价格，降低畜牧业生产成本，稳定畜肉价格，提高国内畜肉的市场竞争力，从而逐步减少进口畜肉的数量。

（二）在不断加强畜牧业品牌建设的同时，提高从事草原畜牧业生产的牧民的参与度

对内蒙古地区很多畜产品而言，由于缺少具有区域整合力量的企业，区域公用品牌的经营和推广往往还是需要地方政府负担主体责任，或由地方政府扶持和培育当地企业、招商引资。对此，自治区政府应加大对区域公用品牌建设的投入力度，下级政府也应将其列为工作重点之一。在打造区域公用品牌时，不仅要做好产能评估和市场定位，确定消费群体和消费场景，形成长期稳定的供需链，还要加大宣传力度，增加曝光率，特别是要利用互联网营销推广。在这过程中需要注意的一个问题是如何使当地农牧民，特别是从事草原畜牧业生产的牧民从中获益。自治区政府和下级政府应出台相关政策，推动草原畜牧业的生产标准化，鼓励从事草原畜牧业生产的牧民加入农牧业产业化示范联合

体，加强他们与企业的利益联结机制；同时在市场定位方面可以将草原畜牧业产品与养殖业产品区别开来，使其面向高端消费市场，提高这些牧民的收入水平。

（三）创新、提升畜牧业生产方式，提高草原生态补奖金额，提高草原综合植被盖度

进一步提高内蒙古地区草原综合植被盖度主要有两种方法。第一，转变当前畜牧业生产方式，提高畜群的游动性，恢复草原生态的完整性和多样性。一方面，允许并协调畜群的跨区域转场。近年来，呼伦贝尔市、锡林郭勒盟东部等地区已经在有组织地或自发地在冬季向农区转场，这可以使草场得到间歇，减少打草对草场带来的伤害，同时农牧业合作得以加强，提高农民收入，应该进行更大范围的推广。此外，还应组织畜群在邻近的不同盟旗之间转场，发挥不同地势、气候等条件下草场的优势。第二，提高草原生态保护补助奖励金额，真正做到对生计的补偿作用。对于户均草场面积较大地区来说，每户的草原生态保护补助奖励较高，勉强可以维持生计，但对于户均草场面积较小的地区而言，就不足以弥补牧户由此减少的收入，所以一些牧民出于生计偷偷多放牲畜导致超载，使草原生态补奖形同虚设。因此，地方政府应根据当地户均草场面积情况，增加草原生态保护补助奖励的配套资金，提高每户草原生态保护补助奖励金额，使其起到减畜增收的作用。

参考文献

Caroline、王晓毅、张倩、荀丽丽编《非平衡、共有和地方性——草原管理的新思考》，中国社会科学出版社，2010。

《2019 年全区食品价格变动情况及 2020 年价格走势预测》，内蒙古自治区人民政府，http：//www. nmg. gov. cn/art/2020/1/22/art_ 1638_ 296643. html，2020 年 1 月 22 日。

《2019 年全区生猪鸡蛋出场价格运行情况分析及 2020 年走势预测》，内蒙古自治区人民政府，http：//www. nmg. gov. cn/art/2020/1/9/art_ 4262_ 294485. html，2020 年 1 月 9 日。

《2019 年全区粮食价格运行情况分析及 2020 年粮价走势预测》，内蒙古自治区人民

政府，http：//www. nmg. gov. cn/art/2020/1/9/art_ 4262_ 294487. html，2020 年 1 月 9 日。

《2019 年全区粮食生产再获丰收畜牧业生产总体平稳》，内蒙古自治区人民政府，http：//www. nmg. gov. cn/art/2020/3/10/art_ 4262_ 306475. html，2020 年 3 月 10 日。

《今年内蒙古可打草面积达 26. 55 万平方公里》，内蒙古自治区人民政府，http：//www. nmg. gov. cn/art/2019/10/8/art_ 365_ 282330. html，2019 年 10 月 8 日。

《金秋打草忙》，锡林郭勒盟林业与草原局，http：//lyj. xlgl. gov. cn/lcdt/lcxw/201908/t20190828_ 2244605. html，2019 年 8 月 28 日。

《内蒙古自治区贯彻落实中央环境保护督察“回头看”及草原生态环境问题专项督察反馈意见整改工作进展情况》，内蒙古自治区人民政府，http：//www. nmg. gov. cn/art/2020/4/7/art_ 360_ 312013. html，2020 年 4 月 7 日。

《内蒙古自治区农牧业厅 2019 年工作总结》，内蒙古自治区人民政府，http：//www. nmg. gov. cn/art/2020/3/6/art_ 4263_ 305920. html，2020 年 3 月 6 日。

《内蒙古自治区农牧业厅 2018 年工作总结》，内蒙古自治区人民政府，http：//www. nmg. gov. cn/art/2019/2/20/art_ 1736_ 252840. html，2019 年 2 月 20 日。

《内蒙古自治区农牧业厅 2017 年工作总结》，内蒙古自治区人民政府，http：//www. nmg. gov. cn/art/2018/2/5/art_ 1736_ 150033. html，2018 年 2 月 5 日。

《全盟牲畜出栏及打储草进度（10 月 31 日）》，锡林郭勒盟农牧局，http：//nmyj. xlgl. gov. cn/zxq/xmy/201911/t20191101_ 2263958. html，2019 年 11 月 1 日。

《锡林郭勒盟完成 2018 年天然打草场打草工作》，内蒙古自治区人民政府，http：//www. nmg. gov. cn/art/2018/10/31/art_ 152_ 236950. html，2018 年 10 月 31 日。

《新右旗基层苏木创新生产营销　联合社统一管理模式　加快推动牧区现代化试点建设步伐》，呼伦贝尔市人民政府，http：//www. hlbe. gov. cn/content/detail/5e9e4f211adb41044000000d. html，2020 年 4 月 21 日。

《新右旗牧区现代化建设正式进入快车道》，呼伦贝尔市人民政府，http：//www. hlbe. gov. cn/content/detail/5dc2228d1adb41bc5c000000. html，2019 年 11 月 6 日。

B.10

少数民族地区居民医疗服务利用状况研究报告*

——以宁夏回族自治区为例

杨 磊**

摘 要： 人民健康是实现健康中国的基础，本文利用少数民族地区综合社会调查2019年宁夏回族自治区数据，在安德森医疗服务利用模型框架下，分析了宁夏居民医疗服务利用状况及其影响因素，研究发现居民医疗服务利用与性别、年龄和自身健康状况显著相关，社会经济地位和是否参加医疗保险情况与居民健康状况和医疗服务利用没有显著关联。本文进一步在此基础上提出继续扩大医保覆盖面、加大对低收入家庭的补助力度、注重居民健康素养的培养、大力推进贫困地区健康促进、强化重点领域和重点人群健康教育等政策建议。

关键词： 少数民族 医疗服务 影响因素 宁夏

一 引言

医疗与健康一直以来都是社会科学所关注的核心研究议题。人民健康是国家繁荣富强的重要标志之一。《“健康中国2030”规划纲要》提出：“健康

---

* 本报告为教育部人文社科青年项目“生命历程视角下早期不幸生活经历影响居民健康不平等的中介机制及干预研究”（项目编号：19YJC840053）阶段性研究成果。

** 杨磊，社会学博士，中央民族大学民族学与社会学学院讲师。

是促进人的全面发展的必然要求，是经济社会发展的基础条件。实现国民健康长寿，是国家富强、民族振兴的重要标志，也是全国各族人民的共同愿望。”党和国家历来高度重视人民健康，新中国成立以来，我国健康领域改革发展成就显著，人民健康水平不断提升，居民预期寿命有了显著提高。与此同时，我国也面临着工业化、城镇化、人口老龄化以及疾病谱、生态环境、生活方式不断变化等带来的新挑战。进入 21 世纪，中国政府以农村和基层为重点，逐步推进基本医疗卫生服务均等化和社会保障制度改革，城乡和地区间人群健康和公共卫生服务差距逐步缩小，城乡居民健康水平得到进一步提高。

改革开放以来，中国的医疗保障制度经过几十年的改革发展，逐步形成了以城镇职工基本医疗保险制度和城乡居民基本医疗保险制度为主的基本医疗保险制度。但是各地区居民支付能力、健康状况以及保健意识等存在差异，居民对医疗服务利用的程度不同，可能导致不同的健康结果。对于少数民族地区而言，尽管经济和社会取得很大进步，但是与全国相比，仍然存在医疗服务水平不高、贫困等各种社会问题，少数民族地区因病返贫、致贫的风险还很高。部分少数民族地区医疗卫生资源不足尤其是基层医疗卫生服务短缺问题尤为突出。由于地处偏远、经济发展落后、医疗水平较低、医疗服务能力不强等，一些少数民族地区群众仍存在看病难的问题。这些恰好是健康公平研究者和决策层需要重点关注的区域，也是实现全民健康公平的重点所在。2019 年《中国统计年鉴》数据显示，2018 年民族八省区居民门诊平均就诊次数（4.82 次）低于全国平均水平（5.96 次），急诊平均病死率（0.1%）也高于全国平均水平（0.07%）。因此在加强民族地区基本公共卫生服务的同时，也要关注少数民族地区居民健康状况和医疗服务利用情况及影响因素，以实现基本医疗保障制度惠及每个公民的目标。

宁夏回族自治区是我国 5 个少数民族自治区之一，截至 2019 年底全区常住人口 694.66 万人，比上年末增加 6.55 万人。其中城镇常住人口 415.81 万人，占比为 59.86%；全年全区出生人口 9.49 万人，出生率为 13.72‰，死亡率为 5.69‰，自然增长率为 8.03‰。按照每人每年 2300 元（2010 年不变价）的农村贫困标准计算，年末全区农村贫困人口为 1.88 万人，比上年末减少 10.3 万人；贫困发生率为 0.47%，比上年下降 2.53 个百分点。全区参加基本医疗保险（包括城镇职工基本医疗保险和城乡居民基本医疗保险）人数633.74万人，占全区常住人口的91.2%。年末全区共有医疗卫生机构4395家，其中医院217家；基层医疗卫生机构4077家，其中卫生院205家、城市社区卫生服务机构222家、村卫生室2173家。全年全区总诊疗病患4365.55万人次，入院病患123.28万人次。

2012年，宁夏开始全区推广“一档三制”的城乡居民基本医疗保险制度，2019年个人缴费标准为一档180元、二档320元、三档760元。2020年改为“一制一档”，即个人缴费标准统一为每人280元，同时保障力度和报销比例均有所提升。虽然宁夏医疗保障制度不断完善，但是居民在卫生服务利用上仍存在差异，本研究主要分析哪些因素会影响居民医疗服务的利用，并在此基础上提出进一步的政策建议。

二　研究回顾

医疗服务利用是需求者实际利用卫生服务的数量和种类等，是居民卫生服务需要量和卫生资源供给量动态平衡的结果，可以直接反映卫生系统提供卫生服务的数量、效率以及公平性。

医疗服务利用受到诸多因素的影响，比如人口社会学因素、社会经济因素以及政策因素等。关于医疗服务利用的影响因素研究，国内外学者研究颇丰。其中运用最多的是安德森（Andersen）在1968年提出的医疗服务利用行为模型，他构建了医疗服务利用影响因素的理论框架。安德森模型以个人为分析单位，由环境因素、个人特征、医疗行为和医疗结果四个维度组成。其中环境因素由医疗服务体系、卫生政策和外部环境组成；个人特征由倾向特征（人口学特征、社会结构和健康信念）、能力资源（个人能获得医疗服务的能力和医疗服务资源可得性）、个人需要特征（个人对医疗服务的认知和评价）组成；医疗行为包括患病后的个人自我医疗、医疗服务过程中的医患关系以及医疗服务利用行为；医疗结果包括个人对健康状况的自我认知、医院对患者健康状况的专业评估以及患者对医疗服务的满意度。

自安德森医疗服务利用模型提出以来，国内外学者利用该模型分析了不同国家居民医疗服务利用的影响因素。如研究发现社会经济地位（受教育程度、职业和收入状况）对于医疗服务利用有显著影响，教育和收入影响居民的健康医疗需求、认知和健康素养①；社会经济地位高的人一般医疗服务利用程度高，特别是预防性医疗服务②。也有研究发现社会经济地位低的居民更有可能利用普通门诊服务，而社会经济地位高的人群更多选择专科医疗服务③。其次，医疗服务的可得性也会影响医疗服务利用，两者呈现正相关关系④。此外个体的健康状况也会影响医疗服务的利用，比如慢性病患者会比其他患者在医疗服务利用上有更高的频率⑤。

国内学者也利用该模型对中国居民医疗服务利用影响因素进行研究。首先经济收入因素是影响居民医疗服务利用的首要因素，如农村贫困居民医疗服务利用率较低，主要原因是经济困难⑥。收入高的流动人口，病后就诊的可能性更大⑦。从政策角度看，卫生和计划生育基本公共服务均等化通过个体健康素养提高了流动人口医疗服务利用水平，但对不同疾病这一影响呈现一定程度的差异性⑧。新农合显著提高了低龄老人的医疗服务利用水平和预防保健支出水平，但对高龄老人的影响不显著，新农合政策提高农村最脆弱群体医疗可及性

① Hulka, B. S. & Wheat, J. R., "Patterns of utilization: The patient perspective," *Medical Care* 23 (1985): 438 - 460.

② Muller, C., "Review of twenty years of research on medical care utilization," *Health Services Research* 21 (1986): 129 - 144.

③ Roos N. P., Mustard C. A., "Variation in health and health care use by socioeconomic status in Winnipeg, Canada," *Milbank Quarterly* 75 (1997): 89 - 111.

④ Barer, M. L., Evans, R. G., & Labelle, R. J., "Fee controls as cost control: Tales from the frozen North," *Milbank Quarterly* 66 (1988): 1 - 64. Hulka, B. S. & Wheat, J. R., "Patterns of utilization: The patient perspective," *Medical Care* 23 (1985): 438 - 460.

⑤ Johansen, H., Nair, C., & Bond, J., "Who goes to the hospital? An investigation of high users of hospital days," *Health Reports* 6 (1994): 253 - 277. Chernew M., Cutler D. M., Keenan P. S., "Increasing Health Insurance Costs and the Decline in Insurance Coverage," *Health Services Research* 40 (2005): 1021 - 1039.

⑥ 王启晨、姚俊：《江苏省农村贫困居民卫生服务现状与影响因素研究》，《南京医科大学学报》（社会科学版）2019 年第 2 期。

⑦ 杜本峰、曹桂、许锋：《流动老年人健康状况及医疗服务利用影响因素分析》，《中国卫生政策研究》2018 年第 5 期。李珍、王德文、徐昊楠、薛煜杰：《福建省流动人口门诊需求行为及影响因素分析》，《中国公共卫生》2019 年第 7 期。

⑧ 王鸿儒、成前、倪志良：《卫生和计划生育基本公共服务均等化政策能否提高流动人口医疗服务利用》，《财政研究》2019 年第 4 期。

的作用不明显①。参加医疗保险提高了居民利用医疗服务的可能性；但不同医保项目有不同的效应强度。城镇职工医疗保险的效应比新农合与城镇居民医保项目的促进作用更大。此外个人健康状况是影响居民有病不医的主要因素，而医疗保险资源的直接影响相当有限②。

少数民族地区居民医疗服务利用及影响因素的研究中，景琳通过对四川省甘孜州、阿坝州和凉山州少数民族的调查研究发现少数民族地区居民健康需求较大，医疗服务利用的主要特点是低门诊利用、高门诊费用、高住院利用。③何利平等针对云南大理州白族居民的研究发现慢性病患者两周就诊率高、年龄大的老年人对卫生服务的利用率高。④ 白媛莲对云南地区少数民族居民健康状况及卫生服务利用现状进行了分析，研究发现影响两周就诊的因素主要为民族、年龄、家庭人口数和是否患慢性病。⑤ 家庭人口数越多，就诊概率越小；慢性病患者两周就诊概率高。安本燕对延边少数民族地区老年人医疗服务利用进行研究，发现是否有养老保险对于老年人就医行为没有显著影响，但是月收入高的老年人患病后会选择立即就医。⑥ 高晓凤等对四川省西昌市易地扶贫搬迁移民的研究发现经济困难的居民就诊率要低。⑦ 叶慧、刘玢彤对湖北少数民族贫困县农村参保者调查数据进行分析发现，低收入组与高收入组有相似的就诊行为，且报销可能性更高，但是低收入者在医疗服务利用结果和疾病经济负担上仍处于劣势。⑧

总体来看，针对少数民族地区居民尤其是宁夏居民医疗服务利用的深入研

① 陈在余、李薇、王海旭：《新农合对农村老年人医疗服务利用的影响——基于高龄、低龄老人分析》，《中国卫生政策研究》2018 年第 7 期。

② 牛建林、齐亚强：《中国医疗保险的地区差异及其对就医行为的影响》，《社会学评论》2016 年第 6 期。

③ 景琳：《少数民族地区农村居民卫生服务需求与利用分析（国家第三次卫生服务调查西部扩点四川调查课题组）》，《中国卫生事业管理》2005 年第 11 期。

④ 何利平、李晓梅、白媛莲、王杰、周鹤娉、吴駪：《云南省白族居民卫生服务利用公平性研究》，《卫生软科学》2017 年第 4 期。

⑤ 白媛莲：《少数民族居民卫生服务利用公平性研究》，昆明医科大学，硕士学位论文，2018。

⑥ 安本燕：《延边地区老年人医疗服务利用研究》，延边大学，硕士学位论文，2019。

⑦ 高晓凤、坤雨橙、段云：《四川省民族地区易地扶贫搬迁移民卫生服务需求及利用现况》，《职业与健康》2019 年第 3 期。

⑧ 叶慧、刘玢彤：《不同收入等级农村居民基本医疗保险受益公平性研究——基于湖北省少数民族贫困县的调查》，《社会保障研究》2020 年第 1 期。

究仍然较少，本文利用少数民族地区综合社会调查数据，对此问题进行分析。本文主要分析宁夏回族自治区居民对于医疗服务的使用情况，特别关注在安德森医疗服务利用模型框架下各因素对居民医疗服务利用的影响。

三　研究设计

为了了解居民医疗服务利用的影响因素，本研究使用定量分析方法。本文所用数据来自中央民族大学少数民族研究中心执行的2019年少数民族地区综合社会调查问卷宁夏地区数据。少数民族地区综合社会调查是教育部人文社会科学重点研究基地重大项目“中国民族地区综合社会调查关键问题研究（项目批准号：16JJD840016）”的重要组成部分。调查目的是通过系统收集少数民族地区社区、家庭和个体方面的数据，总结少数民族地区社会发展趋势和问题，为政府决策和民族工作提供数据支持。2019年宁夏少数民族地区综合社会调查经过严格科学抽样，以宁夏所有的乡镇为抽样框，根据城镇人口比重和少数民族人口比重把所有的区县划分为9类（层），根据每组区县中的乡镇总数占总乡镇数的比例确定要抽取的乡镇数量。其次根据乡镇总人口规模，用PPS方法抽取100个乡镇，组成二级抽样框。最后在100个乡镇中，用简单随机抽样方法从每个乡镇中随机抽取1个村居，共100个村居。调查由中央民族大学和北方民族大学联合执行，于2019年8月开展并完成，总计样本量2494人，其中男性1405人，女性1089人。

（一）变量

根据安德森模型，选取是否患慢性病、近一年内是否就诊和近一年内是否住院三个因变量；自变量包括性别、年龄、民族身份、婚姻状况、受教育程度、居住地、年收入、参加医疗保险、自评健康状况。具体定义及描述性统计见表1。

（二）研究方法

本文主要利用描述性统计方法和logistic回归分析，对宁夏少数民族地区居民医疗服务利用现状和影响因素进行分析。由于因变量均为二分类变量，建立如下模型。

表 1　变量定义和描述统计

单位：人，%

因变量	定义	均值
是否患慢性病	是 = 1；否 = 0	0.17
近一年内是否就诊	是 = 1；否 = 0	0.24
近一年内是否住院	是 = 1；否 = 0	0.17
自变量	样本数*	百分比(%)/均值
性别		
男性	1405	56.34
女性	1089	43.66
民族身份		
汉族	1542	61.83
回族	940	37.69
其他少数民族	12	0.48
居住地		
城镇	852	34.16
农村	1642	65.84
年龄(18～87 岁)	2489	47.6
婚姻状况		
有配偶	2081	83.68
无配偶	406	16.32
受教育程度		
文盲	348	13.96
小学	583	23.39
初中	763	30.62
高中或中专	426	17.09
大专及以上	372	14.93
年收入		
低收入(20%)	520	20.85
中间偏下收入(20%)	483	19.37
中间收入(20%)	561	22.49
中间偏上收入(20%)	452	18.12
高收入(20%)	478	19.17
参加医疗保险		

续表

自变量	样本数	百分比(%)/均值
参加城镇职工医疗保险	408	16.71
参加城镇居民医疗保险	355	14.53
参加新型农村合作医疗	1537	62.94
参加城乡居民医疗保险	160	6.55
参加商业医疗保险	134	5.49
自评健康状况		
好	1354	54.29
一般	664	26.62
差	476	19.09

*：各变量缺失值情况不一，样本总数因变量不同存在差异。

$$ln\left(\frac{p}{1-p}\right) = \beta_0 + \beta_1 x_1 + \beta_2 x_2 + \cdots + \beta_i x_i + \varepsilon$$

其中，p 为因变量中事件发生（患病、就医或住院）的概率，β_0 为截距，β_i 为各自变量对应的系数，x_i 为各个自变量，ε 为随机误差项。

四 结果

对于因变量，大约17%的居民患有不同种类的慢性病，近一年内选择去门诊就诊和住院的比例分别为24%和17%。在自变量中，样本中汉族居民约占61.83%，少数民族居民占37.69%。受访者年龄范围为18~87岁，平均年龄47.6岁，以农村居民为主，占65.84%。从受教育程度来看，14%的受访者为文盲，约31%的居民接受过初中教育，高中及以上学历的受访者比例为32.02%。年收入均值为22000元，62.94%的受访者参加了新型农村合作医疗保险，参加城镇职工或城镇居民医疗保险的比例分别为16.71%和14.53%，参加城乡居民医疗保险或商业医疗保险的比例较低，仅为6.55%和5.49%。

为了分析个人不同变量和医疗保障政策利用的关系，我们选取部分自变量和居民近一年的医疗费用总额（包括门诊和住院）、医疗费用报销额度以及医疗费用报销比例进行交叉分析。在医疗费用总额中，城镇居民医疗总费用为7764元，报销比例为75.7%；农村为6694元，报销比例为78.2%左右。从受教育程度看，受教育程度较低的医疗费用总额比较高，可能由于受教育程度低的居民患病的比例更高。从收入来看，低收入和中间偏下收入居民的医疗费用总额较高，同时高收入组的医疗费用总额也比较高。在医疗费用报销额度上，除高收入组外，其他收入组的居民报销额度和报销比例都比较高，总体差距不大说明居民医疗保险制度能够保证参保者享有平等的受益权。

表 2　主要自变量与医疗保障交叉分析

单位：元，%

变量	医疗费用总额	医疗费用报销额	医疗费用报销比*
居住地			
城镇	7764	4405	75.7
农村	6694	4221	78.2
受教育程度			
文盲	9558	5352	74.2
小学	7703	5237	78.9
初中	6976	4098	77.4
高中或中专	7736	4505	75.6
大专及以上	3272	1982	79.6
年收入			
低收入 20%	8778	5604	79.4
中间偏下收入(20%)	7050	4303	75.4
中间收入(20%)	6095	3643	79.3
中间偏上收入(20%)	5272	3224	78.4
高收入(20%)	7803	4294	73.3
参加城镇职工医疗保险			
是	6956	3679	71.6
否	7094	—	—
参加城镇居民医疗保险			
是	8805	5318	77.5
否	6739	—	—
参加新型农村合作医疗			
是	6615	4146	79.0
否	7753	—	—

*：医疗费用报销比为医疗费用报销额除以医疗费用总额

表 3 是医疗服务利用影响因素的 logistic 回归分析结果。

对于是否患慢性病，性别、居住地、婚姻状况、受教育程度、年收入、参加医疗保险情况均与是否患慢性病不具有统计学意义（$p > 0.05$），民族和自评健康与是否患慢性病具有统计学意义，即与汉族居民相比，回族居民有更高的概率患慢性病，自评健康为一般和差的居民与自评健康好的居民患慢性病的可能性更高（$p < 0.05$）。

对于是否就诊行为，女性、回族居民、拥有高中及中专学历的居民，自评健康一般和差以及有慢性病的居民有更高的概率选择去就诊（$p < 0.05$）。例如与男性相比，女性选择就诊的概率要高 60% 左右；自评健康差的居民选择就诊的可能性是自评健康好的居民的近 5 倍。其他自变量与是否就诊都不具有统计学意义（$p > 0.05$）。

对于是否住院的选择，女性比男性住院的可能性要高 58%；年龄越大，住院的概率越高，这与年龄增高，疾病发生概率也不断提高有关系。与前面两个因变量的结果一致，自评健康一般或差和有慢性病的居民有更高的住院可能性。

表 3　医疗服务利用影响因素 logistic 回归分析结果

变量	是否患慢性病(OR)	是否就诊(OR)	是否住院(OR)
女性(男性)	0.82	1.61***	1.58**
民族身份(汉族)			
回族	1.30*	1.35*	1.19
其他少数民族	0.18	0.92	0.62
居住地(城镇)			
农村	0.76	1.14	1.07
年龄(18~87 岁)	1.06***	1.00	1.04***
婚姻状况(无配偶)			
有配偶	1.15	1.01	1.18
受教育程度(文盲)			
小学	1.18	0.81	0.89
初中	1.14	1.33	0.97
高中或中专	1.04	1.49*	1.11
大专及以上	0.99	1.18	1.36

续表

变量	是否患慢性病(OR)	是否就诊(OR)	是否住院(OR)
年收入(低收入20%)			
中间偏下收入(20%)	0.76	0.78	1.05
中间收入(20%)	0.75	0.83	0.76
中间偏上收入(20%)	0.81	0.59	0.88
高收入(20%)	0.89	0.82	0.98
参加医疗保险情况			
城镇职工医疗保险(否)	0.86	0.99	0.72
城镇居民医疗保险(否)	0.92	1.11	0.78
新型农村合作医疗(否)	0.97	0.71	0.80
城乡居民医疗保险(否)	0.92	0.65	0.89
商业医疗保险(否)	1.48	1.02	0.80
自评健康状况(好)			
一般	6.65***	2.32***	2.02***
差	15.38***	4.68***	4.35***
有慢性病(否)	—	2.61***	1.68**

*** $p<0.001$，** $p<0.01$，* $p<0.05$。

五　结论

本文利用2019年少数民族地区综合社会调查宁夏地区数据，对宁夏居民医疗服务利用及其影响因素进行分析，主要结论如下。

（一）人口学因素中，性别、年龄、自评健康状况和医疗服务利用显著相关

居民是否就医以及是否接受住院服务与性别和年龄显著相关，说明随着居民年龄的增长，身体健康状况可能会越来越差，因此会更多地去利用医疗服务。因此需要更加明确少数民族地区居民医疗服务利用和影响健康的因素，根据不同年龄阶段居民的医疗服务需求和特点，制定相应的政策。

（二）社会经济地位、自评健康状况和医疗服务利用无显著关联

受教育程度、年收入、自评健康状况和医疗服务利用行为均未有显著关

系。这与前期研究不尽一致，国内针对其他地区的研究发现，社会经济地位是影响个体医疗服务利用的关键因素，例如赵郁馨等对甘肃省研究发现，居民门诊和住院服务都存在亲富人现象。① 林相森和艾春荣研究发现中国居民不同收入群体之间在医疗服务利用上有显著差异，但是城乡居民之间的差异并不显著。② 赵广川等研究发现收入差距是影响居民医疗服务利用差异的主要原因。③ 本文利用受教育程度、年收入、医疗保险费用、医疗保险报销等进行交叉分析表明，对于宁夏地区来看，居民社会经济地位的差异并没有明显导致其医疗保险费用和报销的悬殊差异。

（三）医疗保险制度与医疗服务利用相关性不明显

本文研究发现参加医疗保险制度与居民是否就诊和住院没有显著关系。前期关于两者关系的研究结论并不一致。如胡琦等就宁夏医疗保险制度对医疗服务影响进行研究，发现居民患病后，参加医保的居民就诊积极性更高，城乡居民基本医保覆盖人群的卫生服务利用情况最好，城镇职工医疗保险覆盖人群次之，没有医保覆盖的人群其卫生服务利用状况最差。④ 马志爽和李勇利用全国抽样调查数据分析发现城乡居民医疗保险显著降低了居民的住院可能性，但对于居民住院费用以及门诊医疗服务的影响并不显著。⑤

（四）医疗服务利用主要和居民的性别、年龄、自评健康状况相关

本文发现宁夏居民医疗服务利用主要的影响因素是性别、年龄和自身健康状况，该结论与前期针对少数民族地区居民医疗服务利用的结论基本

---

① 赵郁馨、张毓辉、唐景霞、王丽、万泉、陶四海：《卫生服务利用公平性案例研究》，《中国卫生经济》2005 年第 7 期。

② 林相森、艾春荣：《对中国医疗服务利用不平等问题的实证检验》，《中国人口科学》2009 年第 3 期。

③ 赵广川、顾海、郭俊峰：《社会经济地位变迁与医疗服务利用不平等：2000 ~ 2011》，《公共管理学报》2016 年第 2 期。

④ 胡琦、汤榕、郎颖、杜倩、邢颖：《宁夏不同医保制度居民卫生服务需要和利用比较研究》，《医学与哲学（A)》2018 年第 5 期。

⑤ 马志爽、李勇：《城乡居民医疗保险对居民医疗服务利用的影响》，《中国药物经济学》2018 年第 1 期。

一致①。已有研究证实与男性相比，女性患慢性病的可能性更高，从本文研究结果来看，女性有更高的可能性去就医和住院。安德森模型认为，需求因素可以用来反映医疗卫生服务利用的公平性，本文研究结果显示自评健康和患慢性病的居民更可能去就诊和住院，一定程度上显示了医疗卫生服务的相对公平性。

综上，当居民患有慢性病或者更加关注自身的健康情况时，他们会有更加强烈的就医意愿，反映了少数民族居民逐渐提高的健康观念。他们更加关照自己的身体，同时也更加对自己的健康负责。

六 结语

限于截面数据，本研究没有发现参加医疗保险与医疗服务利用的关系，但是基本医疗保险对保证居民健康公平具有重要意义，应该继续扩大医保覆盖面，同时加大对低收入家庭的补助力度，防止出现“因病致贫、因病返贫”的情况。很多研究显示基本医疗保险制度能够提高居民的就诊率，就诊率的提高有助于提升少数民族地区居民健康水平。

此外，交叉分析显示社会经济地位比较低的居民其门诊和住院的比例比较高，可能是因为社会经济地位低的居民其健康程度比较差，因此应该更加注重居民健康素养的提高，大力推进贫困地区健康促进，强化重点领域和重点人群健康教育。2019 年宁夏基层医疗卫生机构和卫生院数量均有所减少，城市社区卫生服务机构数量有所增长，这在一定程度上反映了宁夏医疗资源尤其是基层医疗服务分布的变化。由于缺乏人才与资金，少数民族地区村卫生室较少；同时受交通、医疗服务分布以及收入等因素的影响，部分居民即使得病也不去就医。少数民族地区基本医疗卫生机构存在以上薄弱环节，将在很大程度上影响居民尤其是贫困居民的就医行为和医疗服务利用状况，因此，应该重点加强少数民族地区医疗机构建设，合理分配基层医疗服务资源，通过多种举

① 何利平、李晓梅、白媛莲、王杰、周鹤娉、吴骥：《云南省白族居民卫生服务利用公平性研究》，《卫生软科学》2017 年第 4 期；王谨、李新辉、吾曲孔·买买提肉孜、范晶晶、刘润麟、托合托那力·玉米尔江、沙不尔江·玉苏甫阿力：《南疆克州柯尔克孜族牧民卫生服务需要与利用现状调查》，《现代预防医学》2018 年第 1 期。

措吸引、培养和留住医疗人才。将乡、村基层医疗卫生机构服务重心逐步转移到常见多发病的诊疗和居民慢性病管理上来，完善救助制度，鼓励就医。

随着宁夏老龄化进程的推进、生态环境和生活方式的变化，心脑血管疾病、慢性病防治将成为卫生政策的重点。慢性病状况直接关系居民医疗服务利用，应该结合宁夏重点健康问题和需求，围绕高血压、冠心病、糖尿病等慢性病，结核病等传染病，棘球蚴病等地方病，以及心理健康、安全与急救等开展健康教育。针对儿童青少年、妇女、老年人、残疾人、流动人口等重点人群，开展符合其特点的健康教育活动。

参考文献

Andersen RM, *A.*, *behavioral model of families'use of health services*, University of Chicago. 1968.

Heyden Van Der S., Demarest J., Tafforeau H., Van Oyen H., "Socio-economic differences in the utilization of health services in Belgium," *Health Policy* 65 (2003).

Regidor, E., Martínez, D., Calle, M. E. et al., "Socioeconomic patterns in the use of public and private health services and equity in health care," *BMC Health Service Research* 8 (2008).

B.11

民族地区旅游产业发展研究报告*

李劲松**

摘　要： 2019年，在全球经济不景气、国内经济增速减缓等因素的影响下，我国以西部民族八省区为代表的民族地区旅游业仍然保持着较高的发展速度。贵州、广西、云南和新疆成为全国旅游业发展的代表性省区。内蒙古自治区、宁夏回族自治区、西藏自治区和青海省旅游业也实现了较快发展，增长速度远高于全国旅游业增长的平均速度。同时民族地区旅游业发展质量也实现了显著提升。本年度，旅游业在服务民族地区的稳定和发展大局中，继续扮演着特殊角色和发挥着重要作用，成为切实维护国家国防安全的重要手段，促进民族团结进步事业的特殊抓手，全面推进民族地区精准脱贫的优势路径，有效传承创新优秀传统文化的主要平台和深入推动生态文明建设的科学之路。

关键词： 民族地区　旅游产业　发展质量　文旅融合

2019年，我国民族地区旅游业在全球经济增长减速和国内经济止降回稳双重环境影响下，进一步积极融入和服务于民族地区安全稳定和经济社会发展大局：更加积极充分利用国家支持民族地区发展的各项相关利好政策，以文化

---

* 本报告是国家社会科学基金一般项目“集中连片特困仡佬族地区旅游精准扶贫、精准脱贫研究”（项目编号：16BMZ074）阶段性研究成果。

** 李劲松，博士，中央民族大学民族文化与旅游休闲研究中心主任、全国休闲标准化化技术委员会委员。

有效性保护与经济高质量发展为战略目标，以文旅深度融合为根本动力，以全域旅游创建为重要路径，有效发挥了旅游业在民族地区民族团结进步、深化改革开放、区域协调发展、乡村振兴繁荣、精准扶贫脱贫、文化传承创新、绿色生态建设中的特殊角色和重要作用。整体来看，2019 年我国以西部民族八省区为代表的民族地区旅游业继续保持着较高的发展速度，同时更加重视旅游业的高质量发展。

一 2019民族地区旅游实践发展*

（一）发展概述

2019 年受全球经济不景气、贸易保护主义抬头等不利因素的影响，全球旅游业增速放缓，但我国旅游经济仍然保持了较快增长，全年实现旅游总收入 6.63 万亿元，同比增长 11%；国内旅游 60.06 亿人次，比上年同期增长 8.4%；入境旅游 1.45 亿人次，比上年同期增长 2.9%；国际旅游收入 1313 亿美元，比上年同期增长 3.3%。中国公民出境旅游达到 1.55 亿人次，比上年同期增长 3.3%。旅游业对 GDP 的综合贡献为 10.94 万亿元，占 GDP 的 11.05%。[①] 2019 年中国旅游业持续较快增长，民族地区旅游业增长势头尤为明显，民族八省区旅游业各项指标与 2018 年相比进一步提升，继续成为中国旅游业发展新的增长点和动力点。其中贵州、广西、云南无论是旅游人次还是旅游收入都位居全国前茅，而新疆旅游业在本年度继续保持爆发式增长态势，其旅游人次和旅游收入增速继续高居全国第一，成为民族八省区旅游业快速发展的新典型省区。

具体来看，旅游人次上，贵州、广西、云南位居全国前十位，分别达到 11.3 亿、8.7 亿和 8.14 亿，列全国第一、第四和第八位，占据全国旅游人次 8 亿以上的 8 个省份中的 3 个（见表 1）；旅游收入上，贵州、云南、广西同样

---

* 由于数据关系，民族地区旅游发展以民族八省区旅游发展为例。

① 《2019 年旅游市场基本情况》，中国旅游研究院（文化和旅游部数据中心），http：//www.ctaweb.org/html/2020 - 3/2020 - 3 - 10 - 16 - 48 - 64712.html，2019 年 3 月 10 日。

位居全国前十，分别达到1.23万亿、1.13万亿和1.02万亿元，分别列第三、第六、第八位，同样占据全国旅游收入万亿元以上的8个省区中的3个（见表2）；从发展增速看，旅游人次增速超过20%的省区有4个，民族八省区占了3个，分别为位列全国第一的新疆（增速为42%）、位列全国第二的广西（增速为28.4%）和位列全国第四的青海（增速为20.8%）。旅游收入增速超过20%的省区市有11个，民族八省区占据5个，分别为位列全国第一的新疆（增速为40.8%）、位列全国第二的广西（增速为34.4%）、位列全国第四的贵州（增速为30.1%）、位列全国第六的云南（增速为22.7%）和位列全国第九的青海（增速为20.4%）①。

2019年在全球经济整体下行和中国经济止降回稳的大趋势下，无论作为民族地区攻坚脱贫的有效手段，还是作为民族地区乡村振兴的优势路径，旅游业在民族地区经济社会发展中的重要作用进一步凸显，在国家和民族地区各级政府决策上的重要性进一步加强。总体来看，本年度民族八省区在2018年发展的基础上，实现了新的突破，取得了不俗成绩，创造了新的发展历史，进一步影响着民族地区经济社会和中国旅游业的发展。

表1　2019我国31个省区市旅游接待游客人次情况

单位：亿人次，%

排名	省份	接待游客	增幅
1	贵州	11.30	17.2
2	山东	9.30	8.6
3	江苏	8.80	7.6
4	广西	8.70	28.4

① 《2019年贵州旅游经济发展统计公报》，贵州省统计局，http://www.tjcn.org/tjgb/24gz/36327_3.html，2020年4月15日；《2019年广西国民经济和社会发展统计公报》，广西壮族自治区统计局，http://www.gxnews.com.cn/staticpages/20200318/newgx5e71ea91-19371624.shtml，2020年3月18日；《云南省2019年国民经济和社会发展统计公报》，云南省统计局，http://www.tjcn.org/tjgb/25yn/36382_3.html，2020年4月24日；《2019年国民经济和社会发展统计公报》，新疆维吾尔自治区人民政府，http://www.xinjiang.gov.cn/xinjiang/xjyw/202004/a53b44a4bc84461a8e4c87a3ceaa10b0.shtml，2020年4月1日；《青海省2019年国民经济和社会发展统计公报》，青海省统计局，http://tjj.qinghai.gov.cn/tjwork/tjdynamic/202003/t20200302_65525.html，2020年2月28日。

续表

排名	省份	接待游客	增幅
5	湖南	8. 30	10. 3
6	山西	8. 30	18. 5
7	安徽	8. 20	13. 6
8	云南	8. 14	17. 4
9	江西	7. 91	15. 7
10	河南	7. 86	18. 2
11	河北	7. 80	15. 5
12	四川	7. 50	7. 0
13	浙江	7. 30	5. 5
14	湖北	7. 27	13. 8
15	陕西	7. 07	12. 2
16	重庆	6. 57	10. 0
17	辽宁	6. 42	13. 6
18	福建	5. 37	16. 7
19	广东	5. 32	9. 2
20	上海	3. 70	6. 4
21	甘肃	3. 70	24. 0
22	北京	3. 22	3. 6
23	吉林	2. 48	12. 1
24	天津	2. 29	9. 1
25	黑龙江	2. 17	19. 0
26	新疆	2. 13	42. 0
27	内蒙古	1. 95	10. 1
28	海南	0. 83	9. 0
29	青海	0. 51	20. 8
30	西藏	0. 40	19. 1
31	宁夏	0. 40	19. 9

资料来源：根据各省区市《2019 年国民经济和社会发展统计公报》资料整理。

表 2　2019 我国 31 个省区市旅游收入情况

单位：万亿元，%

排名	省份	旅游收入	增幅
1	广东	1. 51	11. 9
2	江苏	1. 43	8. 1
3	贵州	1. 23	30. 1

续表

排名	省份	旅游收入	增幅
4	山东	1.17	12.0
5	四川	1.16	14.7
6	云南	1.13	22.7
7	浙江	1.09	9.0
8	广西	1.02	34.4
9	湖南	0.98	15.6
10	江西	0.96	18.5
11	河北	0.93	22.0
12	安徽	0.85	17.7
13	福建	0.81	22.1
14	河南	0.81	20.3
15	山西	0.80	19.3
16	陕西	0.72	20.3
17	湖北	0.63	15.0
18	北京	0.62	5.1
19	辽宁	0.62	15.9
20	重庆	0.57	32.0
21	青海	0.56	20.4
22	上海	0.54	7.0
23	吉林	0.49	16.9
24	内蒙古	0.46	12.0
25	天津	0.39	16.7
26	新疆	0.36	40.8
27	宁夏	0.34	15.0
28	黑龙江	0.27	19.6
29	甘肃	0.27	30.0
30	海南	0.11	11.3
31	西藏	0.056	14.1

资料来源：根据各省区市《2019 年国民经济和社会发展统计公报》资料整理。

（二）民族八省区旅游业发展情况

1. 内蒙古自治区

在全球经济下行和国内经济增速放缓的大背景下，内蒙古全区旅游接待人数和旅游收入实现双增长。2019 年内蒙古全年接待国内外旅游者 19512.5 万人次，实现旅游业综合收入4651.5亿元，可比范围内分别比上年增长10.1%和12.0%。其中，国内游客19316.7万人次，国内旅游收入4558.5亿元；接待入境游客195.8万人次，增长4.1%；入境旅游创汇13.4亿美元，增长5.3%。①

2019年度内蒙古旅游发展主要成绩包括八点。一是旅游扶贫攻坚工作继续成为重中之重，取得实效。通过编制文化和旅游扶贫实施方案、旅游产业扶贫规划，强化与北京市的旅游扶贫区域合作，以乡村旅游为抓手，重点扶持了96个旅游扶贫示范项目，全面推进乡村旅游脱贫工作。二是积极发展全域旅游。满洲里市成功创建国家全域旅游示范区。阿拉善盟胡杨林旅游区晋升为国家5A级旅游景区。呼伦贝尔大草原－莫尔格勒河景区通过景区景观质量评审，入选创建国家5A级旅游景区预备名单。呼和浩特市蒙草·草博园等7家景区被评定为国家4A级旅游景区、贾力更烈士纪念馆等5家旅游景区被评定为3A级旅游景区。三是文化创意产业发展迅速。内蒙古博物馆“草原茶道”系列文创产品获中国旅游商品大赛金奖，集宁战役红色纪念园系列文创产品、格日勒皮艺·乌兰牧骑等入选全国优秀红色旅游文创产品名单，“草原记忆”系列等20项旅游商品荣获中国特色旅游商品大赛金银铜奖。四是旅游人才培养取得突破。王紫萱荣获第四届全国导游员大赛全国银牌导游员称号，李思宇、荣雪莲、安雪分别荣获第二届全国红色故事讲解员大赛金牌讲解员和优秀讲解员称号。五是边境旅游取得新突破，边境旅游管理体制机制改革创新取得重大突破。承办了全国边境旅游工作会议，召开了满洲里边境旅游试验区推进会，满洲里口岸团体旅游签证、边境旅游异地办证、出入境证件审批、外国人签证和居留许可审批、边民互市贸易等一大批利好政策相继落地实施。六是品牌营销丰富有效。策划实施了“72小时内蒙古”“骑着马儿游草原”“少年那达慕”“乌兰牧骑带你畅游亮丽内蒙古”“万里茶道”等整合营销推广活动，其中“马背上的内蒙古”内蒙古马文化旅游主题营销等旅游营销活动荣获博鳌国际旅游奖。七是高度重视旅游发展与生态保护工作。组织盟、旗编制草原旅游发展规划，高度重视草原类A级旅游景区违规侵占草原问题，对32家景

① 《内蒙古自治区2018年国民经济和社会发展统计公报》，内蒙古自治区人民政府，http：//www.nmg.gov.cn/art/2019/4/19/art_5984_6407.html，2019年4月19日。

区进行了有效整改。八是积极推进文明旅游示范单位、文明旅游示范区创建工作，内蒙古饭店等4家旅游企业入围首批全国文明示范单位创建序列。

2. 西藏自治区

2019年西藏自治区旅游业在旅游人次和旅游收入上继续保持两位数的较快增长，两项指标均明显高于全国平均水平，成为民族地区旅游发展的新增长点。全年累计接待国内外游客4012.15万人次，在2018年首次突破3000万人次后，再次突破4000万人次，比上年增长19.1%。其中，接待入境游客54.19万人次，增长13.8%；接待境内游客3957.96万人次，增长19.2%。实现旅游总收入559.28亿元，增长14.1%。其中，旅游外汇收入27907万美元，增长12.9%；境内旅游收入540.44亿元，增长14.1%。① 非常值得关注的是2019年旅游业已成为西藏经济社会发展的绝对核心产业，旅游业对全区经济社会发展贡献率高达33%。② 本年度全区深入推进区域旅游协作发展，在旅游产业科学发展、现代化治理体系建设、规范化标准化建设、旅游品牌影响力营造等方面实现新突破，“冬游西藏”成为西藏旅游业的新品牌。特别是通过不断打造文化旅游产业链，使旅游业成为农牧民脱贫攻坚实现增收的重要产业，全区约40万名农牧民已参与到旅游产业发展中，特别是文化演艺行业提供的相关就业岗位，吸纳农牧民转移就业近1.6万人，人均年收入近17000元。③ 本年度国家A级景区建设成效显著，西藏自然博物馆、文成公主藏文化风情园景区、米堆冰川旅游景区、卡定沟旅游景区、昌珠寺旅游景区、波密红楼系列红色景区、玉麦自然人文景区、日喀则珠峰现代农业科技创新博览园等8个景区达到国家4A级景区评定标准，进一步提升了全区旅游业整体竞争力。特别值得一提的是文成公主藏文化风情园景区是西藏自治区首个以文化演艺为主题的国家4A级旅游景区，景区的《文成公主》藏文化大型史诗剧自2013年8

① 《西藏自治区2019年国民经济和社会发展统计公报》，西藏自治区人民政府，http://www.xizang.gov.cn/zwgk/xxgk_424/zxxxgk/202004/t20200414_137222.html，2020年4月14日。

② 《2019年西藏旅游业对全区经济社会发展贡献率达33%》，西藏旅游发展厅，https://baijiahao.baidu.com/s?id=1664583637498367419&wfr=spider&for=pc，2020年4月21日。

③ 《西藏2019全年接待游客超4000万人次旅游收入560亿元》，西藏自治区第十一届人民代表大会第三次会议，http://www.lvjie.com.cn/destination/2020/0108/15695.html，2020年1月7日。

月首演至今，直接吸纳和间接带动就业4000人以上，项目接收的约500名建档立卡贫困户均已全部脱贫，实现了社会效益、经济效益、文化效益的有机统一，[①] 并为民族地区文化旅游产品打造和品牌建设提供了可资借鉴的发展路径和有益经验。

3. 新疆维吾尔自治区

2019年新疆旅游业在2018年的基础上继续呈现井喷增长态势，旅游人次和旅游收入再创历史新高，增幅大大高于全国平均水平，继续高居全国首位，旅游业作为新疆经济发展的重要战略产业的地位进一步强化。同时新疆作为民族地区乃至全国最具发展潜力的省域旅游目的地地位进一步凸显，全年接待游客历史性地突破2亿人次，达到2.1329亿人次，比上年增长42.0%；旅游总收入3632.58亿元，增长40.8%。其中，接待境内游客21120.76万人次，增长43.3%；境内旅游收入3593.5亿元，增长43.9%。接待入境游客178.78万人次，入境旅游收入5.86亿美元。[②] 2017～2019年，新疆已连续三年无暴恐案件发生，新疆旅游业持续超高速发展正是全疆稳定红利持续释放的结果。持续稳定的经济社会发展大局，使新疆各族群众的获得感、幸福感、安全感不断增强，而旅游业既是最大受益行业，也是直接的晴雨表。本年度，新疆进一步深入实施旅游兴疆战略，对旅游业发展做出了“高端、特色、精品”的定位，围绕“三难一不畅”等制约全疆旅游发展的瓶颈问题，以冰雪旅游、自驾旅游、低空旅游、度假旅游、民宿旅游等业态为重点，充分发挥旅游业在扩大就业、脱贫攻坚方面的重要作用，大力推动全域旅游示范区创建，高度重视文旅深度融合，扎实推进旅游富民工程。[③] 统筹中央、自治区预算内资金3.97亿元，推动48个深度贫困地区县市和重点旅游景区基础设施项目落地。围绕疆内“环起来、快起来”、打造“空中公交”的目标，开通航线297条，与17个国家、25个国家及地区城市、88个国内城市实现通航。针对冬春季旅游，

---

① 《西藏8个景区达到国家4A级评定标准》，西藏自治区旅游发展厅，http://ttt.tibet.cn/cn/index/travel/201912/t20191225_6727438.html，2020年5月6日。

② 《2019年国民经济和社会发展统计公报》，新疆维吾尔自治区人民政府，http://www.xinjiang.gov.cn/xinjiang/xjyw/202004/a53b44a4bc84461a8e4c87a3ceaa10b0.shtml，2020年4月1日。

③ 《2019成绩单2亿人次畅游新疆》，新华新疆，https://www.sohu.com/a/365462759_381535，2020年1月8日。

出台了《2019—2020 年冬春旅游工作实施方案》，推出了 10 大精品旅游线路、439 项文旅活动以及 41 项优惠政策，激发了冬季游客旅游热情，疆外游客量大幅增加。帕米尔旅游区晋升为国家 5A 级景区标志着新疆旅游业获得重要突破，旅游产业发展质量进一步提升，“新疆是个好地方”品牌在国内外市场影响进一步凸显。①

4. 广西壮族自治区

2019 年广西壮族自治区旅游发展令人瞩目，进一步延续了持续高速增长的发展势头，旅游人次位列全国第四，旅游总收入进入全国第八，成功跻身全国省域旅游目的地第一集团。全年全区入境过夜游客 623.96 万人次，比上年增长 11.0%；国际旅游（外汇）收入 35.11 亿美元，增长 26.4%。接待国内旅客 8.70 亿人次，增长 28.4%；国内旅游收入 9998.82 亿元，增长 34.5%。旅游总收入 10241.44 亿元，增长 34.4%。② 本年度，在文件政策上，广西先后出台了包括《关于加快文化旅游产业高质量发展的意见》《关于支持文化旅游高质量发展用地政策的若干意见》在内的支持文化旅游发展的“1+7”系列重要文件，旅游产业政策红利优势凸显。在重大战略上，提出了“三地两带一中心”旅游业重大发展战略，“三地”即桂林国际旅游胜地、北部湾国际滨海度假胜地、巴马国际长寿养生旅游胜地，“两带”即中越边关风情旅游带、西江生态旅游带，“一中心”即南宁区域性国际旅游中心城市，全区旅游统筹发展的格局初步形成。在高层次旅游产品建设上，以 5A 级景区为龙头的高层次旅游产品建设成效显著。两江四湖·象山景区、德天瀑布景区先后升级为国家 5A 级旅游景区，全区 5A 级景区总数达到 6 家。阳朔遇龙河成功跻身为国家级旅游度假区，目前全区共有 A 级景区 507 家、世界遗产 2 处、世界地质公园 1 个、国家级非物质文化遗产 52 项、全国重点文物保护单位 81 家，奠定了文旅融合高质量发展的重要基础。同时，重大文旅项目建设持续推进，本年度全区文化旅游产业重大项目共计 223 个，其中新开工项目 63 个，总投资

① 《2019 新疆这些大事值得关注》，新疆维吾尔自治区第十三届人民代表大会第三次会议，http://xj.people.com.cn/n2/2020/0106/c186332-33692270.html，2020 年 1 月 6 日。

② 《2019 年广西国民经济和社会发展统计公报》，广西壮族自治区统计局，http://www.gxnews.com.cn/staticpages/20200318/newgx5e71ea91-19371624.shtml，2020 年 3 月 18 日。

1991.4亿元；续建项目84个，总投资1135亿元；年度竣工项目7个，总投资23亿元；目前累计完成投资474.6亿元。桂林融创万达文化旅游城、南宁万有国际旅游度假区、北海银基国际医疗康养旅游产业新城等一批重大文旅项目建设顺利。业态进一步丰富，旅游产业与第一产业、第二产业深入融合，以广西园博园为代表的园林水利景区建设，以合浦月饼小镇为代表的15个广西特色全国重点镇建设成效明显。全区共计创建了国家级休闲农业与乡村旅游示范县14个、中国美丽休闲乡村22个、自治区级休闲农业与乡村旅游示范点213个，形成了“歌娅思谷·中国白裤瑶生态民俗风情园”“阳朔十里画廊攀岩体验线路”“涠洲岛滨海运动休闲线路”等一批全国热门体育旅游景区和线路。①

5. 宁夏回族自治区

宁夏旅游业在2018年基础上继续保持稳定较快增长。2019年，宁夏全区接待国内外游客4011.02万人次，同比增长19.92%；实现旅游总收入340.03亿元，同比增长15.00%。其中，接待国内游客3998.45万人次，同比增长19.86%；实现国内旅游收入335.56亿元，同比增长14.96%。② 2019年被称为文旅融合元年，全区深入推进文旅市场经济提档升级，重点支持景区与特色文创企业合作开发具有地域特色、与景区融合度高的文化旅游纪念品、文化创意产品，丰富景区文化旅游产品体系，成功举办2019“塞上江南·神奇宁夏”华东秀暨“宁夏故事·我来讲述”文旅主题活动。全面强化文旅与科技融合，积极布局新型文化和旅游业态，促进旅游与影视动漫、创意设计、电竞游戏、数字出版发行产业深度结合，重点推进“一带一路动漫品牌推广中心”和“中国动漫集团众创空间宁夏基地”建设。进一步加强文旅与农业融合，全力推动将贺兰山东麓葡萄文化长廊打造为高端综合文化和旅游产业集聚区。充分重视国际区域旅游合作，先后组织文化和旅游企业、非物质文化遗产项目传承人参加亚洲文化旅游展，举办2019斐济“中国旅游文化周暨美食节”、斯里兰卡宁夏文化旅游周等活动。举办第四届中阿旅行商大会，极大提升了宁夏文

---

① 《广西预计2019年旅游总消费将突破1万亿元》，广西全面深化改革新闻发布会，http://www.gxzf.gov.cn/xwfbhzt/gxqmshggxwfbhdsc/mtbd/20191128-780892.shtml，2019年11月28日。

② 《2019年宁夏旅游经济发展统计公报》，宁夏文化和旅游厅，http://whhlyt.nx.gov.cn/content_t.jsp?id=38395，2020年3月4日。

化旅游品牌在“一带一路”沿线国家的知名度和影响力。深化与新加坡华运旅游公司合作，“环西部豪华国际专列”由一年一趟增加到旺季一周一趟，实现入境游客接待质的飞跃。积极发展遗产主题旅游，全面探索推动非遗产业化，与澳门特区政府和苏州园林分别联合成功主办“丝路古忆——西夏文物特展”、“宁夏非遗”走进苏州沧浪亭活动。① 积极打造乡村旅游产品新业态，以乡村民宿为支撑推进乡村旅游产业发展，培育形成中卫南岸半岛·黄河宿集、西夏区“山上人家”等特色民宿。2019 年底，全区共有星级农家乐 516 家，其中四星级农家乐 91 家、五星级农家乐 30 家；有全国乡村旅游重点村 9 个、特色产业示范村 10 个、特色文化旅游村 30 个、旅游扶贫重点村 72 个。② 文化旅游品牌影响力初步凸显，“贺兰山下”“六盘山上”“长城内外”“黄河两岸”文化旅游品牌受到市场充分关注。

6. 贵州省

2019 年贵州省旅游业无论是旅游人次，还是旅游总收入再创历史新高。全省旅游人次达到 11.3 亿人次，比上年增长 17.2%，在 2018 年排名全国第一基础上继续占据榜首，旅游总收入达到 1.23 万亿元，比增长 30.1%，由 2018 年的全国第六名快速上升为全国第三名。③ 贵州省已成为我国民族八省区旅游业发展的领头羊和全国最令人瞩目的旅游大省。2019 年末，全省共有 5A 级旅游景区 6 个、4A 级旅游景区 121 个（比上年末增加 10 个）、全国重点文物保护单位 82 个。2019 年贵州省紧密围绕进一步提升“山地公园省·多彩贵州风”品牌影响力，努力建设国际知名的山地休闲度假旅游目的地战略目标，实现了贵州省旅游业高质量快速发展。

一是公布实施《贵州省强化文旅融合系统提升旅游产品供给三年行动方案》，深入推进旅游供给侧结构性改革，强化文化旅游深度融合。二是继续深入推进高水平旅游旅游规划编制和在建项目管理工作，建立了旅游规划与农

① 《文旅融合谱新篇合作共赢谋发展——2019 宁夏文化旅游产业项目对接大会今日银川启幕》，《宁夏日报》，http://topic.nxnews.net/2019/zl/wztt/201910/t20191015_6447764.html，2019 年 10 月 15 日。

② 《2019 年宁夏旅游经济发展统计公报》，《2019 年宁夏旅游经济发展统计公报》，宁夏文化和旅游厅，http://whhlyt.nx.gov.cn/content_t.jsp?id=38395，2020 年 3 月 4 日。

③ 《2019 年贵州旅游经济发展统计公报》，贵州省统计局，http://www.tjcn.org/tjgb/24gz/36327_3.html，2020 年 4 月 15 日。

业、水利、交通、城建有机衔接的“多规合一”体系，并对2016年以来全省各级国有平台在建和建成项目全面普查，充分盘活存量旅游资产。三是大力探索文旅融合扶贫新路径。以文化旅游高度融合为重要突破点，以旅游扶贫利益联结机制为抓手，有效推进实施全省文化扶贫三年行动计划，充分发挥旅游业富民作用，带动更多的贫困人口受益脱贫。四是以建成国家全域旅游示范省为重要目标，按照《国家全域旅游示范区创建工作导则》《国家全域旅游示范区认定整体要求和验收细则》要求，推动全省全域旅游示范区创建工作。五是以“厕所革命”为重点的公共文化和旅游公共服务体系建设获得新进展，全年新建和改建700座以上旅游厕所；旅游交通标识系统进一步完善，同时打造一批精品自驾旅游线路，推出一批精品客栈、特色民宿、文化主题酒店、房车自驾车营地、帐篷酒店。六是加快推进旅游“1+5个100工程”建设，“春赏花、夏避暑、秋风情、冬康养”四季旅游品牌、多彩贵州风景眼、国际天文科普旅游带、世界名酒文化旅游带等国内外旅游品牌市场关注度进一步提升。七是各类旅游目的地高质量建设取得佳绩。2019年9月，文化和旅游部公布了首批国家全域旅游示范区名单，贵州省贵阳市花溪区、遵义市赤水市、六盘水市盘州市成功入选。中国信息化发展研究院与竞争力智库发布的《中国县域旅游竞争力报告2019》2019中国县域旅游竞争力百强县市中，贵州省赤水市、大方县、都匀市、江口县、凯里市、荔波县、兴义市、镇远县、织金县等9个县市因旅游资源丰富、基础设施相对较好、发展旅游潜力巨大等优势成功入选。9个县市中有3个是国家5A级景区所在地，3个是世界自然文化遗产所在地，1个是首批国家全域旅游示范区，1个是国家历史文化名城。[①] 2019中国（长春）避暑旅游产业峰会对避暑旅游城市进行授牌，贵阳市、六盘水市、黔西南州普安县、安顺市西秀区被评为2019避暑旅游十佳城市，黔西南州兴义市、晴隆县、安龙县被评为2019避暑旅游十强城市，黔西南州兴仁市被评为2019避暑旅游样本城市。八是实行分时预约购票制度，行业管理手段进一步优化。2019年贵州步入“分时预约”购票时代。黄果树、梵净山等景区相

① 《凝眸2019，贵州哪些旅游大事让你印象深刻?》，澎湃新闻，https://www.thepaper.cn/newsDetail_ forward_ 5527117，2020年1月15日。

继实行分时预约购票制度。①

7. 云南省

2019 年得益于云南省政府对旅游业的大力整改，云南省旅游业表现强劲，继续保持了较快增速，旅游收入和游客数量均大幅增长。全年接待入境游客（包括口岸入境一日游）1484.93 万人次，比上年增长 4.8%；实现旅游外汇收入 51.47 亿美元，增长 16.5%。全年接待国内游客 8.0 亿人次，增长 17.4%，位列全国第八；国内旅游收入 10679.51 亿元，增长 22.8%；全年实现旅游业总收入 11035.20 亿元，增长 22.7%，位列全国第六。② 本年度云南省旅游产业发展成效显著。

一是以全域旅游为重点，全力推动产业升级和配套基础设施建设。2019 年印发了《云南省人民政府关于加快推进旅游转型升级的若干意见》，提出重点实施推进 50 个国家级和省级全域旅游示范区、25 个特色旅游城市创建工作。持续加大旅游配套基础设施的建设力度，奠定旅游转型升级物质基础。2019 年底，云南省共有 20 个旅游 PPP 项目，项目投资总额达到 160.81 亿元。二是继续深入实施旅游市场整治，效果显著，对产业推动作用开始直接显现。2019 年云南旅游市场继续坚持不合理低价游“零容忍”的态度，在 2018 年建立低价游舆情监测工作机制的基础上，加大对变相安排购物和有违诚信欺诈行为的查处力度，有效激发了旅游产业的市场活力。2019 年 1～10 月共监测到低价游云南产品 1139 个，较 2018 年同期下降 54.2%，携程网、飞猪网、去哪儿网等国内各大 OTA 平台上的云南低价游产品基本消失。12301 平台显示，2019 年 10 月，全省旅游投诉量降至全国第 27 位。三是高度重视提升旅游从业人员标准，印发了《云南省旅游从业人员“八不准”规定》，推进实施“旅游革命”，有力推动了旅游市场秩序的根本好转。四是推动云南文旅融合发展继续深入，推出“云南国际旅游年”宣传主题和“智·游云南”宣传口号，文旅品牌效应全面凸显，成功打造了云南十大文旅品牌、十大民族节庆和十大体育赛事。2019 年 9 月 29 日云南文旅 IP 形象“云南云”正式发

① 《李三旗委员：发展壮大旅游产业 2019 年贵州将保持井喷式发展》，贵州日报，http://gz.people.com.cn/n2/2019/0309/c194827-32721838.html，2019 年 3 月 9 日。

② 《云南省 2019 年国民经济和社会发展统计公报》，云南省统计局，http://www.tjcn.org/tjgb/25yn/36382_3.html，2020 年 4 月 24 日。

布，广受好评。五是高度重视乡村旅游新发展。据统计，2019年，全省乡村旅游接待游客2.8亿人次，占全省接待游客总人次的34%，乡村旅游总收入达2200亿元。六是继续发挥旅游富民功能。文化旅游产业继续成为全省带动群众脱贫致富的最重要支撑，全年综合带动10万人增收脱贫。七是全省旅游目的地建设成效显著。抚仙湖旅游度假区成功创建为国家级旅游度假区，寻甸凤龙湾等17家单位成功创建为省级旅游度假区。全省814个重点旅游项目新增投资1389.33亿元。其中，50个重大推进项目新增投资323.42亿元。八是"一部手机游云南"智慧旅游引领全国，全面实现"说走就走、全程无忧"的智慧旅游。本年度"一部手机游云南"综合管理平台更加完善，"1+16+129+X"的全域旅游投诉体系和游客购物30天无理由退货成为核心亮点。①

8. 青海省

2019年青海省大力推进文化旅游融合发展，旅游业进一步维持了较高增长速度，全省旅游经济取得了可喜成绩。全年接待国内外游客5080.17万人次，比上年增长20.8%。其中，国内游客5072.86万人次，增长20.9%；入境游客7.31万人次，增长5.7%。实现旅游总收入561.33亿元，增长20.4%。其中，国内旅游收入559.03亿元，增长20.5%；旅游外汇收入3335.67万美元，下降7.7%。② 本年度青海省重点围绕三条景观廊道，开发了青海湖原生态观光体验、环湖自行车竞赛、中国最美草原祁连山观光体验、清清黄河水上生态体验与度假、河湟谷地乡村休闲、民族文化体验、唐蕃古道文化寻踪等自驾游产品，构建类型主题多样、特色鲜明的全域自驾游产品体系，推动自驾车全域旅游示范省创建，引领青海省全域旅游发展。③ 大力推动文旅融合，打造青海旅游新业态、新品牌和新形象。重点支持打造海东市省级文化和旅游融合发展示范区和乐都区省级文化和旅游融合发展示范区。举办"青海年·醉海

① 《透析云南2019经济和社会发展之七：持续推进旅游产业转型升级向旅游强省迈进》，云南网，http://m.yunnan.cn/system/2020/04/20/030651265.shtml，2020年4月22日。

② 《青海省2019年国民经济和社会发展统计公报》，青海省统计局，http://tjj.qinghai.gov.cn/tjwork/tjdynamic/202003/t20200302_65525.html，2020年2月28日。

③ 《青海着力推进文化旅游融合发展》http://qh.people.com.cn/n2/2019/0515/c182775-32939656.html，2020年5月15日。

东”2019年春节系列活动、2019青海文化旅游节、“山宗·水源·路之冲——‘一带一路’中的青海”展、“大美青海感恩京津鲁”文化旅游宣传周活动，其中“山宗·水源·路之冲——‘一带一路’中的青海”展，被纳入亚洲文明对话大会的重要活动“亚洲文明联展”；同时，还组建了100支“大美青海文艺轻骑兵”团队，创作了现代少儿京剧《藏羚羊》。重点启动加强全省文化旅游资源普查工作和文化遗产保护利用工作。深入推动文化旅游规划管理。制定《自驾车旅游营地建设规范》《风景道等级划分与评定》两项标准，填补了青海省自驾车旅游标准体系建设的空白。以高质量发展为战略目标，制定印发《青海省全面提升文化旅游服务质量行动方案》，开展4轮次文化旅游市场安全督查与秩序规范检查，扎实推动青海全省旅游产业质量提升。

二 2019民族地区旅游重要事件

（一）民族地区5家旅游景区晋升为国家5A级旅游景区

2019年12月25日，文化和旅游部发布关于拟确定5A级景区名单通知。根据中华人民共和国国家标准《旅游景区质量等级的划分与评定》和《旅游景区质量等级管理办法》，经有关省（区、市）文化和旅游行政部门推荐，文化和旅游部按程序组织综合评定，民族地区以下5家旅游景区达到国家5A级旅游景区标准要求，拟确定为国家5A级旅游景区（见表3）。

表3 2019年民族地区新入选5A级景区名录

省区市	景区名称
内蒙古自治区	阿拉善盟胡杨林旅游区
广西壮族自治区	百色市百色起义纪念园景区
重庆市	彭水县阿依河景区
贵州省	黔东南州镇远古城旅游景区
新疆维吾尔自治区	喀什地区帕米尔旅游区

注：重庆市不属于民族人省区，但其下辖彭水县为苗族土家族自治县，故纳入。

（二）民族地区19家单位被认定为国家全域旅游示范区

为贯彻落实《“十三五”旅游业发展规划》《国务院办公厅关于促进全域

旅游发展的指导意见》关于创建国家全域旅游示范区的有关要求，依据《国家全域旅游示范区验收、认定和管理实施办法（试行）》《国家全域旅游示范区验收标准（试行）》，文化和旅游部开展了首批国家全域旅游示范区验收认定工作。2019 年 9 月，文化和旅游部公布首批国家全域旅游示范区名单，民族地区共有 19 家单位入选，占全部入选 71 家单位的 27%（见表 4）。

表 4　2019 年民族地区入选首批国家全域旅游示范区名单

省区市	国家全域旅游示范区
内蒙古自治区	满洲里市
辽宁省	本溪市桓仁满族自治县
吉林省	延边朝鲜族自治州敦化市
湖北省	恩施土家族苗族自治州恩施市
广西壮族自治区	桂林市阳朔县
	来宾市金秀瑶族自治县
海南省	保亭黎族苗族自治县
贵州省	贵阳市花溪区
	遵义市赤水市
	六盘水市盘州市
云南省	保山市腾冲市
	昆明市石林彝族自治县
西藏自治区	拉萨市城关区
	林芝市鲁朗景区管理委员会
青海省	海北藏族自治州祁连县
宁夏回族自治区	银川市西夏区
	中卫市沙坡头区
新疆维吾尔自治区	伊犁哈萨克自治州昭苏县
	巴音郭楞蒙古自治州博湖县

（三）广西桂林阳朔遇龙河旅游度假区、云南玉溪抚仙湖旅游度假区入选新一批国家级旅游度假区

为满足人民日益增长的美好生活需要，积极发展休闲度假旅游，依据中华人民共和国国家标准《旅游度假区等级划分》（GB/T26358 - 2010），文化和

旅游部2019年5月14日发布新一批国家级旅游度假区名单，四川成都天府青城康养休闲旅游度假区、广西桂林阳朔遇龙河旅游度假区、云南玉溪抚仙湖旅游度假区、广东河源巴伐利亚庄园等四家单位入选国家级旅游度假区，民族地区共有两家入选，占入选总数的50%。

（四）108个少数民族村入选第一批全国乡村旅游重点村

按照《“十三五”旅游业发展规划》《国务院关于促进乡村产业振兴的指导意见》提出的建立全国乡村旅游重点村名录要求，在各地遴选推荐的基础上，经专家评审和公示，2019年7月23日文化和旅游部、国家发展改革委决定将320个乡村列入全国乡村旅游重点村名录。其中，少数民族村共计108个，占全部入选总数的33.7%（见表5）。

表5　2019年第一批全国乡村旅游重点村少数民族乡村名单

省区市	乡村旅游重点村名称
北京市	怀柔区喇叭沟门满族乡中榆树店村
内蒙古自治区	巴彦淖尔市临河区狼山镇富强村
	呼伦贝尔市额尔古纳市蒙兀室韦苏木室韦村
	鄂尔多斯市乌审旗无定河镇巴图湾村
	赤峰市喀喇沁旗西桥镇雷家营子村
	呼和浩特市新城区保合少镇恼包村
	兴安盟乌兰浩特市义勒力特镇义勒力特嘎查
	包头市土默特右旗沟门镇西湾村
	呼伦贝尔市鄂伦春自治旗大杨树镇多布库尔猎民村
	通辽市科左后旗散都苏木车家窝堡村
辽宁省	本溪市本溪满族自治县小市镇同江峪村
	抚顺市新宾满族自治县永陵镇赫图阿拉村
	本溪市桓仁满族自治县
吉林省	松原市前郭尔罗斯蒙古族自治县查干湖渔场查干湖屯
	延边朝鲜族自治州和龙市东城镇光东村
	延边朝鲜族自治州和龙市西城镇金达莱村
	吉林市龙潭区乌拉街满族镇韩屯村
黑龙江省	大庆市杜尔伯特蒙古族自治县连环湖镇南岗村
	双鸭山市饶河县四排乡四排赫哲族村
浙江省	温州市泰顺县竹里畲族乡竹里村

续表

省区市	乡村旅游重点村名称
安徽省	宣城市宁国市云梯畲族乡千秋村
河南省	周口市淮阳县城关回族镇从庄村
湖北省	恩施土家族苗族自治州利川市南坪乡营上村
	恩施土家族苗族自治州恩施市白杨坪乡洞下槽村
湖南省	湘西土家族苗族自治州花垣县双龙镇十八洞村
	郴州市汝城县文明瑶族乡沙洲瑶族村
	张家界市慈利县三官寺土家族乡罗潭村
	永州市江永县兰溪瑶族乡勾蓝瑶村
广西壮族自治区	贺州市富川瑶族自治县朝东镇岔山村
	崇左市大新县堪圩乡明仕村
	桂林市龙胜各族自治县龙脊镇大寨村
	柳州市三江侗族自治县八江镇布央村
	河池市巴马瑶族自治县那桃乡平林村
广西壮族自治区	贵港市覃塘区覃塘街道龙凤村
	南宁市马山县古零镇小都百屯
	来宾市金秀瑶族自治县六巷乡大岭村
	桂林市灵川县大圩镇袁家村
	柳州市融水苗族自治县四荣乡荣地村
	百色市田阳县五村镇巴某村
海南省	琼中黎族苗族自治县红毛镇什寒村
	白沙黎族自治县元门乡罗帅村
四川省	凉山彝族自治州昭觉县支尔莫乡阿土列尔村
	甘孜藏族自治州丹巴县聂呷乡甲居二村
贵州省	遵义市播州区枫香镇花茂村
	铜仁市江口县太平镇云舍村
	黔东南苗族侗族自治州台江县老屯乡长滩村
	六盘水市盘州市淤泥乡岩博村
	安顺市平坝区乐平镇塘约村
	黔南布依族苗族自治州惠水县好花红镇好花红村
	遵义市播州区平正仡佬族乡团结村
	遵义市新蒲新区新舟镇槐安村
	贵阳市开阳县南江布依族苗族乡龙广村
	黔西南布依族苗族自治州兴义市万峰林街道上纳灰村
	六盘水市水城县蟠龙镇百车河村
	毕节市大方县核桃乡木寨村

续表

省区市	乡村旅游重点村名称
云南省	大理白族自治州大理市双廊镇双廊村
	大理白族自治州大理市双廊镇大建旁村
	文山壮族苗族自治州丘北县双龙营镇仙人洞村
	普洱市宁洱哈尼族彝族自治县同心镇那柯里村
	昆明市安宁市温泉街道温泉小村
	红河哈尼族彝族自治州建水县西庄镇团山村
	昆明市宜良县耿家营乡河湾村
	西双版纳傣族自治州勐海县打洛镇勐景来村
	玉溪市红塔区大营街道大营街社区
	丽江市古城区大研街道义尚社区文林村民小组
	西双版纳傣族自治州勐腊县勐腊镇曼龙勒村民小组
	曲靖市罗平县鲁布革乡腊者村
	普洱市思茅区南屏镇曼连社区高家寨村民小组
西藏自治区	拉萨市尼木县卡如乡卡如村
	林芝市波密县古乡巴卡村
	林芝市巴宜区林芝镇真巴村
	昌都市江达县岗托镇岗托村
	那曲市尼玛县文部乡南村
	拉萨市当雄县羊八井镇巴嘎村
	拉萨市达孜区德庆镇白纳村
	山南市隆子县玉麦乡玉麦村
	山南市错那县麻麻门巴民族乡麻麻村
甘肃省	甘南藏族自治州卓尼县木耳镇博峪村
	武威市天祝藏族自治县天堂镇天堂村
	临夏回族自治州临夏市折桥镇折桥村
	甘南藏族自治州碌曲县尕海乡尕秀村
	甘南藏族自治州夏河县曲奥乡香告村
青海省	西宁市湟中县拦隆口镇拦一村
	海东市互助土族自治县东和乡麻吉村
	西宁市湟中县土门关乡上山庄村
	西宁市大通回族土族自治县朔北藏族乡边麻沟村
	西宁市湟中县田家寨镇田家寨村
	海西蒙古族藏族自治州乌兰县茶卡镇莫河骆驼场
	海东市互助土族自治县威远镇卓扎滩村
	西宁市湟源县日月藏族乡兔儿干村

续表

省区市	乡村旅游重点村名称
宁夏回族自治区	中卫市沙坡头区迎水桥镇沙坡头村
	固原市西吉县吉强镇龙王坝村
	固原市隆德县陈靳乡新和村
	银川市永宁县闽宁镇原隆村
	固原市隆德县城关镇红崖村
	石嘴山市大武口区长胜街道龙泉村
	吴忠市利通区上桥镇牛家坊村
	银川市西夏区镇北堡镇镇北堡村
	吴忠市盐池县高沙窝镇兴武营村
新疆维吾尔自治区	乌鲁木齐市乌鲁木齐县水西沟镇平西梁村
	阿勒泰地区布尔津县禾木喀纳斯蒙古族乡禾木村
	伊犁哈萨克自治州特克斯县喀拉达拉镇琼库什台村
	吐鲁番市高昌区亚尔镇上湖村
	塔城地区额敏县加尔布拉克农场酒花村
	巴音郭楞蒙古自治州库尔勒市巴州阿瓦提农场
	克拉玛依市乌尔禾区乌尔禾镇哈克村
	哈密市巴里坤哈萨克自治县石人子乡石人子村
	阿克苏地区阿瓦提县英艾日克镇恰其村

（五）民族地区7名参赛选手获第四届全国导游大赛优异成绩

2019 年第四届全国导游大赛结果公布，在这一顶级导游人才国家级大赛中，民族地区参赛导游选手 2 人获银牌，2 人获铜牌，3 人获优秀风采选手奖。

表 6　2019 年第四届全国导游大赛民族地区选手获奖名单

获奖	姓名	单位
银牌导游员	王紫萱	内蒙古自治区鄂尔多斯蒙古源流文化产业园区管理委员会
银牌导游员	梁　璐	青海天丽国际旅行社有限公司
铜牌导游员	李　想	南宁市旅游协会
铜牌导游员	王凤杰	宁夏回族自治区博物馆
优秀风采选手	王紫萱	内蒙古自治区鄂尔多斯蒙古源流文化产业园区管理委员会
优秀风采选手	次仁曲宗	西藏圣洁导游服务中心
优秀风采选手	张婷婷	港中旅(宁夏)沙坡头旅游景区

三　2019民族地区旅游分析：服务民族地区稳定与发展大局

旅游业既是三次产业全面融合的综合性经济产业，也是国家安全、社会稳定、文化保护、生态建设的重要国防、社会、文化和生态事业。民族地区旅游业发展更是承担着“政治、经济、文化、社会、生态”五位一体的特殊角色，2019年以民族八省区旅游业为代表的民族地区旅游业，服务于民族地区的稳定和发展大局，在以下五个方面成效显著，并为民族地区即将开始的“十四五”国民经济与社会发展奠定了扎实的基础。

（一）切实维护国家国防安全的重要手段

我国少数民族中有很大一部分是跨界民族，同时由于历史等原因，这些民族和境外的很多民族具有相同的历史渊源和文化传统，保持着频繁的互动交往。相关资料显示，我国跨界少数民族有30个，他们主要分布于我国陆地边境地区，在陆疆发挥着重要作用。我国陆地边界线东起辽宁省丹东市的鸭绿江口，西迤广西壮族自治区防城港市的北部湾畔，总长度约2.2万公里，与16个国家和地区接壤。沿边境线分布着9个省（区）的135个边境县、旗、市、市辖区（以下统称边境县），国土面积约193万平方公里，总人口约2100万。我国边境地区呈现出少数民族聚居、跨界民族多、多宗教并存的特点。在135个边境县中，有107个属于民族自治地方；2.2万公里的边境线上，有1.9万公里在民族地区；2100万人口中，少数民族人口近50%。除黑龙江省边境地区少数民族人口较少外，其他各省（区）边境地区少数民族人口比重均在30%以上。其中，在西南地区的广西、云南、西藏和西北地区的新疆，少数民族人口比例高达60%甚至90%以上。全国22个人口较少民族中，有16个主要聚居在边境地区，如云南的7个人口较少民族主要分布在边境沿线。分布在边境地区的30个少数民族中，绝大多数与毗邻国家和地区同一民族相邻而居，如广西边境地区的壮族、瑶族、苗族、京族等，新疆边境地区的哈萨克族、塔吉克族、柯尔克孜族等，云南边境地区的佤族、傈僳族、景颇族等，另外还有延边州的朝鲜族和黑龙江的俄罗斯族以及内蒙古的蒙古族等。①

旅游业具有作为对外交流窗口的特殊功能，是世界和平的友好产业，通过我国边境少数民族居民与邻国边境居民之间的友好相互交往，可以加强双方之间的友谊，有利于增进我国与邻国之间的相互信任，从而有效维护边疆稳定，保证国家安全，促进相邻国家关系密切发展。同时，通过发展旅游业，特别是通过边境旅游试验区、跨境旅游合作区的合作建设，可以全面展现我国社会主义建设的伟大成就，树立良好的国家形象，充分彰显我国的国家“软实力”，从而有效增进我国跨界少数民族的国家认同感，对于推动“一带一路”沿线国家与我国的合作共赢，进一步强化各民族的中华民族命运共同体意识具有特殊意义。以2019年阿勒泰跨境旅游合作区深入推进为例，阿勒泰跨境旅游合作区通过发展与俄罗斯、哈萨克斯坦、蒙古国边境地区旅游，对接我国“丝绸之路经济带”、俄罗斯“向东看”、哈萨克“光明之路”和“中蒙俄经济走廊”等重大建设，可深化我国与俄哈蒙等“一带一路”沿线国家政治互信，有效实现“政策相通、道路联通、贸易畅通、资金融通、民心相通”五通战略目标，加强防范暴恐国际合作，最终保障我国国家安全、边疆巩固，实现新疆长治久安和繁荣发展。

（二）促进民族团结进步事业的特殊抓手

一方面，旅游业是重要的富民产业，积极发展旅游业，能够有效地为少数民族群众提供门槛较低的直接和间接的创业和就业机会，有效增加低收入人口的收入，从而使他们能够享受平等参与机会，全面发挥才智，实现脱贫致富，大大增强了少数民族群众的获得感、幸福感和安全感。另一方面，旅游能够使具有不同文化背景的人们进行接触和交流，游客与旅游地居民的近距离接触保证了旅游在促进团结稳定方面的积极作用。世界旅游组织认为，旅游能够通过人际交往促进不同文化之间的交流和理解，继而促进稳定和平。旅游在本质上是一种情感体验和价值认同的身心之旅，能在深层次上促进不同群体和不同文化之间的情感交流和精神融合。民族地区旅游发展从根本上促进了中华56个民族的交融交流交往交心，对于推动“中华民族一家亲，同心共筑中国梦”，

① 吴金光：《我国跨界民族与国家安全问题初探》，《中国民族报》2015年12月11日。

进一步铸牢中华民族共同体意识，具有不可替代的重要价值。打造民族地区丰富多元的旅游产品，深入开展各类旅游活动，特别是高质量的红色旅游和民俗旅游，能够大力宣传党的民族政策、民族知识和民族法律法规，推动开展多种形式的民族团结进步创建活动，促进不同地区不同民族的群众相互欣赏、相互借鉴、相互交流、和谐共处，形成了各族群众互嵌式的文化活动、生产活动、交往活动深层次格局，增强了各民族群众对伟大祖国的认同、对中华民族的认同、对中华文化的认同、对中国共产党的认同、对中国特色社会主义的认同。因此，旅游业发展对进一步巩固深化平等团结互助和谐的社会主义民族关系，坚持和完善民族区域自治制度，促进各民族共同团结奋斗和共同繁荣发展，真正形成互相包含、密不可分的中华民族命运共同体中的作用不可忽视，在今天日益成为民族团结进步事业不可或缺的重要抓手。以新疆为例，2019 年新疆旅游业连续实现旅游人次和旅游总收入增幅全国第一的增长，正是持续稳定的政治社会环境为旅游业提供了高速发展的环境红利，而旅游业的高速健康发展又有力推动了新疆各族群众的获得感、幸福感、安全感的不断增强，最终有效推动了民族团结进步事业全面深入发展。

（三）全面推进民族地区精准脱贫的优势路径

旅游产业在民族地区脱贫攻坚工作中具有特殊的战略地位，是一种优势反贫困路径，这是由民族地区自身的资源禀赋决定的，也是由旅游业所特有的综合功能和作用决定的。资源禀赋是一个地区经济社会发展的重要支撑，决定了该地区经济社会发展的战略选择、基本方向和具体途径。民族地区多具有相对封闭的地理环境及多样的生态环境，在这样相对隔离的环境下，少数民族形成了自己特色鲜明的传统民族文化，并成为中华民族文化的宝贵财富。很多少数民族的传统文化较好地被传承下来，同时许多少数民族聚居区的自然生态环境也保持较好，这些是少数民族地区发展经济文化所拥有的最大财富和重要优势。例如，京族聚居的京族三岛地区，布朗族居住的西双版纳地区，赫哲族聚居的黑龙江、乌苏里江、松花江地区，门巴族、珞巴族居住的青藏高原地区，怒族居住的怒江地区，生态环境独特、自然资源丰富，民族风情多姿多彩，十分适合大力发展旅游产业。文化是旅游业发展的灵魂，环境是旅游业发展的根本，少数民族的传统文化和聚居区的良好生态环境决定了民族地区发展经济的比较优势条件，也决定了旅游业是民族地区脱贫致富的比较优势产业，并成为几乎所有民族地区反贫困战略的共同选择。

2019 年 1 月 14 日国务院印发《关于深入开展消费扶贫助力打赢脱贫攻坚战的指导意见》，为 2019 脱贫攻坚关键之年奠定了扎实基础和进行了最终工作部署。以民族八省区为代表的民族地区充分及时贯彻落实相关文件精神，配套出台系列新的地方专项旅游促进脱贫政策文件，实施基础设施建设、人力资源开发、规划设计、宣传推介等多方面具体工作措施，进一步加快推动旅游脱贫工作。2019 年西藏旅游业对全区经济社会发展贡献率达 33%[①]，已成为当地经济社会发展的绝对核心产业。西藏自治区通过打造文化旅游产业链，使旅游业成为农牧民脱贫攻实现增收的重要产业，全区参与旅游发展的农牧民达到 40 万人，文化演艺行业为农牧民转移就业提供近 1.6 万个相关就业岗位。[②] 内蒙古自治区 2019 年度制定颁布了《自治区文化和旅游贷款项目贴息资金管理办法》，制定了文化和旅游扶贫实施方案，全力推进脱贫攻坚工作，扎实推进中央脱贫攻坚专项巡视反馈问题整改落实。指导盟市编制旅游产业扶贫规划，支持贫困地区通过发展乡村旅游脱贫致富。与北京市文化和旅游局签署扶贫协作框架协议，在乌兰浩特市举办了全区旅游扶贫现场会和北京文化旅游合作促进平台大会。[③] 深入开展文化和旅游行业脱贫攻坚工作，发挥贫困地区的非遗资源优势，开展专题培训，提高群众技能技艺，帮助增加收入，扩大就业。深化粤桂旅游扶贫协作，进一步提高“东客西送、消费促扶贫”的行业扶贫成效。[④] 贵州省进一步实施全省文化扶贫三年行动计划，重点打造文旅融合扶贫新路径，以文化旅游高度融合形成科学的旅游扶贫利益联结机制，带动更多的贫困人口受益脱贫。云南省把丰富的文化和旅游资源转化为发展优势，推进文

① 《2019 年西藏旅游业对全区经济社会发展贡献率达 33%》，西藏旅游发展厅，https：//baijiahao. baidu. com/s? id = 1664583637498367419&wfr = spider&for = pc，2020 年 4 月 21 日。

② 《西藏 2019 全年接待游客超 4000 万人次旅游收入 560 亿元》，西藏自治区第十一届人民代表大会第三次会议，http：//www. lvjie. com. cn/destination/2020/0108/15695. html，2020 年 1 月 7 日。

③ 《内蒙古自治区文化和旅游厅 2019 年工作总结》，内蒙古文化和旅游厅，http：//wlt. nmg. gov. cn/zwxx/gzdt/202002/t20200221_ 107308. html，2019 年 12 月 31 日。

④ 《广西预计 2019 年旅游总消费将突破 1 万亿元》，广西全面深化改革新闻发布会，http：//www. gxzf. gov. cn/xwfbhzt/gxqmshggxwfbhdsc/mtbd/20191128 – 780892. shtml，2019 年 11 月 28 日。

旅融合发展，文化旅游产业成为全省带动群众脱贫致富的重要支撑，全年综合带动 10 万人增收脱贫。①

（四）有效传承创新优秀传统文化的主要平台

2019 年《长城、大运河、长征国家文化公园建设方案》《国家级文化生态保护区管理办法》《“中国民间文化艺术之乡”命名和管理办法》等系列重要政策先后出台，奠定了本年度文旅深度融合的政策条件，更是积极推动了民族地区文旅融合工作的深入开展，有效促进了各民族传统文化的传承创新和繁荣发展。

内蒙古自治区全面落实《内蒙古自治区非物质文化遗产保护条例》，积极推荐江格尔等项目申报国家级非遗代表性项目。对 4 位国家级非遗传承人、25 个自治区级非遗项目开展了抢救性记录。组织编制了《关于进一步促进民族传统工艺传承和文化旅游商品创新的意见》《关于促进蒙古族服装服饰创新发展的实施意见》《内蒙古自治区文化和旅游厅贷款项目贴息资金管理办法》《内蒙古自治区文化生态保护区建设规划》，积极推荐鄂尔多斯市申报国家级文化生态保护区。深入实施传统工艺振兴计划，对蒙古族皮艺等 12 个传统工艺项目进行重点扶持，制定了蒙古族刺绣项目三年振兴及年度行动计划，举办了蒙古马非遗展、“额吉牧歌”内蒙古非遗传承人群研培成果展演、“锦绣中华·草原霓裳”蒙古族服饰秀，承办了中国手工刺绣传承创新大会。②

青海省全面启动文化旅游资源普查工作，加强文化遗产保护利用，完成了第四批省级非遗传承人评审认定工作，新增 108 名省级非遗代表性传承人；进一步完善省级非遗传承人体系，启动开展全省国家级、省级非物质文化遗产代表性项目代表性传承人传承活动，开展全省刺绣调研评估工作，全面打造“青海刺绣”品牌。③

云南省依托丰富的文化资源，打造云南十大文旅品牌、十大民族节庆和十

① 《透析云南 2019 经济和社会发展之七：持续推进旅游产业转型升级向旅游强省迈进》，云南网，http：//m. yunnan. cn/system/2020/04/20/030651265. shtml，2020 年 4 月 22 日。

② 《内蒙古自治区文化和旅游厅 2019 年工作总结》，内蒙古文化和旅游厅，http：//wlt. nmg. gov. cn/zwxx/gzdt/202002/t20200221_ 107308. html，2019 年 12 月 31 日。

③ 《青海着力推进文化旅游融合发展》 http：//qh. people. com. cn/n2/2019/0515/c182775 - 32939656. html，2020 年 5 月 15 日。

大体育赛事，文旅融合的载体不断丰富。其中，中国原生民歌节、丝路云裳·七彩云南民族赛装文化节暨彝族火把节成为传统文化传承的有效尝试。①

（五）深入推动生态文明建设的科学之路

旅游业是典型的环境友好型产业，在全世界范围内被称为“无烟工业”，而生态旅游作为全球最受欢迎的旅游产品，更是将生态保护与经济发展前所未有地紧密结合到一起，形成了自然生态就是经济效益的发展逻辑，深刻诠释了“绿水青山就是金山银山”的“两山”理论内涵。民族地区生态的特殊性、脆弱性以及对维护中国生态安全的战略性，都决定了旅游业在实现民族地区经济发展和生态环境保护两者统一方面具有不可替代的独特优势。2019 年《关于建立以国家公园为主体的自然保护地体系的指导意见》《中央生态环境保护督察工作规定》《建立市场化、多元化生态保护补偿机制行动计划》《长江保护修复攻坚战行动计划》《关于统筹推进自然资源资产产权制度改革的指导意见》等一系列生态文明建设文件密集出台，为民族地区旅游业深入促进生态文明建设提供了政策保障和制度支持。特别是 2019 年度民族地区祁连山国家公园、三江源国家公园和海南热带雨林国家公园建设的深入推进，为旅游业推进生态文明建设提供前所未有的平台。

本年度内蒙古自治区强化所属盟市草原旅游发展规划的编制工作，积极配合开展了“一湖两海”生态环境综合整治工作。青海省重点围绕三条生态景观廊道，开发了青海湖原生态观光体验、中国最美草原祁连山观光体验、清清黄河水上生态体验与度假等生态旅游新产品。这些举措都有力推动了当地的绿色发展，成为生态文明建设的科学之路。

参考文献

宋瑞、金准、李为人、吴金梅：《2019～2020 年中国旅游发展分析与预测》，社会科学文献出版社，2020。

① 《透析云南 2019 经济和社会发展之七：持续推进旅游产业转型升级向旅游强省迈进》，云南网，http：//m. yunnan. cn/system/2020/04/20/030651265. shtml，2020 年 4 月 22 日。

B.12

北京市对口支援新疆研究报告

——以和田地区为例*

马衣努·沙那提别克**

摘　要： 2010年中央新疆工作座谈会启动了新一轮的对口援疆工作，目标是最大限度地缩小新疆与内地的差距，并确保2020年新疆实现全面小康社会目标。本报告以北京市对口援疆和田地区为例，梳理分析北京市对口支援和田地区的概况、带来的发展机遇以及面临的挑战等三方面内容，最后提出政策建议。笔者认为北京市对口支援和田地区取得了很多成果，在帮助和田地区形成自我发展能力的同时，也极大地改善了少数民族群众的生活条件。但是受特殊的生态环境和社会经济发展程度等因素的限制，北京市在和田地区的援建工作也面临一些挑战，需要基于当地的社会、经济和文化状态改进对口援助机制，设计出能够调动当地社会内在力量、形式多样而又能够针对差异化的脱贫路径。

关键词： 北京市　和田地区　对口援疆

2010年中央新疆工作座谈会召开，开始了新一轮的对口援疆工作，目标是用十年时间最大限度地缩小新疆与内地的差距，确保2020年新疆实现全面

* 本报告为北京市哲学与社会科学规划项目“‘一带一路’视域中北京市对口援疆新战略研究”（项目编号：17SRC013）的阶段性成果。

** 马衣努·沙那提别克，地理学博士，教育部人文社会科学重点研究基地中央民族大学中国少数民族研究中心、少数民族事业发展协同创新中心讲师。

小康社会目标。按照计划，2020 年新一轮对口援疆工作刚好满十年。本文以北京市对口援疆和田地区的政策措施为例，回答如下几个问题：和田地区的生态环境与社会经济发展程度对对口支援的制约因素是什么，和田地区是否已经依靠中央政府和内地省市的援助形成了自我发展的能力，对口援疆给和田地区少数民族带来的变化是什么，目前对口援疆在和田地区的实施中存在哪些困难，对口援疆的路径是否适合当地社会、经济和文化状态。希望能够基于和田地区具体状况改进对口援助机制，设计出能够调动当地社会内在力量、形式多样而又能够针对差异化的脱贫路径。

一　北京市对口支援和田地区概况

（一）对口援疆历程

由于地理条件和历史原因，新疆的基础设施和社会经济发展长期以来落后于中东部地区，尤其是沿海地区。因此，自 20 世纪 50 年代以来，党和政府在人力、物力和财力上对新疆的建设事业给予大力支持和政策倾斜。20 世纪 50～60 年代，除了入疆的解放军官兵和群众投入垦荒开发，还有技术工人和知识青年进疆工作[①]；90 年代，北京、天津、江苏等 8 省市和中央及国家有关部委选派党政领导骨干和专业技术骨干支援新疆建设；2005 年，对口援疆开启“干部＋经济援疆”模式，由上述 8 省市和 30 家国有骨干企业承担支援任务，为新疆无偿提供资金、物资和人才等。

2010 年中央新疆工作座谈会的召开拉开了新一轮对口援疆工作的序幕，中东部 19 个省市对口支援新疆的 80 个县市，目标是用十年时间，最大限度地缩小新疆与内地的差距，确保 2020 年新疆实现全面小康社会目标。相较于之前的援疆政策，新一轮的对口援疆是支援地域最广、所涉人口最多、资金投入最大、援助领域最全面的一次对口支援。[②] 按照计划，2020 年新一轮对口援疆工作刚好满十年。

① 靳薇：《关于援疆问题的调研报告》，《科学社会主义》2012 年第 4 期。
② 靳薇：《关于援疆问题的调研报告》，《科学社会主义》2012 年第 4 期。

（二）北京市对口支援和田地区的基本历程

和田地区位于南疆，集民族地区、边疆地区和贫困地区于一体，是新疆贫困人口分布最广的集中连片特困地区，是国家扶贫攻坚的主战场。北京市自1994年以来就开始对口支援和田地区，在全国各省市中援助力度最大。受生态环境脆弱、基础设施薄弱、公共服务欠缺、社会文化复杂等因素的制约，北京市在和田地区的支援效果并不理想。

2010年中央部署开展新一轮对口支援工作，确定北京市继续对口援建和田地区，包括和田市、和田县、墨玉县、洛浦县及新疆生产建设兵团第十四师团场。截至2020年3月，北京对口帮扶的和田7个贫困县市中，仅剩墨玉县、洛浦县尚未脱贫摘帽。2020年北京市已拨付援疆项目资金7.1451亿元，重点向墨玉县、洛浦县及两县贫困发生率超过10%的118个村倾斜。①

二　北京市对口支援和田地区带来的发展机遇

和田地区总面积24.81万平方公里，辖7县1市和生产建设兵团第十四师及所属团场。② 和田地区受干旱荒漠性气候影响，年均降水量少，浮尘及沙尘暴天气多，人们仅能在土壤和水资源条件较好的绿洲发展农业。脆弱的沙漠环境并不意味着没有发展潜力，事实上和田地区拥有丰富的油气和矿产资源。此外，和田地毯、维药、阿胶、大芸、核桃、石榴、甜瓜、红枣、玫瑰等特色产品发展潜力巨大，在全疆乃至全国都有一定影响。

结合和田地区的资源禀赋和产业优势，在新一轮的对口支援工作中，北京市注重和田地区造血能力培养和发展能力提升，从资金支持、项目援助、智力支援等方面下功夫，在安居工程、特色产业、教育投资等方面取得了突出的成绩。

---

① 王琪鹏：《北京援疆项目资金拨付到位》，《北京日报》，http：//bjrb.bjd.com.cn/html/2020－03/24/content_12452775.htm，2020年3月24日。

② 高玉：《北京市对口援疆成效、特点与建议》，《新疆农垦经济》2015年第12期。

（一）安居富民工程

为了改善广大农牧民的住房条件，新疆从 2010 年 6 月开始实施“富民安居”工程。中央、自治区和援疆省市补助一部分建房资金，其余资金通过银行贷款、县市配套、农牧民自筹方式解决。2011 年至 2018 年，和田地区农村共建设安居富民房 41.7 万户，累计投入建设资金 229.03 亿元，170 余万名农牧民入住安居富民房。[①] 2019 年，和田地区农村安居工程建设户数 38844 户，[②] 城镇保障性安居工程建设公共租赁住房 10659 户、城市棚户区改造 4220 户。[③]

作为和田地区的对口援助方，北京市优先推进城乡住房建设以及道路、水电等基础设施建设。根据北京市援疆和田指挥部负责人卢宇国介绍，从十八大以来至 2017 年 7 月，“北京市累计安排援疆资金 23.4 亿元，完成安居富民、定居兴牧 16 万余户，实施 3000 余户棚户区、城乡自住房改造，80 余万名群众住房条件得到根本性改善；新建改扩建 4 个城镇水厂，实施安全饮水工程，近 30 万人喝上放心水。”

在工程实施中，北京市和田援建指挥部因地制宜，挖掘产业发展潜力，创造了“一村一规划”的实施模式，如对安居富民工程进行统一设计和装饰，为发展乡村旅游创造条件。此外，为拓宽村民致富增收渠道，富民安居小区每套安居富民房均按照养殖区、种植区、生活区“三区分离”统一规划，把安居与就业、增收结合起来。例如，和田墨玉县乌尔其乡巴扎博依村，家家户户院子里都有种植区小拱棚，换茬种植胡萝卜、白菜、辣椒、秋葵、葡萄等经济价值高的果蔬；在养殖区里，农户圈养家禽、兔子、牛羊等动物来创收。

（二）助力发展特色产业

和田自古以来以产玉石、丝绸、地毯、瓜果名扬中外，是著名的“玉石

---

① 《和田地区 170 万农牧民住进安居房》，和田政府网，https：//www. xjht. gov. cn/article/show. php？ itemid =274063，2018 年 11 月 12 日。

② 《2019 年城镇保障性安居工程建设计划》，和田政府网，https：//www. xjht. gov. cn/article/show. php？ itemid =286083，2019 年 11 月 6 日。

③ 《2019 年和田地区农村安居工程计划任务》，和田政府网，https：//www. xjht. gov. cn/article/show. php？ itemid =286084，2019 年 11 月 6 日。

之乡”“丝绸之乡”“地毯之都”“瓜果之乡”。结合和田地区的资源禀赋和产业优势，在新一轮的对口支援工作中，北京市在农牧业扶持、工业园区建设、特色旅游精品线路开发等方面取得了突出的成绩。

1. 农牧业扶持工程

和田地区总面积 24.81 万平方公里，其中山地占 33.3%，沙漠戈壁占 63%，绿洲仅占 3.7%，且被沙漠和戈壁分割成大小不等的 300 多块。[①] 受干旱荒漠性气候影响，和田地区并不是发展农牧业的理想之地。但是干旱的自然条件并不意味着这片土地没有生机，和田地区各族人民在漫长的历史进程中积累经验，在水土条件较好的绿洲发展了具有地方特色的农牧业，林果业尤其有着悠久历史。

2010 年新一轮对口援疆工作实施以来，北京市积极推进和田地区发展特色林果业。在北京市的大力下，和田水果尤其是和田大枣闻名全国，成为和田的招牌。北京市在对口支援和田的过程中重视培育新优势，例如，2019 年和田洛浦县杭桂镇和佳新村在戈壁滩上建了 90 座大棚，用于栽培 4 万株从北京市引进的平谷桃树苗。

由于地理位置偏远以及产业发展滞后，在过去和田地区的优质水果走不出新疆，甚至走不出和田。为了增加果农的收入，北京市非常重视林果市场的培育。2019 年，北京市在新发地市场举办了“民营企业南疆行”北京招商推介会，邀请 150 多家企业代表参加招商推介会，助力发展和田核桃、大枣、石榴、杏等优质农产品种植和加工。[②] 同年，北京市商务局组织新发地农产品批发市场、北京永辉超市、北京食迅网等 11 家大型批发市场、商超、电商等企业赴和田调研对接，与和田果业有限公司、昆仑山枣业有限公司等 15 家受援地特色农产品生产加工企业签订供销协议，为北京消费者提供红枣、核桃、葡萄、石榴等特色农产品，促进消费扶贫工作。据统计，2018 年以来，北京市加大消费扶贫力度，利用“双创中心”、“百店专柜”、新发地和田特色产品专区、新疆农产品北京交易会等各类北京展会平台，京东善融等各类电商平台，

① 《和田概况》，和田政府网，https：//www. xjht. gov. cn/article/list. php？ catid = 142，2019 年 3 月 6 日。

② 《新发地全力扶贫和田地区》，北京市扶贫协作和支援合作工作领导小组办公室，http：//fpzy. beijing. gov. cn/dkzy/201907/t20190715_ 101550. html，2019 年 7 月 10 日。

北京大宗产品销售平台以及“携手奔小康行动”等7大平台，累计销售和田地区、兵团第十四师特色农副产品7.75万吨，销售金额17.42亿元，带动4万名贫困人口增收。[①] 此外，2019年北京银行承销发行产业扶贫债券，规模1亿元。[②] 发行人主要通过“公司+专业合作社+农户”和“公司+农户”的订单采购模式，在和田贫困地区进行农副果品采购。同时，发行人在当地贫困县建设加工厂，有效吸纳当地人员就业，带动扶贫工作。

除了林果业，羊肠加工业也是和田地区的特色产业。2016年，和田秋实昆仑雪生物科技有限公司投产，每年收购1000万根羊肠加工成肠衣或者高科技生物制品，远销欧洲市场，增加了和田地区农牧民的收入。此外，和田劳动力丰富，和田秋实昆仑雪公司属于劳动密集型企业，刚好可以吸收一部分劳动力，为地方解决就业问题。与此同时，公司还成立了和田秋实昆仑雪农民专业合作社，与777名贫困户签订扶贫资金入股协议，由市政府申请援疆资金1553万元作为贫困户入股资金。合作社将每年盈余的40%用作对各成员的分红，每个贫困户每年可分红2100元。

家禽养殖业也是北京市支援和田地区产业发展的新尝试。例如，首农集团所属峪口禽业公司、金星鸭业公司分别与墨玉县、洛浦县政府、合作企业和银行围绕种鸡、种鸭产业发展等项目签署合作协议，帮助和田发展养殖产业。

如上所述，北京市通过大力扶持和田地区的农牧业，帮助贫困地区与内地龙头企业有效对接，真正形成以产促农、以产扶困的产业精准扶贫模式，为和田地区经济发展和农民脱贫致富发挥积极的促进作用。

2. 工业园区建设工程

受自然条件和地理区位的制约，和田地区的产业发展相对滞后，尤其缺乏大规模的工业园区。2006年3月，北京市在和田市东郊玉龙喀什河两岸启动建设北京和田工业园区。2010年中央新疆工作座谈会召开以后，北京市确定

---

① 《和田地区特色农产品在京上市销售活动成功启动》，北京市扶贫协作和支援合作工作领导小组办公室，http://fpzy.beijing.gov.cn/dkzy/202001/t20200102_1552496.html，2019年12月31日。

② 《我市对口援疆助力新疆地区首单产业扶贫票据成功发行》，北京市扶贫协作和支援合作工作领导小组办公室，http://fpzy.beijing.gov.cn/dkzy/201908/t20190821_104389.html，2019年8月16日。

将北京和田工业园区作为北京市对口援疆的重点。以2018年为例，北京市在和田地区安排援疆资金5亿余元，建设标准化厂房和配套服务楼近22万平方米，吸纳当地贫困人口就业，助力建档立卡户脱贫。同时，统筹北京资源，挖掘当地需求，实施精准对接，引进企业18家，协议投资额6.31亿元，带动解决就业4714人，其中贫困人口2296人①。为了吸引疆外企业，北京市和田工业园区提供前三年免租金的优惠政策。此外，和田地区大量的富余劳动力也是吸引疆外企业进驻和田参与援建工作的一个重要因素。

工业园区的建设首先推动了和田地区传统手工业的保护和发展。在新疆，和田地毯最负盛名，不仅历史悠久，而且有鲜明的本地特色和很高的质量。由于市场开发滞后，和田地毯仅在新疆范围内出售，而且所占的市场份额很小。为了让和田最具特色的地毯业重焕生机，北京市大力支持玉龙喀什镇新疆纳克西湾手工地毯开发有限公司到内地城市开拓市场，例如在北京、上海和浙江签约了代理商，并设立了卫星工厂。

除了复兴传统手工业，工业园区也引进了现代劳动密集型产业。例如，坐落在和田地区洛浦县北京工业园的和田浩林发饰品有限公司是一家以加工假发为主的劳动密集型企业，目前已建成10条发制品专业生产线，安排当地就业人员623人。② 此外，该公司还在村里开办扶贫车间，让村民在家门口就业。这种灵活的生产形式帮助很多贫困户就业，文化程度低的贫困家庭妇女是最大的受益者。

3. 特色旅游精品线路设计与开发工程

和田位于新疆最南端，古称“于阗”，是丝绸之路南道上的重镇。和田地域广阔，拥有丰富多变的自然景观。和田地处中外文化交汇交融之地，拥有独具特色的人文历史景观，尤其以佛教文化遗迹和出土文物闻名中外。此外，和田是新疆维吾尔族最为集中分布的地区，浓厚的维吾尔族文化吸引着国内外游客。

---

① 《产业援疆：京企转移和田带动贫困户就业》，北京市扶贫协作和支援合作工作领导小组办公室，http://fpzy.beijing.gov.cn/dkzy/201911/t20191117_512014.html，2019年1月24日。

② 《产业援疆：京企转移和田带动贫困户就业》，北京市扶贫协作和支援合作工作领导小组办公室，http://fpzy.beijing.gov.cn/dkzy/201911/t20191117_512014.html，2019年1月24日。

结合和田地区的旅游资源优势，北京市重点帮助和田地区开发体验式旅游精品线路，包括大漠丝路、昆仑河谷、雪域牧场、维吾尔文化风情等四条精品旅游线路。此外，做好和田旅游业宣传工作也是北京市对口援建的重要内容。根据和田的重要需求，北京市政府向北京市重点广播电视播出机构、网络视听节目服务机构、节目制作机构相关负责人，详细介绍和田地区以及对口帮扶措施。在北京市政府的号召下，许多机构和企业都计划加入援建和田的工作。例如，中国铁路北京局集团自 2015 年开行“京和号”旅游专列，将北京游客源源不断地送到和田。截至 2019 年，北京已有近万名旅客乘坐“京和号”畅游和田，增进了京和两地人民交流。①

（三）教育援疆

北京市把教育援疆作为对口支援的优先内容，着力完善和田教育体系，具体包括建设标准化学校、选派援疆教师、培训和田本地教师等。

1. 建设标准化学校

作为教育援疆的重要工作，北京市投入大量资金在和田地区改造、建设多所幼儿园、小学、初中示范校，以及新建职业技术学校。以墨玉县为例，北京市投资 1.23 亿元修建了总建筑面积为 43093.43 平方米的墨玉县北京中学，于 2015 年 9 月 15 日正式使用。

2. 选派援疆教师

为进一步提高和田教育教学质量，加速提升师生素质，北京市开始实施中小学校、幼儿园对口支援与合作项目，21 所首都学校与 21 所和田学校“一对一”“手拉手”，积极开展教育教学科研、学校管理和师资队伍建设方面的交流合作。2011 ~2016 年，“北京市共选派 271 名中小学和幼教优秀骨干教师到和田从事教学和管理工作，将北京的先进理念和优势资源带到和田，积极开展传帮带活动。”②

---

① 丁静、李溢春：《北京发出 2019 年首趟援疆旅游专列》，新华网，http：//www.xinhuanet.com/2019 -06/27/c_ 1124678544.htm，2019 年 6 月 27 日。

② 《北京对口支援新疆，情暖和田大地》，人民网 - 新疆频道，http：//xj.people.com.cn/n2/2016/1207/c379213 -29428903.html，2016 年 12 月 7 日。

3. 培训和田本地教师

为了推动北京教育援助转型升级，2019 年 9 月北京市在和田地区试点启动“首都教育远程互助工程”，首批为 100 名中小学教师提供国家通用语言文字水平和教育教学能力提升培训。① 该工程是基于“双优云桥乐智阅读”普通话大数据平台开展的国家通用语言文字提升专项培训，旨在帮助和田参训教师提升普通话讲课效果，为受训教师提供精准化、个性化、多样化的在线教育服务供给。

此外，北京市还选派和田地区中小学校校长、幼儿园园长、教育管理干部进京培训，举办中小学校领导班子成员、德育主任、德育骨干教师和田轮训班。

三　北京市对口援疆工作面临的挑战

2010 年开始的新一轮对口援疆工作已经实施了十年。在这十年里，北京市实施了全方位对口支援模式，助力和田地区的发展。与过去单一的“干部援疆”或者“干部援疆 + 经济援疆”模式不同，全方位援疆“在支援资金的同时，使更多的干部、人才、技术、管理到新疆去，把输血和造血、硬件建设和软件建设结合，形成经济援疆、干部援疆、人才援疆、教育援疆以及企业援疆协同推进的格局”。② 这种强力援疆方式，是否已经达到促使和田地区实现小康社会的目标？

（一）经济承载压力大

和田地区的经济发展水平在全新疆最低。新一轮对口援疆工作开展以来，北京市进一步加大了对和田地区的支援力度。以 2018 年为例，北京市在和田地区共计投入 25 亿元资金。大量注入的资金，与和田地区的经济运行水平和能力是否能衔接和匹配？根据和田地区统计局公布的数据，2018 年和田地区

---

① 《“首都教育远程互助工程”和田试点项目取得阶段性成效》，北京市扶贫协作和支援合作工作领导小组办公室，http：//fpzy. beijing. gov. cn/dkzy/202001/t20200112_ 1573825. html，2020 年 1 月 21 日。

② 靳薇：《关于援疆问题的调研报告》，《科学社会主义》2012 年第 4 期。

公共财政预算收入27.95亿元，公共财政预算支出435.17亿元，财政自给率为6.4%，远远低于中东部发达地区（2018年上海财政自给率为85%）；全年实现GDP 305.57亿元，全年固定资产投资262.72亿元。① 以上数据表明，和田地区目前经济总量小、经济运行水平比较低，强力援助可能给和田地区的经济承载力带来压力。因此，北京市在“输血”的同时，也要帮助和田“造血”，例如大力发展地方特色产业，把援疆资金用好用到位。

（二）民族地区的特殊性

和田地区是新疆维吾尔族人口最为集中分布的区域。2018年末，和田地区户籍总人口为253.05万人，其中维吾尔族245.36万人，占总人口的96.96%。和田地区城镇人口54.86万人（占21.7%），乡村人口198.19万人（占78.3%），其中维吾尔族人口主要居住在乡村。虽然近年来新疆农牧区在大力普及推广国家通用语，但是和田地区的大部分农村维吾尔族村民不会。在这样一个维吾尔族人口超过95%的特殊地区，北京市输入大量的干部、资金、人才、技术、管理等援疆资源，可能出现水土不服的问题。特别是在援疆项目的实施过程中，既要重视速度和经济指标，也要重视当地的特殊性，只有这样才能达到对口援疆的最终发展目标。如果不考虑和田地区的特殊性，不重视社会文化等非经济因素的影响，经济建设会受到直接影响。

（三）人力资本储备不足

受偏远的地理位置、干燥的气候环境、相对滞后的社会经济发展水平等因素的制约，和田地区对疆内外人才的吸引力很小。即使是本地大学生，毕业后大多选择在新疆其他地区或者疆外就业，和田并不是他们就业的首选地。人才留不住、进不来已经成为制约和田地区发展的一个重要因素，直接影响对口援疆工作的顺利实施。因此，北京市在今后的对口援疆工作中，除了要把北京市优秀的人才带到和田参与援建工作，还可以帮助和田地区培养本地的高素质劳动力。

---

① 《2018年和田地区国民经济和社会发展统计公报》，和田政府网，https://www.xjht.gov.cn/article/show.php? itemid=279324，2019年4月3日。

四 对策建议

产业援疆是提高和田地区自我发展能力的有效途径，对实现少数民族地区经济发展有重要意义。推进产业援疆的关键是邀请北京的能源企业、农产品龙头企业以及先进制造企业来和田地区参与援建，并制定优惠政策鼓励它们设立生产基地、配套基地或者合作开发项目。北京企业的入驻一则可以为和田地区引进先进的工业技术，二则可以帮助和田地区挖掘地方资源，培育发展具有地方特色的优势产业。需要强调的是，在推进产业援疆的同时也需要关注和考虑这些产业能否帮助当地少数民族就业，尤其是少数民族贫困人口。当地民众能从援疆项目中发展受益，那么对口援疆政策所要达到的脱贫致富的基本目标就能实现。

长期以来，人力资源不足是制约和田地区发展的短板。因此，人才培养应当作为北京市对口支援和田地区的工作重点，包括培养基层人才（基础教育、专业技术教育及培训）、重点领域人才（工业、农业、服务业等方面的技术骨干）、高精尖人才（科技带头人、高层次管理人员）。人才培养的最终目的是促进受援地区群众就业。因此，和田地区本地企业和北京援疆产业应当多吸收当地劳动力，帮助他们在当地经济建设中发挥主力军作用。此外，和田地区可以出台各类优惠政策吸引疆内外人才来和田工作，尤其是外流的本地人才。

总之，北京市对口支援和田地区取得了很多成果。首先，和田地区已经依靠中央政府和内地省市的援助形成了自我发展的能力，尤其在挖掘发展地方特色产业方面取得了显著的成绩。其次，和田地区少数民族的生活也得到了很大的改善，例如住房、学校等基础设施的建设以及新兴产业带来的大量就业机会极大地提高了人们的生活水平。

与此同时，受特殊的生态环境和社会经济发展程度等因素的限制，北京市在和田地区的援建工作也面临一些挑战，经济承载压力大、民族地区的特殊性、人力资本储备不足等问题制约着和田地区的发展。因此，北京市在今后的对口援疆工作中应当基于和田地区的社会、经济和文化条件改进对口援助机制，设计出能够调动当地社会内在力量、形式多样而又有针对性的脱贫路径。

参考文献

丁静、李溢春：《北京发出 2019 年首趟援疆旅游专列》，新华网，http：//www.xinhuanet. com/2019 -06/27/c_ 1124678544. html，2019 年 6 月 27 日。

高玉：《北京市对口援疆成效、特点与建议》，《新疆农垦经济》2015 年第 12 期。

韩立群：《北京产业援疆实现新突破——访北京市援疆和田指挥部指挥卢宇国》，人民网 - 新疆频道，http：//xj. people. com. cn/n2/2017/0707/c186332 - 30436305. html，2017 年 7 月 7 日。

靳薇：《关于援疆问题的调研报告》，《科学社会主义》2012 年第 4 期。

王琪鹏：《北京援疆项目资金拨付到位》，《北京日报》，http：//bjrb. bjd. com. cn/html/2020 -03/24/content_ 12452775. html，2020 年 3 月 24 日

专题报告：城市民族篇

Research Reports: Ethnic Minorities in Urban Cities

B.13

城市少数民族农民工社会保障权益状况研究报告*

文 晖**

摘　要： 中共十九大报告明确提出加快农业转移人口市民化进程，对于农民工而言，市民化难题突出表现为公共服务不均等，其中包括医疗、子女教育、社会保障等一系列问题。少数民族农民工是其中的一个特殊群体，他们除了面临农民工共性问题，同时还有一些特殊问题。社会保障是农民工安心务工的“兜底”政策，本报告着眼于社会保障，利用北大法宝法律法规数据库和“全国流动人口卫生计生动态监测调查数据”，对少数民族农民工社会保障权益的法律制

* 本报告为教育部人文社会科学重点研究基地重大项目“中国民族地区综合社会调查关键问题研究”（项目批准号：16JJD840016）阶段性研究成果。

** 文晖，法学博士，教育部人文社会科学重点研究基地中央民族大学中国少数民族研究中心及少数民族事业发展协同创新中心讲师。

度、实现状况进行了梳理和总结，并分析了少数民族农民工社会保障权益存在的障碍及其原因，从法治保障的角度提出了意见与建议。

关键词： 少数民族农民工 社会保障 权益保护

国家统计局发布的《2019年农民工监测调查报告》显示农民工规模继续扩大，2019年农民工总量达到29077万人，比上年增加241万人，增长0.8%①。在这一群体中，少数民族农民工又是一个特殊的群体。据统计，目前全国少数民族流动人口约为2000万人，占少数民族总人口的1/5，占全国流动人口的1/10；居住在城市和散居地区的少数民族人口已超过少数民族总人口的1/3。② 这些少数民族农民工在城市化建设中做出了重大贡献，同时也面对一系列的问题。2014年中央民族工作会议明确指出，"让城市更好接纳少数民族群众，让少数民族群众更好地融入城市"，要让少数民族农民工更好地融入城市，首先要保障少数民族农民工的合法权益，使其享有与城市市民平等的权利与待遇。

针对"少数民族农民工权益保障"问题或者"农民工权益保障"问题，有不少专家、学者从政治学、经济学、民族学、社会学、管理学以及法学等领域进行了分析与研究，成果颇丰，其中多位学者认为城市少数民族农民工在社会保障权益的实现上存在诸多障碍。目前有关少数民族流动人口社会保障权问题的系统研究较为薄弱，大多数学者从社会保险权的角度对少数民族流动人口社会保障问题进行探讨。③ 从狭义的观点来看，社会保障权多指社会保险权，

---

① 国家统计局官网：《2019农民工监测调查报告》，http：//www. stats. gov. cn/tjsj/zxfb/202004/t20200430_ 1742724. html，2020年4月30日。

② 朱维群：《城市少数民族流动人口工作重在交融》，《人民政协报》，2016年12月15日。

③ 张芳芳：《少数民族流动人口社会保险权的民族性障碍》，《贵州民族研究》2017年第3期；杜爽：《赤峰市少数民族流动务工者社会保险参保问题分析》，东北大学硕士学位论文，2014；张莉：《少数民族流动人口社会保险参保状况及影响因素研究》，中央民族大学硕士学位论文，2013；王莹：《论我国城市少数民族流动人口的社会保险权——基于公民权利救济的考察》，《河南师范大学学报》（哲学社会科学版）2012年第2期。

是人们规避与防范疾病、工伤、失业等各类风险和获得社会保护的一种权利，然而因为城市资源有限以及城市管理需要，社会保险还可能影响少数民族流动人口一系列衍生社会福利权利，比如就业、购房及购车资格、随迁子女教育、积分落户等，而这些权利正是少数民族流动人口真正融入城市并市民化的关键因素。因此，本报告所界定的社会保障权是一个相对广义的概念，不局限于社会保险权。具体而言，少数民族农民工的社会保障权主要包含如下几方面：社会救助权、社会保险权（医疗保险权、失业保险权、工伤保险权、养老保险权等）、社会福利权以及请求救济的诉权等。本报告将着重从如上几方面的权利来对少数民族农民工社会保障权实现状况以及存在的问题进行分析，并对此提出有针对性的意见与建议。

一　法规和数据来源

本报告通过梳理当前与少数民族农民工相关的法律法规以及规范性文件，对少数民族农民工的社会保障权进行总结归纳，同时依据相关调查数据，对少数民族农民工社会保障权的实现状况进行对比分析。

（一）法规来源

本报告的法律规范主要来源为北大法律信息网——北大法宝法律法规数据库。该数据库是我国首个法律数据库，也是法律信息最全的数据库。

1. 内容

因本报告研究的主题是少数民族农民工的社会保障权，故相关的立法文件包含了几个方面的关键词：一是农民工，二是少数民族流动人口，三是城市少数民族，四是少数民族权益，五是社会保障权。其中社会保障权包含的内容比较广泛，本报告主要搜集了社会保险、社会救助、社会福利以及法律救济（法律援助）等相关法律法规。

2. 形式

立法文件的形式为法律、行政法规、部门规章、地方性法规和地方政府规章。地方性工作文件更多的是地方行政部门展开具体工作的措施，数量非常庞大，虽然其法律效力有限，但基于深入对比分析的考虑，故也会列举有代表性的相关地方性文件进行分析说明。此外，本报告所选取的研究样本更新日期是2020年5月15日，之后数据库中公布的立法文件未列入本文研究样本。所收集的立法文件均为当前有效，已失效的不在研究之列。

（二）实证数据来源

本文使用的实证数据来自国家卫健委在2016年、2017年和2018年开展的全国流动人口卫生计生动态监测调查数据①。

自2009年起国家卫生计生委每年组织开展大规模全国性流动人口抽样调查。两次调查均采取分层、多阶段、与规模成比例的PPS方法进行抽样，覆盖全国31个省（区、市）和新疆生产建设兵团中流动人口较为集中的流入地，对流动人口及家庭成员进行连续断面监测，调查对象是在本地居住一个月及以上、非本区（县、市）户口、年龄为15周岁以上的流入人口。调查内容包括个人和家庭基本信息、流动情况、就业与收支情况、基本公共服务情况等。

2016年监测调查涉及169000个样本，涉及少数民族的样本有13885个，其中流动原因为“务工”的有8124人，同时户口性质是“农业”的又有6783人，占少数民族监测样本的48.85%；2017年监测调查169989个样本，涉及少数民族流动人口的样本共15997个，其中流动原因为“务工”的有9862人，同时户口性质是“农业”的又有8313人，占少数民族监测样本的51.97%；2018年监测调查152000个样本，涉及少数民族流动人口的样本共13060个，其中流动原因为“务工”的有8341人，同时户口性质是“农业”的又有6253人，占少数民族监测样本的47.88%。本研究将以务工为目的且为农业户口的少数民族流动人口作为分析的对象。

二　少数民族农民工社会保障权的立法状况

目前，我们国家并没有专门针对少数民族农民工的社会保障制度及法律建设，对其法律关系的调整以及保障权益的规定适用的是全国性的社会保障制度

① 在2016年的监测调查数据中，涉及社会保障中“五险一金”相关内容，但2017年的调查数据并未涉及，故本报告也对2016年相关数据进行分析。

和法律规范。通过梳理总结发现，国家对城市流动人口或农民工的社会保障权益非常重视，各地特别是经济发达地区根据实际情况也出台了大量的地方性立法，对社会保障权进行规范和保护。少数民族农民工作为一个特殊群体，在此大背景下，其社会保障权利也得到相应的适用和保护。

（一）有关农民工和流动人口社会保障权的立法

《宪法》是我国的根本大法。我国《宪法》第十四条规定："国家建立健全同经济发展水平相适应的社会保障制度。"社会保障权是宪法所确认的一项基本人权。除了宪法之外，有关农民工社会保障权益的主要立法依据还有其他相关法律、行政规范、规范性文件、地方立法文件。

1. 法律

《劳动法》明确规定了劳动者依法享有社会保险权，用人单位应该为劳动者依法缴纳社会保险费，第一百条还明确规定了用人单位无故不缴纳社会保险费的法律责任。《社会保险法》对于基本医疗保险、养老保险、工伤保险、生育保险、失业保险等做了具体规定。其中第九十五条明确规定："进城务工的农村居民依照本法规定参加社会保险。"此外，流动人口的医疗和养老保险可以"随身走"。同时，《社会保险法》还突破《劳动法》中用人单位的限制，规定灵活就业或是非全日制就业的人员，可以由个人缴纳养老保险或医疗保险。①

2. 行政法规

国务院颁布了一系列行政法规，如《社会保险费征缴暂行条例》《工伤保险条例》《社会救助暂行办法》《居住证暂行条例》等。其中《社会救助暂行办法》规定的临时救助制度也将流动人口纳入，在一定程度上突破了户籍的限制。而《居住证暂行条例》第一条、第二条和第三条规定，居住证系城镇化的表现，持有居住证的流动人口享有该城镇基本的公共服务和便利。另外，各地的地方性法规中很多都明确了持居住证所享有的市民化权利，大大有利于

① 《社会保险法》第十条规定："无雇工的个体工商户、未在用人单位参加基本养老保险的非全日制从业人员以及其他灵活就业人员可以参加基本养老保险，由个人缴纳基本养老保险费。"第二十三条规定："无雇工的个体工商户、未在用人单位参加职工基本医疗保险的非全日制从业人员以及其他灵活就业人员可以参加职工基本医疗保险，由个人按照国家规定缴纳基本医疗保险费。"

流动人口权益保障。

3. 规范性文件

国务院颁布的一系列规范性文件，为国家法律法规的实施与细化提供了执行依据。如《国务院关于解决农民工问题的若干意见》明确要求“优先解决工伤保险和大病医疗保障问题，逐步解决养老保障问题”。《国务院办公厅关于切实做好当前农民工工作的通知》与《城镇企业职工基本养老保险关系转移接续暂行办法》，积极从制度上保障流动人口和农民工保险关系和待遇能够转移接续，保护了农民工在流动就业中的社会保障权益。2014 年 9 月，《国务院关于进一步做好为农民工服务工作的意见》发布，要求实施“全民参保登记计划”，推进农民工等群体依法全面持续参加社会保险。2016 年，国务院办公厅还出台了《推动 1 亿非户籍人口在城市落户方案》，各地也纷纷出台政策降低农村居民落户的门槛，这对于推动农民工市民化具有十分重要的意义。2019 年 9 月，《民政部关于做好当前困难群众基本生活保障工作的通知》要求强化社会救助兜底保障，重点关注下岗失业人员、困难企业职工、未就业大学毕业生、农民工、城市灵活就业人员等的生活状况，对遭遇临时生活困难的，及时实施临时救助。

4. 地方立法文件

在国家法律规范的指引下，各地围绕农民工、流动人口还有社会保障等方面制定了丰富的地方性法规、地方部门规章还有地方规范性文件。随着城镇化进程加快，很多地方制定流动人口服务管理条例，实现了从管理到服务理念的转变，明确了要保护流动人口和农民工的相关权益，其中就提到要保障农民工的社会保障权益，如北京市制定了《北京市农民工养老保险暂行办法》。《西藏自治区流动人口服务管理条例》第十八条规定：“民政部门应当将流动人口困难群体纳入社会救助体系，为生活无着落的流浪乞讨人员和特殊困难的流动人口提供临时救助、慈善救助等服务，加强救助设施建设，完善救助服务功能。”《杭州市流动人口服务管理规定》也有类似规定，特别是在社会困难救助方面，但限定在持有居住证的流动人口。在住房保障方面，北京、上海、广州等特大城市开始放开对城市流动人口共有产权房购买的限制①，厦门、深

① 2017 年《北京市共有产权住房管理暂行办法》，2019 年《上海市共有产权保障住房申请、供应实施细则》，2020 年《广州市共有产权住房管理办法》。

圳、佛山、宁德、湖北、安徽等地方则是明确在本地稳定就业的非本地户籍人员可以申请社会保障性住房①。

（二）有关少数民族流动人口（农民工）社会保障权的立法

虽然国家并未专门就少数民族农民工的社会保障权益做出专门规定，但是针对少数民族流动人口权益保障有系统的法律规范，其中对社会保障权益有原则性的规定。

早在 1952 年 8 月 13 日，《政务院关于保障一切散居的少数民族成分享有民族平等权利的决定》就对少数民族政治、经济、文化等方面的权益进行了规定。1993 年 9 月 15 日国务院颁布《城市民族工作条例》第十六条明确指出："城市人民政府有关部门对进入本市兴办企业和从事其他合法经营活动的外地少数民族人员，应当根据情况提供便利条件，予以支持。城市人民政府应当加强对少数民族流动人员的教育和管理，保护其合法权益。"

除了国家行政法规外，大多数省区市还纷纷出台了城市民族工作条例、少数民族权益保障条例或散居少数民族权益保障条例，其中省级地方性法规 20 件、设区的市地方性法规 4 件、地方政府规章 7 件。总体来说，省级地方性法规为立法的主体，占立法总量的 60% 多。在这些地方立法中，有不少条款明确了少数民族流动人口的权益保障，对政治、经济、文化、语言、宗教信仰等多方面有所规定，也有社会保障相关内容。比如规定少数民族在重大民族节日有带薪放假的权利，这是尊重少数民族的风俗习惯，也是少数民族社会保障权益中福利权的一种；又如《安徽省民族工作条例》第二十八条明确规定，要维护少数民族流动人员社会保障、劳动保护、随迁子女入学等方面权益。

此外，还有一些地方性规范文件就少数民族流动人口的社会保障权进行了规定。如 2006 年江苏省民委出台《关于加强少数民族流动人员服务管理工作的意见》，文件指出随着城市化进程加快，少数民族流动人员日益增多，加上各民族语言文化、风俗习惯和宗教信仰等方面的差异，对服务管理工作提出了

① 《厦门市社会保障性住房管理条例》第二十五条；《深圳市保障性住房条例》第四条；《湖北省城镇保障性住房管理办法》第十八条；《安徽省保障性住房建设和管理办法（试行）》第十五条；《佛山市保障性住房管理办法》第十四条；《宁德市区保障性住房管理暂行规定》第十四条。

新的更高的要求。各级政府在制定经济社会发展规划和政策措施时，要充分考虑少数民族的特殊性，依法保护少数民族流动人员合法权益。湖北、河南等地也就少数民族流动人口的服务管理工作出台了地方指导意见，依法成立少数民族流动人口议事协调机构或服务管理工作协调小组，黄石市人民政府还明确了市民政部门要将生活有特殊困难的人员纳入救济和帮扶范围。2017 年，中办、国办发布了《关于加强和改进少数民族流动人口服务管理工作的意见》，一些地方根据本地实际情况制定了地方工作指导意见，其中依法有序推进少数民族流动人口市民化，保障少数民族流动人口的合法权益是其出发点。这些大量的地方政策性、规范性文件的出台也进一步促进了少数民族农民工社会保障权的实现。

三　少数民族流动人口社会保障权实现状况

经过近些年来的发展，国家在维护少数民族农民工社会保障权益立法上做出了积极努力，当前少数民族农民工社会保障权益情况有了较大改善，但总体来说仍存在一些问题，并体现如下特征。

（一）医疗保障权基本实现，但流入地参保率仍然较低

自 2009 年全民医保方案公布以来，覆盖全民的基本医疗保障制度已基本建立。对比分析 2016 年、2017 年和 2018 年少数民族农民工医疗保险的监测数据，可以看出少数民族农民工参保的比例逐渐扩大，未参加保险的比例在逐渐缩小，从 9.44% 减少到 6.89%，其中，大部分的少数民族农民工会选择新型农村合作医疗保险。同时，少数民族农民工流入地参保比例也在逐步扩大。这说明了少数民族农民工的医疗参保意识有了明显提高，逐步重视社会保障权。目前还有一部分的少数民族农民工拥有两种以上的保险。

表 1　2016～2018 年少数民族农民工医疗保险参保情况

单位：人，%

医保类型	2016 年		2017 年		2018 年	
	人数	占比	人数	占比	人数	占比
新型农村合作医疗保险	4983	73.4	6405	77.0	4151	66.3

续表

医保类型	2016 年		2017 年		2018 年	
	人数	占比	人数	占比	人数	占比
城乡居民医疗保险	271	3.9	172	2.0	545	8.7
城镇居民医疗保险	159	2.3	240	2.8	220	3.5
城镇职工医疗保险	784	11.5	1252	15.0	1187	18.9
公费医疗	26	0.3	155	1.8	6	0.1
未参加保险	640	9.44	581	6.99	431	6.89
观测值	6783		8313		6253	
总计人次	6968		8974		6629	

注：2016 年少数民族农民工样本中填写医疗保险状况的人数为 6783 人，其中有 4 人同时参加三种保险，177 人同时参加了两种保险，因此少数民族农民工的总计人次为 6968；2017 年少数民族农民工样本中填写医疗保险状况的人数为 8313 人，其中有 22 人同时参加三种保险，617 人同时参加了两种保险，因此少数民族农民工的总计人次为 6968；2018 年少数民族农民工样本中填写医疗保险状况的人数为 6253 人，其中有 376 人同时参加了两种保险，因此少数民族农民工的总计人次为 6629 人。

尽管少数民族农民工的医疗参保率大幅提升，但对于少数民族农民工而言，重要的是能否在流入地报销。一般而言，只有在流入地参保才能在流入地报销。从表 2 中，我们可以看到新型农村合作医疗保险的流入地参保比例只有 4% ~5%，这说明绝大部分农民工是在流出地参保，也只能在流出地报销，这实际上给常年在外的农民工带来了很多不便。在流入地参保比例高的城镇职工医疗保险和城镇居民医疗保险对农民工而言更为重要，但这两种保险的参保比例仍然非常低。表 1 中，城镇居民医疗保险三年的参保比例分别为 2.3%、2.8% 和 3.5%，城镇职工医疗保险 2018 年的参保比例为 18.9%，与 2016 年的 11.5% 相比有了提高。就总体流入地参保情况来说，尽管到 2018 年达到 25.6% 的比例，但主要是城镇职工医疗保险流入地参保比例拉高而成，这使得绝大多数的少数民族农民工并不能很好地享受医疗保障权。

表 2　2016 ~2018 年少数民族农民工流入地参保情况

单位：人，%

医保类型	2016 年		2017 年		2018 年	
	人数	占该类保险参保比重	人数	占该类保险参保比重	人数	占该类保险参保比重
新型农村合作医疗保险	221	4.4	322	5.0	164	4.0
城乡居民医疗保险	46	17.0	73	42.4	124	22.8

续表

医保类型	2016年		2017年		2018年	
	人数	占该类保险参保比重	人数	占该类保险参保比重	人数	占该类保险参保比重
城镇居民医疗保险	131	82.4	203	2.8	174	79.1
城镇职工医疗保险	745	95.0	1194	84.6	1135	95.6
公费医疗	21	80.8	131	84.5	5	83.3
总计	1164	17.2	1923	23.1	1602	25.6

（二）社会保障权益存在地区、险种差异化

由于不同地区经济发展水平以及地方政府财政能力的差异，其提供的医疗保障差异性较大。如表3所示，东部地区流入地参保的比例最高；中部地区其次，参保比例为25.6%；西部地区流入地参保比例最低，为20.6%。又如城镇职工医疗保险是五险一金中的主要险种，在城市社保中起着最重要的作用。少数民族农民工城镇职工医疗保险的参保比例，东部农民工参保比例最高，为24.7%；中部和西部只有11.5%和10.1%。由此可见，流入地经济发展水平不同，少数民族农民工社会保险权利实现也存在差异。

表3 不同地区少数民族农民工医疗保险参保情况

单位：人位，%

地区	总人数	新型农村合作医疗保险		城乡居民医疗保险		城镇居民医疗保险		城镇职工医疗保险		公费医疗		流入地参保情况	
		人数	比例	人数	比例	人数	比例	人数	比例	人数	比例	人数	比例
东部	2777	2059	74.1	27	0.6	42	1.5	686	24.7	32	1.1	762	27.4
中部	434	325	74.8	7	1.6	25	5.7	50	11.5	7	1.6	111	25.6
西部	5102	4021	78.8	138	2.7	173	3.3	516	10.1	116	2.2	1050	20.6
全国	8313	6405	77.0	172	2.0	240	2.8	1252	15.0	155	1.8	1923	23.1

注：关于东中西部的划分，主要参考1986年"七五"计划中对中东西部的划分标准，另外结合"西部大开发计划"协调的范围，西部的数据统计主要包括了重庆、四川、陕西、云南、贵州、西藏、内蒙古、甘肃、青海、新疆、宁夏、和广西12个省、自治区、直辖市。另外湖北的恩施土家族苗族自治州和湖南的湘西土家族苗族自治州基于统计情况，并未列入西部区域，仍计入中部区域。

在社会保险系统中，除了医疗保险之外，还有养老保险、失业保险、工伤保险和生育保险四种类型。如前所述，全民医保实施以来，少数民族农民工医

疗保险的覆盖率有了大幅提升，然而另外四险的参保率却存在不均衡的现象，其中购买养老保险的少数民族农民工占比最多，购买失业保险、工伤保险和生育保险的占比较低。以2016年监测数据为例，购买养老保险的人数多达3391人，在总监测样本数6783人中，占到了50.0%，而购买失业保险、工伤保险和生育保险的分别只占15.7%、21%和13.6%。同时，从参保地来看，养老保险和另外三种保险也存在较大差异。购买养老保险的少数民族农民工多在户籍地（流出地）参保，占到了64.0%，只有34.7%的少数民族农民工是在务工地（流入地）购买，但拥有失业保险、工伤保险和生育保险的少数民族农民工多在务工地（流入地）参保，其流入地参保占比均在90%以上，而流出地参保率均在5%以下。

表4　2016年少数民族农民工其他保险参保情况

单位：人，%

保险类型	总参保人数	总参保比例	流入地参保人数	流入地参保比例	流出地参保人数	流出地参保比例
养老保险	3391	50.0	1175	34.7	2171	64.0
失业保险	1067	15.7	1001	93.8	31	2.9
工伤保险	1429	21.0	1357	95.0	35	2.4
生育保险	923	13.6	853	92.4	40	4.3

（三）社会救助不足，难以平等地享受社会福利

根据2019年新修订的《社会救助暂行办法》，社会救助制度的根本目的是保障公民的基本生活，促进社会公平，维护社会和谐稳定。我国现行的社会救助制度主要包括如下几个部分：最低生活保障、特困人员供养、受灾人员救助、医疗救助、教育救助、住房救助、就业救助和临时救助。根据《社会救助暂行办法》，最低生活保障、特困人员供养两类救助明确规定只能向户籍地政府申请，医疗救助、教育救助和住房救助虽然没有关于户籍的直接表述，限定救助的对象主要属于最低生活保障、特困人员的范围，而对于此两类人员的认定实际上仍然以户籍为前提。虽然当前有些地方政府已将城市流动人口（农民工）纳入临时救助的范围，但临时救助从根本上来说以解决城乡群众突

发性、紧迫性、临时性基本生活困难问题为目标，各地实际如何认定还存在很多标准不一的情况。因此，虽然理论上给了少数民族流动人口救助权，但现实生活中很难实现。

少数民族农民工和汉族农民工相比，可能更多面临语言、文化习俗或宗教信仰方面的问题，他们在就业时往往更加困难，失业的风险也更大。而如上所述，少数民族农民工的失业保险参保比例非常低，他们一旦失业，可能面临生活困境。此外，2017 年国家卫计委数据显示，汉族农民工有固定雇主的占 60.4%，而少数民族农民工有固定雇主的只有 52.9%，可见少数民族农民工的就业流动性更大一些。通过对比少数民族农民工和汉族农民工家庭平均每月收入可知，每月家庭收入 3000 元及以下少数民族农民工占比远高于汉族农民工，5000 元以上的也远低于汉族农民工，调查显示有收入太低困难的少数民族农民工的比例也比汉族农民工高（见表 5）。同时少数民族农民工每月家庭入不敷出的占比为 7.8%，汉族农民工则为 5.1%。由此可见少数民族农民工的低收入比例更高，本应给予更多的社会救助，但他们既不是城市救济的权利主体，也不能成为农村社会救济的实际享有者。

表 5　少数民族农民工和汉族农民工家庭每月收入对比

单位：%

收入分类	少数民族农民工	汉族农民工
1000 元及以下	1.6	0.7
1000～2000 元(含)	6.7	3.8
2000～3000 元(含)	17.6	11.5
3000～4000 元(含)	19.0	14.5
4000～5000 元(含)	18.0	17.2
5000 元以上	37.1	52.1
有收入太低的困难	46.9	40.2

注：根据《全国流动人口卫生计生动态监测调查技术文件》（2017 年），本表所列收入是调查对象过去一年在流入地家庭平均每月收入。

根据 2017 年有关少数民族农民工住房性质的调查结果，有 44% 的农民工租住私房，有 16.3% 的农民工与他人合租，有 13.3% 的农民工住在单位宿舍或是雇主家。此外，自购商品房的农民工只有 8.4%，其中少数民族农民工在如下省份购买商品房较多：广西壮族自治区、新疆维吾尔自治区、辽宁省、内蒙古自治区、贵州省、宁夏回族自治区、青海省，占自购商品房农民工的68.6%；相比较而言，在北京、上海、广东、浙江、江苏、天津等省市购买商品房的农民工只占8.8%。由此可见少数民族农民工在这些经济较发达、房价较高的地方很少能购买商品房。同时，住在政府提供的公租房和购买保障性住房的农民工占比分别只有1.4%和0.8%，提供少数民族农民工保障房福利的主要为宁夏回族自治区、新疆维吾尔自治区、西藏自治区、广西壮族自治区、贵州省、重庆市、青海省等西部地区，这些省区市拥有福利住房农民工占总数的80.4%；北京、天津、上海、广东等地拥有福利房的农民工只有6.1%。虽然多地出台政策，将流动人口纳入保障房申请对象范畴，但实际上真正能够申请成功的仍然非常少。

四　少数民族农民工社会保障权实现障碍的原因分析

造成少数民族农民工社会保障权益受损的原因是多方面的，既有所有农民工都面临的普遍问题，也有少数民族农民工的一些特殊原因。基于学界的研究，大家普遍认为户籍制度、城乡二元结构、财政体制安排等是造成大多数农民工没有被纳入流入地社会保障体系的重要原因，本报告不再对此赘述，而是重点分析产生少数民族农民工社会保障权利障碍的因素。

（一）缺乏足够的法律与政策的支持

如前所述，虽然我国有诸多法律或立法文件对农民工的社会保障权益问题予以规定，并出台了多项政策力图改变户籍制度、资源配置等方面可能给农民工造成的权益损害问题，并取得一定的积极成效，但仍存在一些问题。有不少立法文件体现了对农民工的管理多于服务和保护。如《居住证暂行条例》出台之后，很多地方制定流动人口服务管理条例，其中根据各地情况对居住证的申请、管理等进一步细化规定，但对流动人口权益方面往往规定得相对笼统，宣示性大于可执行性。如《社会保险法》规定个人跨统筹地区就业的，基本养老保险、基本医疗保险、失业保险随本人转移，缴费年限累计计算，可是对如何转移、流入地和流出地之间有什么工作衔接并没有具体规定。同时很多立法往往将农民工群体作为特殊情况予以适用，各个地方也并未出台细化的适用规则，这使地方基层在处理农民工权利事务时无所适从，最后导致农民工权益落空。如获得社会救助权益方面，虽然2019年的《社会救助暂行办法》明确纳入流动人口群体，但是其真正落实仍有赖于地方的具体实施细则。有些立法虽然对农民工的社会保障权益予以明确，但没有考虑实际执行效果。如《北京市农民工养老保险暂行办法》，虽然改变了以往养老保险制度对农民工的做法，但因大多数农民工流动性强，社会保险、管理部门的管理难度及运行成本也加大了。加之保险费率偏高，有的用人单位消极对待甚至大量裁减农民工，导致部分农民工宁愿多要工资而不愿缴付养老保险费，将不被裁减放在首位来考虑①。

就少数民族农民工社会保障权益的法制建设来看，问题就更加突出了。主要的问题有如下几点。

（1）立法滞后性。目前有关城市民族的最高立法文件是《城市民族工作条例》，这部行政法规制定于1993年，已施行27年，其中有些内容已不适应当前城市民族工作和少数民族权益保障。2016年6月，国务院法制办发布了修订草案，共1600余字，共涉及21处增删和修订。草案出来后，各界人士纷纷建言，但是目前该条例修订工作比较复杂，完成修订尚需时日。

（2）立法内容管理多于权益保障。有的立法名称带有“少数民族权益保障”，然而其具体内容主体部分是如何加强民族工作的管理。如《浙江省少数民族权益保障条例》，其结构是组织人事、经济发展、社会事业、服务与管理、景宁畲族自治县、实施保障、附则，行政管理色彩较浓，没有突出权益保障。海南省也存在类似情况。

（3）有关社会保障权益的规定过于笼统。当前有关城市农民工的社会保障权利规定比较笼统，比如《安徽省民族工作条例》第二十八条规定“维护少数民族流动人员社会保障、劳动保护、随迁子女入学等方面权益”，但对如何保障并没有任何规定。当前，少数民族农民工大量进入城市，他们在就业、社会保障、子女教育、职业技能培训等问题上存在一些特殊性，有不同

① 罗志先：《当前农民工社会保障权现状、缺失原因及其对策思考》，《中共中央党校学报》2005年第4期。

的权利诉求，这些具有时代特征的权利没能通过立法具体化，在实践中导致少数民族农民工相关权益受损。

（4）责任条款语焉不详。据统计，在涉及少数民族权益的32部立法中，有6部没有任何法律责任条款，还有一些立法对于法律责任的规定非常笼统。如2012年修订的《广东省散居少数民族权益保障条例》只有一条责任条款，其规定："违反本条例有关规定，损害少数民族合法权益的单位和个人，由本单位或者上级部门给予批评教育或者行政处分；构成犯罪的，依法追究刑事责任。"此条规定只提及了内部处分、行政处分和刑事责任，对具体处罚的条件只字未提。缺乏具体的责任条款，致使出现侵犯少数民族农民工权益的情形时，受侵害的少数民族公民难以保障自己的合法权益。

（二）少数民族农民工风险和权利意识淡薄

对于城市少数民族农民工而言，按规定流入地用人单位应该为其缴纳工伤保险、失业保险、生育保险、医疗保险和养老保险，其中医疗保险和养老保险由用人单位和农民工共同缴纳。虽然农民工现在都有了医疗保险意识，但是多数农民工在流出地已经缴纳新农合，如在城市再缴纳，会多出一笔不小的开支。他们缺乏风险意识，愿意拿到更多的钱，而不是缴纳保险费。工伤保险和失业保险也同样存在这个问题。观察近几年的流动人口监测数据发现，少数民族农民工大多从事劳动强度大、工作时间长的一线工作，这些岗位往往不稳定，且苦、累、脏、险，工作环境恶劣，极易发生工伤事故。哪怕是强制的工伤保险和失业保险，少数民族农民工的参保率也很低，一旦发生工伤事故，其将面对极大的经济负担。失业保险方面，部分少数民族农民工的受教育程度较低，失业风险更高。特别是新生代农民工，很多从小生活在城市，回不去农村，在城市又享受不了最低生活保障，在这种情况下，失业保险尤为重要。少数民族农民工缺乏一定的风险意识，是参保率低的重要原因。

此外，少数民族农民工缺乏一定的法律维权意识。数据显示，有大量少数民族农民工没有签订劳动合同，这也让有些用人单位理所当然地逃避缴纳保险的义务。这主要源于很多少数民族农民工受教育程度较低，法律意识淡薄。2017年人口监测数据显示，少数民族农民工初中及以下学历的占75%。

（三）行政执法不严，城市民族工作经验不足

自 1993 年以来，我国逐步建立劳动保障监察制度，主要由政府劳动监察部门对用人单位贯彻实施劳动法律法规的情况进行监督检查工作。从上文分析可以看出，当前我国少数民族农民工的参保率非常低，特别是工伤、失业、生育等保险，除了农民工个人原因外，用人单位违法不缴社保的占大多数。之所以出现这样的现象，一方面是因为劳动者相对用人单位与企业来说处于弱势地位；另一方面是因为部分地方劳动监察机构执法不够严格，未能对部分用人单位与企业不为劳动者缴纳社保的行为进行严格的监管，实施严厉的处罚。

此外，城市民族工作经验不足也是一个原因。某些地方和工作部门没有认识到工作性质的特殊性，政策把握不准，有畏难情绪，还有的地方在工作上管理大于服务，忽视了少数民族农民工的权益保障和社会融入等问题。同时，城市少数民族农民工的社会保障工作可能涉及多个行政部门协调配合问题。公安部门主要负责居住证的审核与发放，民政部门涉及社会救助、生活保障等问题，司法部门负责法制宣传和法律援助等，人社部门负责为少数民族农民工提供就业技能培训和促进公平就业等工作，劳动保障监察部门负责宣传劳动保障法律、法规、规章，以及对少数民族农民工所在的用人单位进行检查、监管等工作。如果各部门之间不能很好地互通信息、协调配合，则可能导致少数民族农民工社会保障权益不能实现。

（四）少数民族农民工的司法救济不足

相对于权利保障来说，权利救济是对权利遭受损害之时或之后的补救措施。当少数民族农民工社会保障权益遭到侵害时，如果能有效进行司法救济，也能保障权益的实现，然而由于种种原因司法救济的落实效果没有达到理想状态。

我国很多少数民族有自己独特的习惯法，其中包含纠纷解决方式及调停人，如苗族的寨老、彝族的德古等。他们是有权威、老百姓信得过的人，发生纠纷往往由他们进行调解处理。很多少数民族群众更愿意通过这些权威人士解决纠纷，而对国家法相对陌生。同时，由于司法救济程序繁琐，特别是劳动争议案件，仲裁是诉讼的前置程序，往往打一场官司需要一年，时间成本高，即

便有律师参与，一般所获得的赔偿也非常少。司法诉讼的高成本，往往让少数民族农民工不得不放弃。

此外，证据不足和法律援助欠缺导致司法救济不足。很多少数民族农民工没和用人单位签订劳动合同，一旦发生社会保障权益方面的纠纷，证明双方权利义务的证据就会缺失，这使得少数民族农民工还存在举证难的问题。虽然当前很多城市建立了专门服务少数民族的法律援助中心，如广州、深圳、上海、武汉等大城市，但是总体来说提供法律援助的力量还不足，特别是懂民族语言的律师少之又少，不能给少数民族农民工提供充分的司法救济。

五　建议与对策

对于农民工社会保障权益问题的解决，学界的普遍共识是要继续深化户籍制度改革，破解城乡二元结构的体制障碍，还需要一系列配套制度的改革与完善，这是一个复杂的系统工程。对于少数民族农民工社会保障权益的加强，本报告认为除了上述体制性改革之外，还有很重要的一环，就是让少数民族农民工社会保障权益运行在法制化轨道上。因此，本报告将重点着眼于法治保障角度提出相应的对策与建议。

（一）加强顶层设计，完善相关法律法规

首先，国家应从整体上考虑建立农民工社会保障权利的法律法规体系。对于农民工这样规模庞大的群体，在城镇化建设深入推进的今天，建议考虑制定专门针对此群体的法律或行政法规，以更好地维护他们的合法权益。在做好顶层设计的前提下，可以按照分阶段、分层次、逐步推进的原则，先对现有的有关农民工权益的部分法律法规进行修改完善，并予以明确，如《劳动法》《社会保险法》等。在条件成熟的情况下，再制定专门的“农民工社会保障法”，对农民工的社会保险、社会救助、社会福利以及配套的住房保障、子女就学保障等进行明确规定。有关立法的顶层设计，国家既要结合现实情况，还要考虑社会保障制度的总体目标。

其次，少数民族社会保障权益的相关立法也应该循序渐进。1986 年，全国人大民族委员会就开始着手起草“散居少数民族权益保障法”，但条件不成

熟的情况下，比较现实的是尽快修订《城市民族工作条例》，增加有关城市少数民族社会保障权益的内容。作为城市少数民族工作的最高立法形式，《城市民族工作条例》已经运行26年之久，不管是立法理念还是立法内容，都有诸多不适应现阶段城市民族工作要求的地方。《城市民族工作条例》处于承上启下的地位，对其进行修订不仅可以改善城市少数民族流动人口权益保障情况，还能有效缓解城市少数民族流动人口权益保障立法长期滞后的困境。

最后，地方立法应注意实际可操作性和针对性。2020年5月21日召开的十三届全国人大三次会议上提出，要推动农业转移人口落户，推动城镇基本公共服务覆盖常住人口。落户对于农民工来说是享受市民化权利的前提，这需要地方结合实际出台一系列配套的法律法规。其中社会保障权利是市民化权利的重要一环，也应该在地方立法中有所体现，以增加可操作性。

此外，有关少数民族社会保障权利的地方立法，首先要注意立法理念的转变，在立法中应该管理与服务并重，要将少数民族权利保障作为重点。在具体立法内容上，各地在修订少数民族权益保障条例时，应该将社会保障相关的条款细化，以增加可操作性。此外，应增加地方立法中的违法责任条款，以更好地保护少数民族权利。

总之，少数民族农民工社会保障权利的立法完善，一方面有赖于国家对农民工权利保护的顶层设计，以提供法律依据和行动指南；另一方面，也要结合少数民族农民工的特殊情况进行立法，进一步提高权利保障的针对性和可实施性。因此，建议地方根据当地实际情况，针对少数民族社会保障权利的问题，出台明确具体的实施细则或法律规章。

（二）加强劳动保障执法，做好城市民族服务工作

2018年我开始国实施全民参保计划，然而当前部分用人单位不为劳动者缴纳或少缴纳社保以降低成本，给少数民族农民工社会保障权利的实现造成了不良影响。这需要继续加大劳动保障监察执法工作，不定期或专项检查企业的劳动用工以及社会保险缴纳情况，针对违法者严格按照法律进行处罚，提高企业的违法成本。但就劳动监察机构现状看，存在人手不足、检查力度小的情况，应增加人手，提高工作人员的积极性，增加检查频次。同时，地方政府还应该考虑不同企业的实际承受能力，可以针对一些农民工就业较多的个体私营

企业，适当减免税收或增加补贴，以提高企业为农民工缴纳保险的积极性。

保障少数民族农民工的合法权利是城市民族工作的重要组成部分。针对维护少数民族农民工社会保障权利可能存在的问题，建议充实地方民族宗教部门的人员队伍，增加办公经费，特别是应该赋予地方民宗部门协调联动职责，并形成具体工作方案以及预案。少数民族农民工社会保障权利的维护涉及诸多部门，如果没有其他部门的配合不可能实现。相关部门在具体工作中也应该关注少数民族农民工工作的特殊性，了解国家的民族政策，尊重少数民族农民工文化习俗和宗教信仰，对于某些语言沟通存在障碍的少数民族农民工，应该联系通晓民族语言的人士帮助其表达意见。

（三）重视法律援助，健全司法救济机制

针对司法救济程序烦琐，必须经过仲裁再诉讼的硬性规定，农民工普遍存在因诉讼时间成本过高，不得不放弃的情况。对此，建议针对农民工设立绿色通道，节约时间成本，提高维权效率。同时，针对司法救济中存在的举证难问题，应该考虑农民工在劳动关系中的弱势地位，在举证责任的分配上要做到事实上的合理，这样能更好地保护农民工权利，体现公平。对于存在语言障碍的农民工，司法机关应为其提供翻译，多做解释性说明，让少数民族农民工了解自己的权利。

此外，在司法救济里，对于少数民族农民工的法律援助非常重要。虽然很多地方建立了专门服务少数民族的法律援助中心，但真正通晓民族语言、了解民族习俗的非常少，应该培养通晓民族语言和文化的律师，以更好地帮助少数民族农民工维护自己的合法权利。从政策层面扶持服务对象是少数民族的律师，对诉讼费用以及律师费用给予补贴，让农民工和援助律师都没有后顾之忧。

（四）扶持社会组织，增强少数民族农民工的风险与法律意识

城市少数民族农民工社会保障权的实现不能只靠国家和行政力量，还需要提高少数民族农民工自身的风险和法律意识，如对社会保险积极参与，对潜在风险心里有数，对侵犯自己权利的行为积极寻求救助等。除了上文所说的通过法律援助机构来进行普法和提供法律救济服务之外，还应该重视民族类社会组

织在维护少数民族农民工社会保障权利方面的积极作用。

有很多地方建立了少数民族服务中心、少数民族联谊会等组织，应该充分发挥它们在宣传社会保障法律法规、提高风险意识、化解纠纷、帮助寻求正确的救济方式等方面的积极作用。国家和地方政府应该加强对城市少数民族类社会组织，特别是枢纽型社会组织的扶持，为其创造更为宽松的生存空间，让其在引导、教育、帮助、参与少数民族农民工维护社会保障权利方面做出贡献。

诚然，从法治保障的角度来解决少数民族农民工的社会保障权利问题是不够的，还需要从根本上继续深化户籍制度改革，建立健全流动人口市民化的成本分担机制，只有这样，中央推进农业转移人口市民化和新型城镇化的蓝图才能全面落实。①

参考文献

郑功成、黄黎若莲：《中国农民工问题与社会保护》，人民出版社，2007。

刘成斌：《农民工的终结》，社会科学文献出版社，2017。

邓智平：《市民权如何获得基于地方流动人口治理创新经验》，《学术研究》2015 年 12 期。

林俏：《城乡统筹视域中进城务工农民社会保障权利的思考》，《重庆理工大学学报》（社会科学）2015 年第 3 期。

罗志先：《当前农民工社会保障权现状、缺失原因及其对策思考》，《中共中央党校学报》2005 年第 4 期。

《2019 农民工监测调查报告》，国家统计局官网，http：//www. stats. gov. cn/tjsj/zxfb/202004/t20200430_ 1742724. html，2020 年 4 月 30 日。

朱维群：《城市少数民族流动人口工作重在交融》，《人民政协报》2016 年 12 月 15 日。

张芳芳：《少数民族流动人口社会保险权的民族性障碍》，《贵州民族研究》2017 年第 3 期。

王允武、王莹：《城市流动少数民族人口的社会保障权及其实现》，《民族学刊》2011 年第 1 期。

① 邓智平：《市民权如何获得基于地方流动人口治理创新经验》，《学术研究》2015 年第 12 期，第 38 页。

B.14

上海市城市民族工作发展报告*

黑　颖**

摘　要： 改革开放以来，我国进入了各民族跨区域大流动的活跃期，做好城市民族工作越来越重要，事关城市工作和民族工作两个大局。上海作为全国的经济中心和世界看中国的重要窗口，在积极探索符合自身发展特点的现代化、精细化的城市民族工作道路的过程中，取得了一些有益经验，也遇到了新的挑战。在此背景下，本文尝试概括上海城市少数民族的现状与变化趋势，梳理总结近年来上海城市民族工作经验，并在此基础上分析面临的新挑战，提出相应的对策建议。

关键词： 上海市　少数民族　三社联动

改革开放以来，随着经济的发展，我国城市化水平不断提高，城市民族工作的重要性也日益凸显。2014 年第四次中央民族工作会议指出：我国进入了各民族跨区域大流动的活跃期，做好城市民族工作越来越重要。在 2016 年全国城市民族工作会议上，俞正声指出，做好城市民族工作，是加强和改进新形势下民族工作和城市工作的重要内容；刘延东强调，进一步做好城市民族工作事关民族工作和城市工作两个大局。上海作为全国的经济中心和国际性大都市，是世界看中国的重要窗口，做好城市民族工作事关国家发展全局，上海的城市民族工作发展现状、特点和趋势等值得全面深入的研究。

---

* 本报告为上海市哲学社会科学规划青年课题“长三角一体化视域下新生代流动穆斯林现状研究”（课题批准号：2019EZX003）阶段性成果。

** 黑颖，上海宗教文化研究中心助理研究员，上海统战系统青年理论学习会成员。

一　上海少数民族现状概述

（一）人口与分布情况

统计数据显示，截至2019年末，上海全市常住人口总数为2428.14万人，是全国人口密度最大的城市之一，但聚焦到少数民族人口时，则体现出几个鲜明特点。首先，少数民族人口总量及其占比不大。2019年的统计数据显示，上海市16个市辖区共有少数民族人口48万余人，不足常住人口总数的2%。其次，从城市区域分布看，浦东新区少数民族人口最多，有近11万人，占沪上少数民族总人口的23%。究其原因，首先是浦东新区所辖范围相对广阔，总面积1210.41平方公里，是上海7个传统中心城区总面积（289.59平方公里）的4倍多；另外，作为20世纪末国家重点开发的新经贸区，外来人口众多，浦东有外来人口235.84万人，比7个传统中心城区外来人口的总和（165.28万人）多近70万人①。除浦东之外，少数民族人口分布较多的区域为近郊的闵行区，以及远郊的松江、嘉定等区域，详细区域分布情况见表1。

表1　2019年上海少数民族人口各区分布情况

单位：%

中心城区	占比	上海市郊	占比
黄浦区	4	闵行区	11
徐汇区	5	宝山区	7
长宁区	3	嘉定区	8
静安区	4	金山区	3
普陀区	5	松江区	9
虹口区	3	青浦区	6
杨浦区	4	奉贤区	3
半中心区半郊区	占比	崇明区	2
浦东新区	23		

① 以上数据来自《上海统计年鉴2019》，http：//tjj.sh.gov.cn/tjnj/nj19.htm？d1 = 2019tjnj/C0202.htm，2019年3月5日查阅。

另外，虽然少数民族总量占比相对较小，但族别较全，55 个少数民族在沪均有分布。各民族在沪人口数存在较大的差别，回族人口最多，有近 12.5 万人，占沪上少数民族总人口的 26%，其次为满族、土家族、苗族、朝鲜族、壮族、蒙古族、彝族、侗族，部分少数民族人口不足 5000 或仅为个位数的，记为“其他”。

表 2　2019 年上海各少数民族人口数量比

单位：%

族别	占比	族别	占比
回族	26	满族	12
土家族	11	苗族	8
朝鲜族	7	壮族	6
蒙古族	5	彝族	5
侗族	3	布依族	2
其他	15		

从少数民族与区域分布交差分析中可以看出，人口数量最多的 5 个少数民族，在上海各区呈现“大散居，小集中”的分布形态，且不同民族“小集中”的区域也有所差别。在此以回族和朝鲜族为例进行说明（见图 1）。

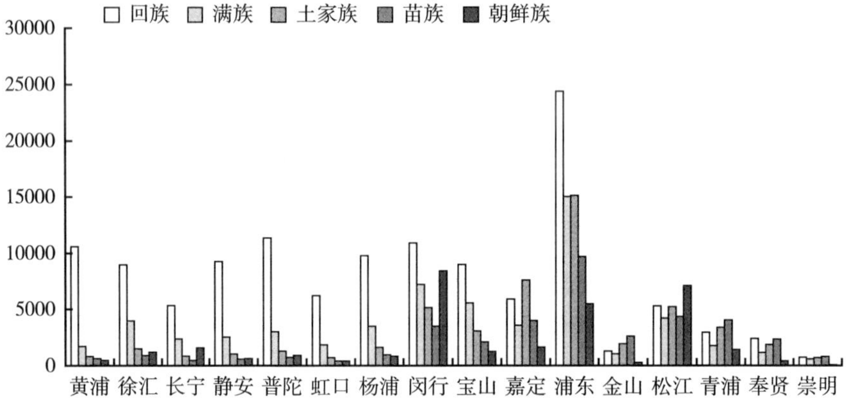

图 1　民族、区域交差分析

从回族人口分布上来看，浦东新区有逾 2 万人，闵行、黄浦、普陀等均有逾 1 万名回族人口分布。从地域、区域分布上来看，7 个传统中心城区，其回族人口占沪上回族总人口的 49%；郊区回族人口较多分布的地区为闵行、宝山和松江等（见图 2）。

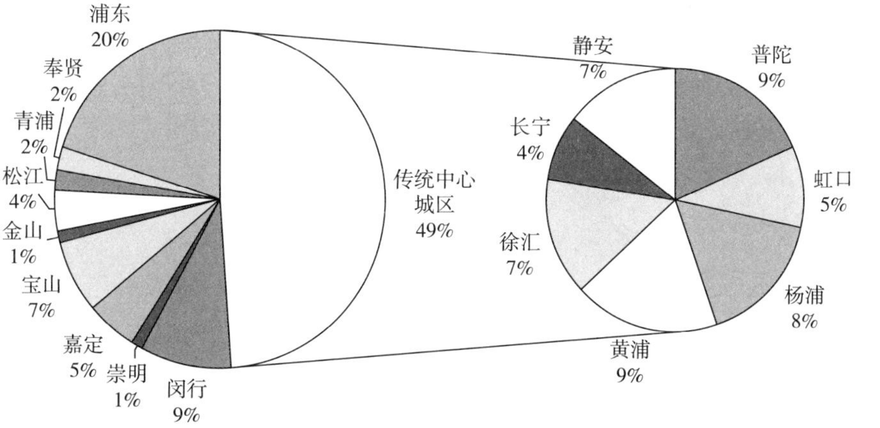

图 2　2019 年上海回族人口分布情况

当下上海回族人口的分布特点，除受经济、社会等当代因素的影响外，更与其迁入上海的历史过程及沪上清真寺的分布相关。元代时，西域回回将领沙全率兵驻华亭（今松江），后建立松江府，任达鲁花赤，西域回回军官及家属三十余户色目人随之定居松江，后修建松江清真寺围寺而居，繁衍生息。清末上海开埠通商后，大量外来移民涌入，其中包括因避战祸而来的南京、扬州等地的回族商人以及来此务工、谋生的山东、河南、安徽等地的回族，前者在当时的上海形成了具有一定影响力的“回商”阶层。他们当时主要分布在传统中心城区，在此捐建清真寺，创办宗教团体，投身文化教育和社会慈善事业，推动了当时伊斯兰教在沪上的短暂繁荣。虽然随着城市化进程的发展，围寺而居的传统居住模式被打破，但世居回族的居住范围和清真寺的分布情况依然在一定程度上影响着当前回族人口在上海的分布。

从图 3 可以看出，朝鲜族分布最多的地区是闵行和松江，分别占在沪朝鲜族总人口的 26% 和 22% 。20 世纪 90 年代初中韩建交后，大量韩资企业进入上海，韩国人在上海主要聚居在闵行区，在这里形成了“韩人村”①。朝鲜族大学生和入沪务工人员较受韩资企业的欢迎，因此主要分布于闵行“韩人村”附近。松江区比邻闵行区，生活成本较前者低，地铁九号线开通以来与闵行区来往交通更加便利，也有一定数量的韩资企业，故有一部分朝鲜族人口流动到松江。

① 黄婉：《凝聚族群的“飞地”音乐生活——以上海的韩国离散族群为个案》，上海音乐学院博士论文，2010。

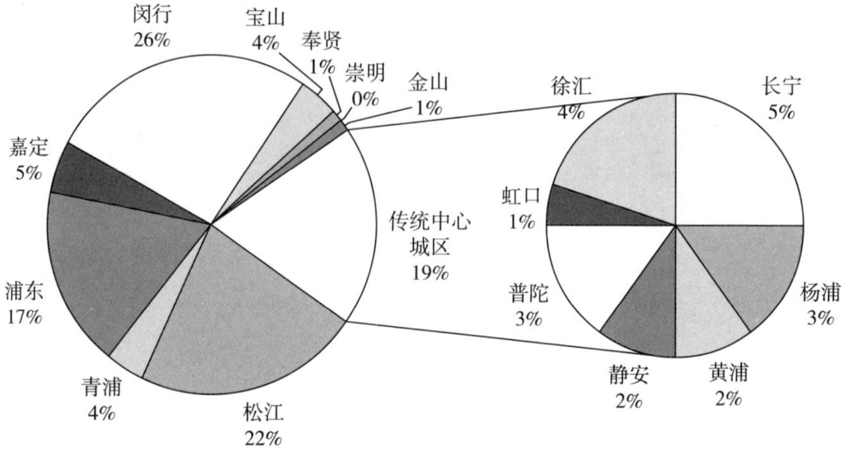

图 3　2019 年上海朝鲜族人口分布情况

（二）总体特点与变化趋势

自 20 世纪末以来，上海经济社会的快速发展吸引了全国各族人民来沪工作、学习和定居。全国第六次人口普查数据统计，上海市 2010 年少数民族人口总数为 27.56 万人（不包括其他未识别民族和外国人入籍中国的人口），比 2000 年的 10.36 万人（第五次人口普查数据）增长了 165.9%，高于全市人口增长速度，族别也已经覆盖到 55 个少数民族。

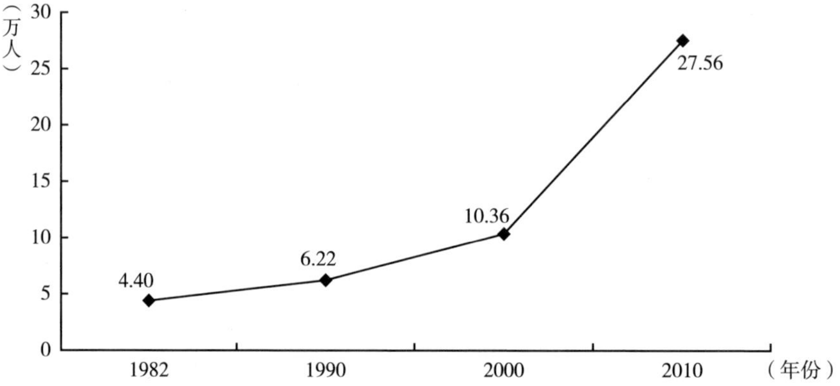

图 4　上海少数民族人口变化趋

这种快速增长，一方面是政策推动引起的少数民族人口流动，如在 20 世纪末“充分发挥上海优势，认真做好对口支援”政策的推动下，结合用工制度招收大量湖南、湖北、贵州、云南等地的苗族和土家族少数民族承包工人等来沪。另外就是受经济因素的驱动，如来沪经营拉面馆和做小商品生意的西北地区的回族、撒拉族等流动人口等。还有随着全球经济一体化而形成的特殊的跨国、跨地域民族族群，如中韩建交后，随着各类韩资企业入驻上海而来的朝鲜族务工和经商人员等。对于部分在沪少数民族而言，其流动人口数量甚至多于沪籍人口数量。这些带有不同文化背景和生活习惯的少数民族短时间内的大量涌入给当时城市基础教育、公共服务、社会保障等领域的工作都带来了挑战。与此同时，面对迥异的文化和生活环境，这些来沪流动少数民族也曾产生过不适应和融入难的问题。随着政府相关部门的职能由以管理为主转变为以服务为主，如何做好少数民族流动人口融入城市的服务工作，如何保障城市少数民族流动人口的合法权益成为城市民族工作的重点之一。经过 20 余年的磨合，伴随着代际更替，通过不断的探索和突破，近年来沪上流动少数民族出现了一些新的变化。

少数民族流动人口总体增长明显趋缓，部分少数民族流动人口未增反降。例如，2014 年上海实有少数民族人口 42.17 万人①，而到 2019 年这一数字增至 48.04 万人②，5 年仅增长 5.87 万人，增幅为 13.9%。再如，相关统计数据显示，2017 年上海办理临时居住证的外来回族、撒拉族等穆斯林人口有 4 万人左右；这一数字与 2015 年上海伊斯兰教协会汇编材料中所统计的 2010 年前后外来流动穆斯林约 12 万人的数字相比，大幅下降。这一方面是统计方式区别所致，一些尚未办理临时居住证的流动穆斯林可能未被统计在内；另一方面，上海等特大城市正在主动疏解人口、产业、功能等，很多流动人口或回到原籍，或溢出到周边城市或区域。近几年，长三角地区各级城镇的流动人口规模增速普遍高于上海，已形成大中小城市共同吸纳大量流动人口的空间连绵化特征。

沪上流动少数民族整体文化水平提高，职业类别多元化。近年来，上海流动少数民族人口的整体文化水平不断提高，来沪人员的从业类别也日益多元

① 数据来自上海民族－上海市民族和宗教网，http：//mzzj. sh. gov. cn/shmz/index. html，此数据为少数民族实有人口。

② 数据来自上海是民宗局 2019 年内部统计资料。

化。从2019年上海回族、撒拉族等流动人口的抽样调研结果看①，大学文化程度的已经占样本总量的28.2%（见图5），这与上海高校云集、来沪求学的少数民族学子众多有关。除此之外，小学及以下文化程度的流动人口占样本总数的20%，这一数据远低于8年前的统计数据：2012年对上海西北少数民族流动人口的相关研究数据显示，小学及以下文化程度的占样本总量的43%②。从职业类别来看，从事以拉面经营为主的餐饮业的占比为39%，比以往研究的数据也有明显的下降：在2012年的相关研究中，从事拉面经营的占样本总数的73%（见图6）③。

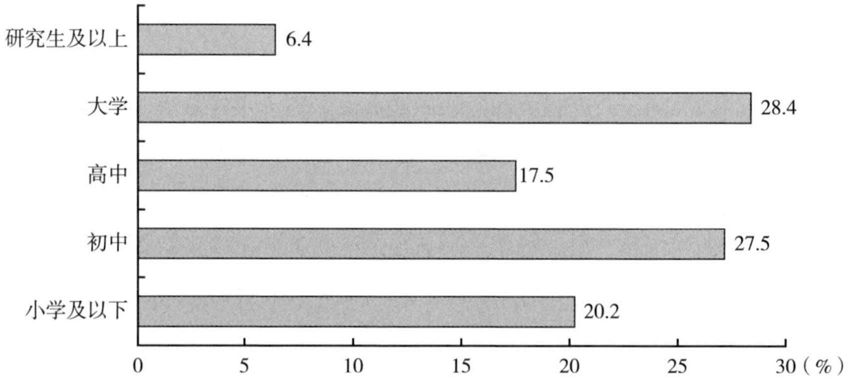

图5　2019年上海回族、撒拉族等流动人口文化程度抽样调研结果

外来流动人口的城市融入度不断提高。近年少数民族流动人口开始主动融入都市社会的观念日益增强，各方面的融入情况均有所改善。从2019年的调研中明显看到，来沪西北少数民族流动人口在子女入学、参加社会保险、医疗保险、办理居住证等方面开始变得主动积极。所调研清真寺的相关人员曾谈道："他们（西北少数民族流动人口）的观念也在逐渐变化，开始主动到清真寺询问孩子上学的问题、交养老保险的问题。很多人改变了在这里赚钱到老家

① 数据来自上海宗教文化中心"上海新生代穆斯林人口现状研究"课题的问卷调研结果，此次调研运用分层抽样和滚雪球抽样的方法，以上海7座清真寺和1处固定处所为基础，对来寺礼拜的少数民族穆斯林的基本情况和城市融入状况展开调研。

② 2012年的数据，主要来自葛壮《长三角都市流动穆斯林与伊斯兰教研究》，上海社会科学出版社，2015，第233页。

③ 葛壮：《长三角都市流动穆斯林与伊斯兰教研究》，上海社会科学出版社，2015，第233页。

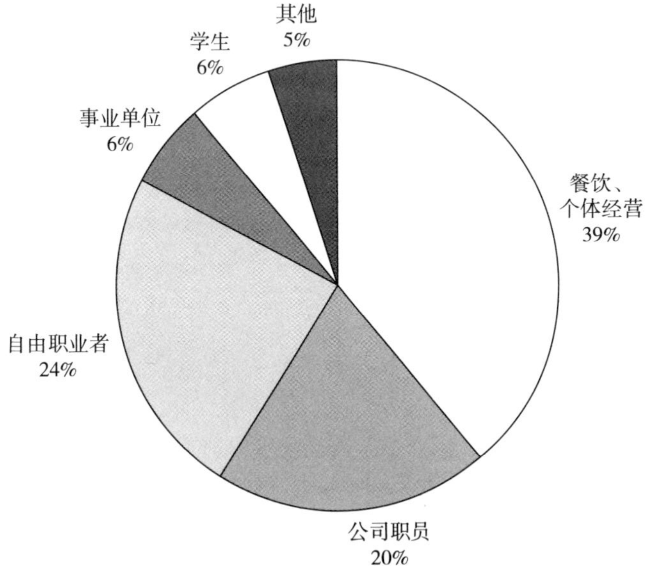

图6　2019 年上海回族、撒拉族等流动人口职业类别抽样调研结果

生活的想法。”问卷结果也显示，全部按时缴纳各项医保、社保的人数已经占样本总数的67%（见图7）。

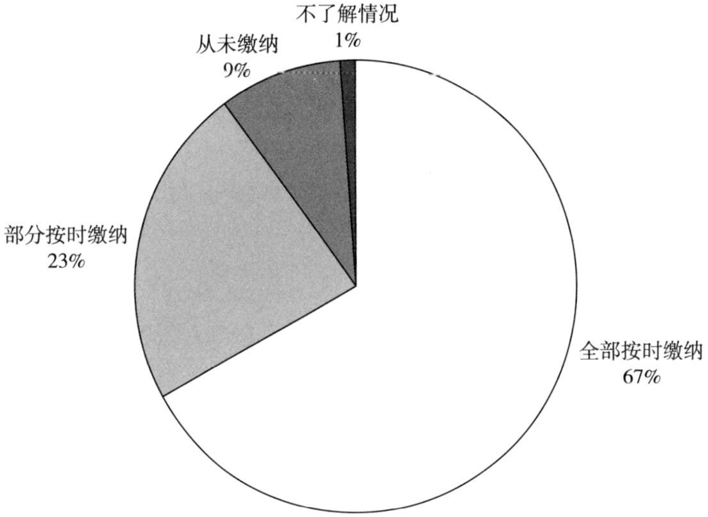

图7　2019 年上海回族、撒拉族等流动人口各项社保、医保缴纳情况抽样调研结果

少数民族流动人口城市融入程度的提高，还表现在对城市的印象、与左邻右舍关系、参与社会活动及服务社区等方面。在2019年的调研中，有65%的样本人群表示对上海的印象很好；70%的人与左邻右舍的关系很好，并经常往来；参加过所在单位或街道、社区组织的活动和参加过少数民族联合会（简称民族联）组织的活动的人员都占样本的39%，远高于参加同乡会组织的各种活动的人数（见图8）。

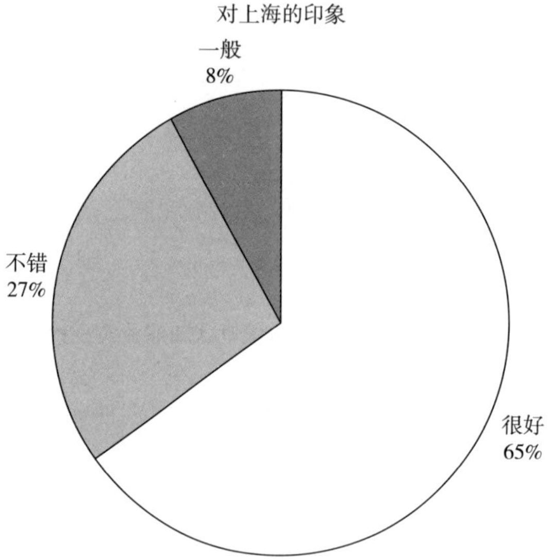

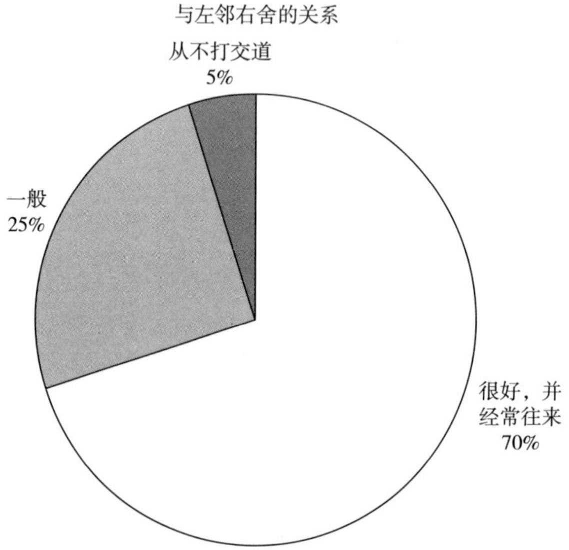

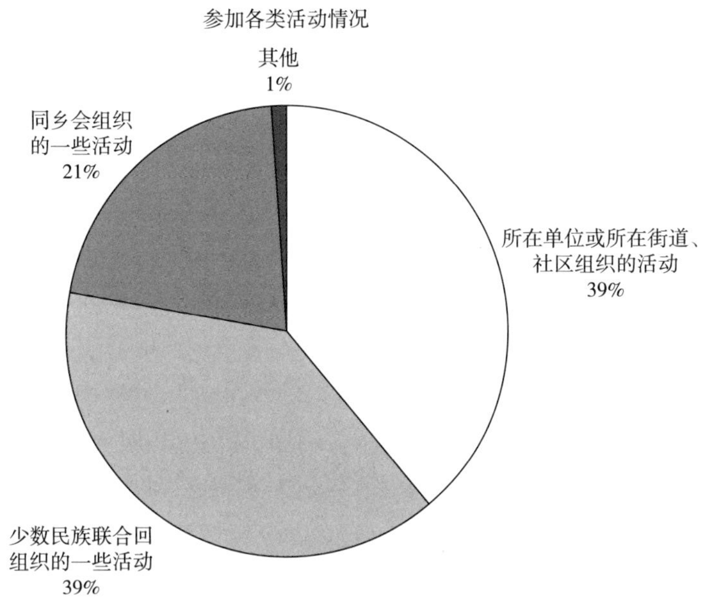

图 8　2019 年上海回族、撒拉族等流动人口城市融入程度抽样调研结果

从上述变化趋势中不难看出，当前上海少数民族流动人口的社会融入状况逐步好转。在推动这一转变的过程中，上海不断探索符合城市特色、社会经济发展规律和各民族现实需求的民族工作路径和方法，特别是在落实属地化管理推动社区民族工作、突出城市特色打造民族品牌项目等方面积累了一些好的经验，但需要注意，这些方法与经验，有的具有普遍性，可以在其他地区推广，有的则仅适用于上海。

二　城市民族工作开展情况

（一）立足城市特色，重法守约，依法行政

上海是近代中国较早融入现代文明体系的城市，契约精神和法律意识是其城市性格的主要特征，是上海城市传统积累流传的宝贵精神财富，同时也是上海民族关系和谐的内在根基。上海市城市民族工作开展过程中注重用法律来规范和引导。自 20 世纪末以来，在国家层面上位法的指导下，上海出台并及时

修订了各项地方性法律、法规，保障少数民族的合法权益。如：1994 年底，根据国务院颁布的《城市民族工作条例》，结合本地实际出台了《上海市少数民族权益保障条例》；2000 年 6 月，上海市委、市政府办公厅转发《关于进一步加强本市民族工作的若干意见》，同年 8 月出台《上海市清真食品管理条例》；2001 年，根据来沪少数民族实际情况，起草了《关于加强外来流动人口中少数民族人员管理工作的意见》和《关于处理外来流动人口中少数民族人员各类纠纷的预案》；2003 年，出台了《上海市回民公墓殡葬管理办法》；2013 年，市民宗委与市民政局联合下发《关于进一步加强本市社区民族工作的实施意见》；2019 年，上海市民宗局会同市委宣传部、市委统战部制定出台了《关于开展 2019～2021 年民族团结进步创建工作指导意见》；等等。通过制定上述各项地方性法规和政策意见，使城市民族工作在开展过程中能够有法可依、有章可循。

与此同时，通过举办民族宗教法制宣传月①等活动，一方面培育和增强在沪少数民族的法制意识，另一方面增强市民对民族、宗教相关政策法规的认识和理解，增进民族间的相互了解，促进民族团结。自 1994 年起，上海每年举办民族宗教法制宣传周活动，并于 2013 年起升级为民族宗教法制宣传月，该活动由市民宗局牵头，各区民宗办协调，各街道、居委会、少数民族联合会以及各宗教场所、团体组织等积极参与落实。每年围绕特定的主题)，重点宣传民族、宗教法律法规和相关配套政策。主要采取制作相关宣传栏、黑板报，分发民族宗教政策法规小册子，举办讲座、咨询会和公益讲堂，以及召开学习会、座谈会和知识竞赛等形式。通过民族、宗教法律法规“进场所、进团体、进院校、进社区”，进一步增强民族和宗教法规的社会知晓度，推动营造民族团结、宗教和睦的城市氛围（见表 3）。

表 3　近年来上海民族宗教法治宣传月主题

时间	主题
2014 年 6 月	发挥正能量　共铸中国梦
2015 年 6 月	共建法治中国

① 活动举办之初为“民族宗教法制宣传周”后改为“民族宗教法制宣传月”。

续表

时间	主题
2016 年 6 月	学习宣传全国宗教工作会议精神
2017 年 6 月	深入学习贯彻中央民族工作会议和全国宗教工作会议精神
2018 年 6 月	同心同行　迎接十九大
2019 年 6 月	弘扬法治精神，助力新时代

除此之外，无论是村居、街镇、区县，还是市一级民族宗教工作的开展，都始终坚持依法行政和综合治理相结合。坚持“是什么问题就按什么问题处理的原则”，对涉及少数民族人员但不属于民族问题的事件和案件，准确定性，依法、依规处置。如在处理拉面馆纠纷等事件时，依照法律定性为经济纠纷的，则按照经济纠纷的解决方法进行处理，避免将民族、宗教因素介入其中。在处理少数民族流动人口办理临时居住证、参与社会保险、子女接受教育等问题时，在充分尊重少数民族风俗习惯的同时，坚持追求城市公共服务均等化的目标，避免将少数民族流动人口与汉族来沪流动人口区别对待。近年来在立法、普法、依法行政等方面做出的一系列努力，有力地推动了上海城市民族工作向着法治、和谐的现代化方向前行。

（二）下沉基层，建立“三社联动”机制

1. 落实“三级网络，两级责任制”，压实属地化管理

城市民族工作若要落到实处，必须下沉基层。“三级网络、两级责任制”则是落实属地化管理的有效途径。自 2016 年起，按照《中国共产党统一战线工作条例（试行）》和《中共中央国务院关于加强和改进新形势下宗教工作的意见》的精神，上海选择了虹口和松江两个区作为试点推行这一制度。为此，试点区作了大量的工作，制定了《关于落实基层民族和宗教事务管理三级工作网络两级责任制的实施意见》和《基层民族和宗教事务管理三级工作网络两级责任制操作手册》，以贯彻指导思想、完善网络、明确任务、规范程序和保障落实。

“三级网络”是指：①区级层面建立区民族和宗教工作领导小组，统揽全区少数民族和宗教事务管理工作，办公室设在区民宗办，负责日常运转的动态管理，由区委书记任组长；②街镇一级成立民族和宗教工作领导小组，由党（工）委书记为组长，街镇所属的党建（群）办、网格管理分中心、城管中

队、市场监督管理所、所在地的公安分局派出所、宗教团体（场所）、少数民族联合会分会（联络组）为成员单位；③居村一级成立民族和宗教工作小组，以党支部书记为组长，治安小组长、网格员、宗教场所负责人、少数民族代表为小组成员，及时了解和掌握基层民族和宗教工作情况。

两级责任制是指：①街镇一级共 11 个大类的责任，包括民族和宗教基本情况调摸、信息上报、教育培训、民族和宗教界代表人士工作、大型宗教活动管理、帮困慈善、民族团结进步创建、维护合法权益、帮助解决实际困难、涉及民族和宗教因素相关问题的处置、工作考评等；②居村一级共 4 个大类的责任，包括民族和宗教基本情况调摸、信息上报、帮困慈善、协助涉及民族和宗教因素矛盾纠纷的处置等四个大类。对这些责任用操作手册的方式加以清单化，并对具体工作项目和工作流程做了分解和细化。

通过落实“三级网络、两级责任制”，将民族宗教工作下沉到了基层社会治理最前端，有效压实了属地管理责任，有助于在工作中形成合力，实现上下联动，在一定程度上缓解了民族宗教干部“孤军奋战”的问题。同时，以社区或街镇为单位的交流活动，打破了仅在民族内部交流的藩篱，加深了基层群众彼此间的交往与了解，是解决少数民族流动人口融入难、内圈化等问题的有效途径。

2. “三社联动”，构建现代化的城市民族工作体系

“三社联动”通常是指社区、社会组织、社会工作者三者之间，通过某种机制实现有机互动、共同发生作用的一种运行模式。① “三社联动”② 是城市社会治理的一种创新机制，上海在推进基层城市民族工作的过程中一直十分重视发挥社区、社团和社工的作用。

社区是政府实现基层治理、提供城市公共服务的基本单位。1996 年，上海率先尝试将民族工作、民族团结进步创建工作重点下沉到社区。1999 年开始，上海在全市开展民族团结进步优秀社区创建活动。2013 年，市民宗委与市民政局联合下发《关于进一步加强本市社区民族工作的实施意见》。只有充分立足社区、依托社区，才能把党的民族政策体现和落实在各项具体工作中，

① 马伟华、赵怡：《功能与实践：“三社联动”视角下少数民族流动人口社会支持体系构建初探》，《青海民族研究》2019 年第 4 期。

② 上海城市民族工作“三社联动”模式中包含的“社团”特指上海市少数民族联合会。

构建“纵向到底、横向到边”的社区民族工作格局①。

沪上城市民族工作还充分依托社会组织的力量，上海市少数民族联合会是经上海市社团管理局登记注册的社会团体，自1987年7月成立以来，至今已经有51个团体会员单位、217个少数民族联络组（分会），覆盖全市17个区及部分高校、科技系统和局、集团公司，拥有近3000名少数民族志愿者（联络员），是连接少数民族群众和政府的桥梁纽带，近年来在宣传党的民族政策、保障少数民族合法权益、增进民族团结、促进民族融合等方面发挥了重要的作用。

此外，上海在2007年就率先开启了将专业社工引入基层城市民族工作的探索。上海市民族宗教事务委员会与民政局联合出台了《关于开展民族宗教系统社会工作者队伍建设试点工作的通知》，以浦东新区和卢湾区（现并入黄浦区）为试点，以项目招标的方式，选定专业社工机构来承接项目，为少数民族群众提供各类服务与支持。如：上海乐群社工服务社所承接的浦东新区民族宗教办公室的“社区共融”项目，为11个街区的少数民族与信教群众提供咨询、调解、心理援助等服务。

在“三社联动”机制的作用下，基层社区投入城市民族工作的积极性和主动性得以调动，少数民族群众参与社区服务的热情也被充分激发。在社区、社团和社工的共同努力下，近年来上海各区打造了一系列有关民族团结进步有影响力的特色品牌，如：“小刘热线伴你行”黄浦区少数民族志愿者工作室（2004年成立）是在区民宗办的指导下由原来的“小刘热线”与“良友热线”合并升级而成的。其依托上海市民族团结宣传教育示范基地打浦桥社区文化活动中心，由黄浦区民族联联合上海华爱社区服务管理中心组织专门团队实施项目化运作模式，借助社区广大平台和优质资源，服务范围涉及教育、法律、健康、社交等部分。2015年6月正式启动“小刘热线伴你行”微信公共平台，定期对外发送黄浦区民族信息和知识，以更好地为少数民族同胞服务，打造城市民族工作新亮点。

“豫园来沪少数民族联络站”（2008年成立）是上海首家市场园区里成

① 花蓓：《弘扬开放、创新、包容的城市品格，全面深入持久推动民族团结进步创建工作》，《中国民族》2019年第2期。

立的少数民族组织，聚集了来自25个少数民族的约320家商户。联络站以服务为先导，涵盖文化活动、子女教育、医疗服务、宗教活动、各类节庆活动等大类，还举办有关专题讲座，组织知识竞赛、参观寻访、进博物馆、办培训班等，让来沪少数民族同胞对社区有归属感。同时搭建的微信群成为来沪少数民族沟通交流的平台，能够更好地引导他们融入社区、团结发展。

“浦东新区民族联金桥开发区分会”（2014年成立）是上海首家在开发园区内成立的少数民族组织。开发区是经济属性较强的新型社会区域，也是人才密集、智力聚集的高地，是城市民族工作的新领域。金桥开发区内数百家企业中有少数民族人员近700人，分属22个不同的民族成分，其中超过50%的少数民族人员为大学以上学历，拥有少数民族博士、硕士近百人。民族联分会平台是沟通园区内少数民族高级知识分子的桥梁，弥补了城市民族工作在这一区域的空白，是城市民族团结进步创建的有益探索与实践。

“葡萄架下民族情”是上海市嘉定区马陆镇打造的少数民族品牌项目，由于马陆镇出产葡萄，被称为“上海的吐鲁番”。嘉定区发挥“马陆葡萄”的品牌效能，创建了“葡萄架下民族情”特色少数民族项目。该项目下有一支由陆塘街一家拉面店回族老板牵头，周边回族、东乡族、维吾尔族等同行自发组成的少数民族志愿者服务队。“我们想为社区做一些事”是他们共同的心声。这支志愿者服务队，融入基层社会治理服务体系中，充分体现出流动少数民族融入城市生活、服务社区的主动性。

除此之外，还有杨浦区的“彩虹桥行动”①，普陀区的少数民族公益律师队，徐汇区民族联医卫分会，闵行区“白礼言民族事务调解工作室”，松江区“少数民族创业者联谊会”，静安区的上海百灵民族合唱团、“老买热线”、达庆熙志愿者工作服务中心、白玛龙珍少数民族志愿者服务队、颁金文化工作室，虹口区的“凉城街道来沪少数民族创业就业服务社”、“民族情、中国梦”少数民族文化知识竞赛，等等。通过打造品牌项目，让民族团结进步创建工作内化于心、外化于行，不断铸牢中华民族共同体意识。通过探索“三社联动”

① 即通过设置系列电子表格式台账，实现全区少数民族信息网络全覆盖，规范民族工作网络化管理。

机制，在民族工作领域实现政社合作、政社互动、政社促进，构建新时代现代化的城市民族工作体系。

（三）广泛宣传、注重教育，不断提高创新能力

1. 广泛宣传、创新形式

少数民族政策、法规和民族知识的宣传不能只局限于少数民族内部，应该面向社会，让广大市民都有所了解和认识，这样才更有益于民族间的相互了解、和谐相处与团结互助。

上文中所述的民族宗教法制宣传月活动，和“三社联动”机制打造的各类品牌项目都依托于社区，在社区范围内的宣传既可以深入基层，又能突破少数民族内圈化的局限，增进民族间的相互了解。与之同时，上海还尝试将宣传工作逐步推向一些公共领域：上海市 9 家首批民族团结进步教育基地中包括上海博物馆、中国福利会少年宫、上海纺织博物馆等公共文化服务场所；上海地铁 8 号线和 10 号线开通了“民族团结号”列车，据统计每列车日均人流量超过 2 万人次；上海轨道交通最大的换乘站人民广场站的 LED 大屏幕上会滚动播放相关民族政策和少数民族小知识等。

在做好线下宣传的同时，还广开线上宣传通道。上海市民宗局、民族联、各民族团结进步示范单位、民族团结进步教育基地都开通了官方微博、微信公众号等线上平台，推送民族知识、民族政策等内容。线上、线下形成全方位立体式的宣传网络，春风化雨、润物无声地向全社会传递民族团结进步的理念，传播少数民族的特色文化，促进各民族的交流互动与交融互信。

2. 注重教育、用心关怀

上海开展城市民族工作的重点一个在社区，另一个在学校。目前，上海的民族学校学生、承办的各类民族班学员、高校少数民族大学生等超过 5 万人；全市共有 28 所学校承担了包括内地新疆班、内地西藏班在内的民族班任务，这些民族班在校生规模已达 7000 余人。关心这些来沪少数民族学生求学、就业情况，关怀其在沪的成长，培养其树立中华民族共同体意识等都是民族工作的重要内容，依托“区校联动”，上海也探索和培育出一些经验和品牌项目。

“阳光育人计划”，该计划 2007 年由上海交通大学哈萨克族教师策划发

起，采用“导师—助教—学生”二对一的模式，从学业、生活、工作规划等各方面为在校优秀贫困少数民族大学生提供结对服务，至2019年，该计划第13期顺利签约。13年来，共有170位导师、135位助教见证并参与197名来沪少数民族大学生的成长历程。“每培养一名合格的少数民族大学生，就是在民族地区播下了一颗民族团结的种子。做好这项工作，于国于学生都可以获益不少”这是该项目所秉承的理念。近年来该项目开始辐射全国，推出了“百城千人计划”等。

“洪汉英工作室”是在高校辅导员团队不断探索新疆少数民族学生培养教育的方式、方法的过程中成立的，并以上海中医药大学少数民族辅导员洪汉英命名的上海高校辅导员工作室①。其以上海高校少数民族学生工作为根本职责，建立了涵盖校内外成员和新疆驻沪干部的工作团队，探索出“一条主线、一个目标、一支队伍、一片爱心”的“四个一”模式②：以培养少数民族大学生树立中华民族共同体意识为主线；以激发少数民族学生内在动力和核心竞争力为目标；用心关怀学生，讲暖心话、办贴心事，用“走心”和启发的方式开展思想教育工作。

除此之外，上海民族宗教部门和教育部门、高校以及其他有关部门共同协作，每年三月举办一场少数民族毕业生专场招聘会，同时在民族联开通了少数民族大学生咨询热线，并积极建设一批上海市少数民族大学生就业实践基地，为少数民族大学生就业和发展开拓更多的渠道与平台。

三　未来挑战与对策建议

进入新时代以来，随着城市治理水平的提高、政府职能的转变与沪上少数民族群众积极融入，上海城市少数民族工作取得了一定的进展，但有些老问题依旧存在，新挑战也日益显现。

① 赵岩：《实践育人、全程管理——洪汉英工作室对少数民族学生教育工作的探索》，《中国民族教育》2015年第10期。

② 苏闻宇、关琳子：《“洪汉英工作室”与内地少数民族大学生培养模式》，《新丝路学刊》，2017年6月。

（一）面临的问题与挑战

从代际更替的角度看，《中国流动人口发展报告2017》显示，2016年我国新生代[①]流动人口占流动人口总数的64.7%，已成为人力资本的重要组成部分，上海少数民族流动人口组成中情况亦然。相较于父辈，新生代流动人口对家乡的情感和认识较为淡薄；相较于主体民族，他们在文化习俗和宗教信仰上有所差别；加上在城市中生活境遇的落差和互联网上大量各类信息的冲击，极易在自我身份认同上产生困扰。针对新生代少数民族流动人口现实境况，心理状态，国家、社会、民族认同程度的专项研究相对较少，对上述情况的了解和掌握也不够全面深入。

从人口流动情况看，虽然我国东部沿海作为流动人口主要目的地的趋势不会改变，但特大城市正在主动疏解人口、产业、功能等。数据显示，长三角地区各级城镇的流动人口规模增速普遍高于上海，已形成大中小城市共同吸纳大量流动人口的空间连绵化特征。故此，少数民族流动人口社会融入问题现已不再是某一个或某几个特大城市的问题，而是区域一体化战略中需要共同面对、协同治理的问题。以往民族工作的属地化城市特色突出，但缺乏区域一体化视野下的互动与合作。

网络是把双刃剑，世界进入互联网时代后，各种信息在网络和新媒体平台得以飞速而广泛的传播。如果使用得当，可以传播正能量、促进民族团结。反之，若任伤害民族感情的不当言论在网上肆意传播，将对统战工作带来巨大的风险和挑战。然而，目前对网络信息还不能做到很好的分类分级，对此类舆情的处理手法也较为简单。如何建立健全有效的网络监管机制，防患于未然，处置于未显，营造良好的网络环境，也是摆在我们面前的新挑战。

在探索城市民族宗教工作下沉路径的过程中，无论是落实“三级网络、两级责任制”，还是构建“三社联动”机制，横向互动都略显不足。一方面表现为各个区域之间的民族工作的合作、互动和交流比较少；另一方面表现为多部门综合治理的效果仍不显著。尽管上海通过多部门联合发文的形式出台了多项文件，涉及民族团结进步创建、社区民族工作、民族因素矛盾纠纷防范处

① 所谓“新生代”在本文中指20世纪80年代以后出生的少数民族流动人口。

置、少数民族群众来沪务工服务和管理以及公平就业等方面，但在实际工作中，其他部门的干部，特别是基层干部依然缺乏对少数民族基本知识和工作方法的认识和了解。

在推进城市民族工作下沉的过程中，在实际操作层面也遇到各种各样的新问题。①基层人员配备不足问题：在落实“三级网络、两级责任制”的过程中，基层人手紧张的矛盾变得更加突出，虽然区民宗办能够保证配备专职干部，但是街镇村居中民宗干部大多是兼职。②任务分割不清问题：在基层没有单独划分出民宗工作时，这些工作在村居层面是“打包”的，把民宗工作单独拎出来后，反倒多了协调的事务，增加了工作量。③权责不等问题，在下沉城市民族工作的过程中，基层存在权责不对等导致的属地管理压力，如除信息发现和报告、教育培训外，对于一些禁止性事项的处置，基层并无相应权力。

（二）对策建议

1. 加强区域间的合作交流，关注新生代少数民族人口的成长

伴随着长三角一体化发展上升为国家战略，区域内各领域不断完善共建共享的社会治理模式，加之少数民族流动人口近年来呈现外溢到区域内其他城市的现象，上海应将城市民族工作置于这一发展大局之中。在长三角区域一体化发展的视野下，加强与区域内各城市的交流合作，并根据城市少数民族流动人口的新特点，从多层面探索信息互通、服务管理体系对接顺畅的协同治理模式，以进一步推动治理体系和治理能力现代化。通过总结可复制经验并尝试推广到全国其他区域，为促进各民族交流交融、共同发展，铸牢中华民族共同体意识做出应有的贡献。

与此同时，要加强对新生代少数民族流动人口的关注。随着代际更替，新生代已经成为城市流动少数民族人口的主体，尽管20世纪末21世纪初少数民族流动人口城市融入研究热潮似乎已经逐步退却，但是“流二代”“流三代”的问题仍然值得我们继续关注。故此，建议相关政策研究部门和科研基金设立相关选题，对相关问题进行持续性研究和全面深入的把握。

2. 逐步完善互联网民族事务管理机制，综合治理，分类施策，防范、应对与宣传并重

互联网民族事务涉及国家安全和社会稳定，要建立健全相关法律体系，发

挥网络舆情综合协调机制的作用，搭建舆情协作处理平台，实现多主体高效配合、齐抓共管的有效机制。建立由各级民宗部门牵头，宣传、统战、网信、公安、信访、通信管理、市场监督管理等部门协同的网络舆情处置联席会议机制。

做好涉民族事务网络舆情工作，基础在于风险防范。厘清涉民族事务网络舆情的风险点、敏感点，理出风险防范清单和做好应对预案。运用各类信息技术平台，通过“人机合一”，加强风险监测。

习主席强调：“推动网络舆论工作，正能量是总要求、管得住是硬道理、用得好是真本事。”因此，在防范和化解舆情风险的同时，更要做好正面的宣传、引导工作。可通过积极协调各民族团建创建示范点、创建基地等开通的新媒体账号，形成体系完整的正面宣传新媒体矩阵。加大权威信息发布力度，形成以权威信息和主流舆论引导网民的良好格局。在宣传内容上注重使用网络语言，以群众喜闻乐见、诙谐幽默的帖子提高舆论引导的亲和力；另外可以深入浅出地介绍少数民族基本知识、解读相关政策等，增进各民族群众相互了解。

3. 树立全局观念，加强部门合作和各区间的互动，在“精细共治”上下功夫

想要做好城市民族工作，必须树立“民族工作不仅是民族部门的工作，更是涉及大局、影响全局的综合性工作，需要各职能部门和全社会共同参与”的观念①。可通过编写发放民族工作机关干部简明读本、制作民族团结进步创建宣传巡展展板，在市级机关干部中扩大民族工作的覆盖面和知晓率。打破以往民宗部门“单打独斗”的局面，建立多部门联动配合、共建共享、协同参与的城市民族工作机制。

深化“三社联动”创建工作格局，进一步扩大各区之间的横向网络。如组织召开全市民族团结进步创建经验交流现场会，培育增加民族团结进步教育基地，发挥机关、企业、社区、乡镇、学校等创建主阵地、主渠道作用，巩固和发展“进楼宇”“进园区”的上海特色等。

城市治理特别是大型城市的社会治理，要像“绣花”一般，做到精细化、

① 花蓓：《上海：将城市民族工作融入改革发展稳定大局》，《中国民族报》2019 年 7 月 5 日，第 1 版。

具体化①。城市民族工作也要以多种方式盘活和融通管理、知识与实践资源，促使社会共治更加精细化。同时，要以人为本，深入了解来沪少数民族同胞的迫切需求，加强人文关怀，提高精准服务水平。

4. 对于压实属地化管理过程中显露出来的问题要及时发现、研究和解决

这些问题，有些需要在制定政策时予以综合考量；有些是旧体制产生的思维定势，需要在不断更新理念中加以解决。还有一些则是不可避免的资源约束，如人手不足的问题，本身就受到政府编制的限制，不可能无限制地扩编人手，但可以通过强化培训解决，即市、区民宗部门通过提供及时、专业的培训项目，提高基层民族、宗教干部的专业技能和水平，丰富基层街镇社区其他干部的民族、宗教知识，避免因不专业或者知识缺乏而影响工作效率，甚至出现误解、误判等。由于民宗工作的复杂性，对于那些还无法被三级网络覆盖的问题，有些可以通过进一步改革，将之纳入；有些则超出了这个框架所能容纳的范围，需要其他举措来补充。

总之，上海较早探索并落实将城市民族事务纳入社会治理总体框架中，并对接网格化管理与社会综合治理体系；横向依托市、区统战与民宗工作领导小组，纵向加快推进“三级网络、两级责任制”，将治理触角延伸至基层第一线。通过搭建平台、创造联结，形成齐抓共管的共治格局。民族工作是长期和复杂的工作，党的十九大报告指出中国特色社会主义进入了新时代，面对新时代赋予新的使命，要在以往经验和成绩的基础上，绵绵用力，久久为功。

参考文献

青觉：《城市少数民族流动人口市民化研究》，《中南民族大学学报》（人文社会科学版），2017 年第 1 期。

国家民族事务委员会：《中央民族工作会议精神学习辅导读本》，民族出版社，2015。

① 房剑森：《多措并举，做好新时代少数民族散居城市的民族团结工作》，《中国民族报》2019 年 1 月 18 日，第 5 版。

方堃：《城市民族事务治理社会化问题研究》，人民出版社，2016。

丁宏、敏俊卿：《伊斯兰教与中国穆斯林社会现代化进程》，中央民族大学出版社，2012。

段成荣、杨舸、马学阳：《中国流动人口研究》，中国人口出版社，2012。

附　　录

Appendix

B.15 2019年中国少数民族事业发展大事记

1 月 20 日，中国民族史学会 2019 年工作会议暨新时代民族史学科建设研讨会在云南大学召开。会议强调，中国民族史学会要认真贯彻落实习近平总书记致中国社会科学院中国历史研究院成立的贺信精神，牢牢把握历史研究的发展机遇，做好 2019 年工作，在新时代民族史研究创新发展和学科建设中发挥组织、引导作用。

3 月 4 ~ 8 日，在瑞士日内瓦举办了“中国新疆人权事业发展进步”图片展。此次展览选取了 80 余张图片，介绍了新疆实行民族区域自治制度、基层民主选举、宗教信仰自由和少数民族文化等多方面情况，吸引了许多参观者驻足，赢得了外国嘉宾的称赞。

3 月 18 日，国务院新闻办公室发表《新疆的反恐、去极端化斗争与人权保障》白皮书。白皮书指出，面对恐怖主义、极端主义的现实威胁，新疆采取果断措施，依法开展反恐怖主义和去极端化斗争，有效遏制了恐怖活动多发频发势头，最大限度保障了各族人民群众的生存权、发展权等基本权利。

3 月 29 日，《格萨尔文库》出版发布及捐赠仪式在北京举办。全国政协副主席，中央统战部副部长，国家民委党组书记、主任巴特尔出席活动并讲话。

4 月 30 日，中共中央政治局常委、全国政协主席汪洋主持十三届全国政协第二十一次双周协商座谈会并讲话。他强调，要全面贯彻中央民族工作会议精神，进一步做深、做实、做细城市民族工作，提升城市少数民族服务管理水平，让城市更好接纳少数民族群众。

5 月 10 日，中共中央政治局常委、全国政协主席汪洋在参加省部级干部民族宗教工作专题研讨班学员座谈时强调，民族宗教问题是我们党治国理政必须处理好的重大问题，事关全面建成小康社会，事关祖国统一和边疆稳固，事关中华民族伟大复兴。要以习近平新时代中国特色社会主义思想和党的十九大精神为指导，增强“四个意识”，坚定“四个自信”，做到“两个维护”，坚持从政治和全局高度看待民族宗教问题，切实增强做好工作的责任感使命感，不断巩固民族团结、促进宗教和谐，为实现“两个一百年”奋斗目标和中华民族伟大复兴中国梦做出新的更大贡献。

5 月 11 日，中国民族学学会 2019 年高层论坛“文化自信与民族学的发展”学术研讨会在大连市召开。中国民族学学会会长杨圣敏指出，中国民族学会成立 80 多年来，一贯坚持以学术强国、学术为社会的进步服务作为自己的目标，努力挖掘中国传统文化中的精华与优秀思想，为中华民族的伟大复兴做出贡献。

6 月 14 日，“2019 · 中国西藏发展论坛”在拉萨市开幕。国家主席习近平发来贺信，向论坛开幕表示祝贺。本届论坛以“‘一带一路’与西藏开放发展”为主要议题，下设“丝绸文明中的西藏”“‘一带一路’建设中的西藏角色”“西藏的开放与藏文化的传承发展”三个分议题。

6 月 22 日，由中国社会科学院民族学与人类学研究所、西南民族大学主办的第十二届中国民族研究西南论坛在成都市召开。与会的 80 余位专家学者围绕“族群文化与互动”“民族政策的研究与回顾”“民族地区经济发展的路径选择”“民族史与民族学史”“藏区史志文献整理研究”等议题展开深入交流。

7 月 2 日，在联合国人权理事会第 41 次会议举行之际，中国人权研究会在瑞士日内瓦万国宫举办“中国少数民族的人权保护”主题边会，向与会各国外交官和国际组织官员介绍新疆和西藏有关情况。

7 月 16 日，第七次全国对口支援新疆工作会议在新疆维吾尔自治区和田召开。中共中央政治局常委、中央新疆工作协调小组组长汪洋出席会议并讲话。他强调，对口援疆是国家战略，是实现新疆社会稳定与长治久安总目标的重要举措。要以习近平新时代中国特色社会主义思想为指导，完整准确贯彻新时代党的治疆方略。

7月15～16日，中共中央总书记、国家主席、中央军委主席习近平在内蒙古自治区考察并指导开展“不忘初心、牢记使命”主题教育。习近平来到赤峰市松山区兴安街道临潢家园社区考察调研，这是一个多民族群众聚居的社区。习近平强调，要深入推进民族团结进步创建进社区，把社区打造成为各族群众守望相助的大家庭，积极创造各族群众安居乐业的良好社区环境。

7月18～19日，全国人口较少民族脱贫攻坚奔小康现场推进会在青海省海东市召开。全国政协副主席，中央统战部副部长，国家民委党组书记、主任巴特尔出席会议并讲话。巴特尔强调，要全面贯彻党的十九大精神和习近平总书记重要指示批示精神，结合正在开展的“不忘初心、牢记使命”主题教育，交流典型经验做法，进一步加大支持力度，推动人口较少民族地区实现整体率先脱贫、率先奔小康。

7月21日，国务院新闻办发表《新疆的若干历史问题》白皮书。白皮书指出，中国是统一的多民族国家，新疆各民族是中华民族血脉相连的家庭成员。白皮书强调，历史不容篡改，事实不容否定，新疆是中国神圣领土不可分割的一部分。白皮书说，当前新疆经济持续发展，社会和谐稳定，民生不断改善，文化空前繁荣，宗教和睦和顺，各族人民像石榴籽一样紧紧团结在一起，新疆处于历史上最好的繁荣发展时期。

7月25日，中华人民共和国成立70周年民族工作创新与发展座谈会在北京市召开。中共中央政治局常委、全国政协主席汪洋出席会议并讲话。他强调，做好民族工作事关祖国统一、边疆巩固大局，事关民族团结、社会稳定大局。要深入学习贯彻习近平总书记关于民族工作的重要论述，坚持党的领导，坚持各民族一律平等，坚持民族区域自治制度，同心同德实现中华民族伟大复兴中国梦。

9月8日，由内蒙古自治区社会科学院和河北省社会科学院联合主办的“草原文化与燕赵文化学术研讨会”在呼和浩特市举行。与会的专家学者围绕中原文明与草原文明的交流与互补、北方民族与周边民族文化的碰撞与交融、早期北方草原文化与中原文化关系、农耕文化与草原文化等进行了深入研讨。

9月16日，在联合国人权理事会第42次会议期间，中国人权研究会在瑞士日内瓦万国宫举办“新疆的反恐、去极端化斗争与人权保障”主题边会，介绍新疆在去极端化斗争方面的措施、经验以及在人权保障方面取得的成果。来自多个国家政府、有关国际组织和非政府组织的代表等50余人与会。

9月12日，第十一届全国少数民族传统体育运动会民族大联欢活动在河南省郑州市炎黄广场举行，来自全国56个民族的近万名运动员和嘉宾齐聚黄河岸边，共襄盛举。

9月22日，国务院新闻办发表《为人们谋幸福：新中国人权事业发展70年》白皮书。

9月27日，全国民族团结进步表彰大会27日上午在北京举行。中共中央总书记、国家主席、中央军委主席习近平出席大会并发表重要讲话，首次提出新时代的民族工作要以“铸牢中华民族共同体意识为主线”，高屋建瓴地指出我国“辽阔的疆域是各民族共同开拓的”“悠久的历史是各民族共同书写的”“灿烂的文化是各民族共同创造的”和“伟大的精神是各民族共同培育的”。与此同时，习近平总书在讲话中还着重从坚持准确把握我国统一的多民族国家的基本国情，把维护国家统一和民族团结作为各民族最高利益；坚持马克思主义民族理论中国化，坚定走中国特色解决民族问题的正确道路；坚持和完善民族区域自治制度，做到统一和自治相结合、民族因素和区域因素相结合；坚持促进各民族交往交流交融，不断铸牢中华民族共同体意识；坚持加快少数民族和民族地区发展，不断满足各民族群众对美好生活的向往；坚持文化认同是最深层次的认同，构筑中华民族共有精神家园；坚持各民族在法律面前一律平等，用法律保障民族团结；坚持在继承中发展、在发展中创新，使党的民族政策既一脉相承又与时俱进；坚持加强党对民族工作的领导，不断健全推动民族团结进步事业发展的体制机制等九个方面对中国共产党成功处理民族问题的基本经验进行了新的总结。习近平总书记的重要讲话，是对我们党和国家民族政策理论的全新总结和重大发展，也为处理新时期的民族工作提供了新的指引和方向。

10月11~13日，由中国民族学学会主办的中国民族学学会2019学术年会暨“新中国民族学70周年与民族学中国学派之路”学术研讨会在北京市召开。来自相关领域的100余位专家学者参加了会议，围绕铸牢中华民族共同体意识展开了热烈研讨。

10月24日，中共中央办公厅、国务院办公厅印发《关于全面深入持久开展民族团结进步创建工作铸牢中华民族共同体意识的意见》。该意见指出，中华民族共同体意识是国家统一之基、民族团结之本、精神力量之魂。新时代民族团结进步创建工作要坚持以铸牢中华民族共同体意识为根本方向，坚持以加强各民族交往交流交融为根本途径，坚持以“中华民族一家亲，同心共筑中国梦”为总目标，坚持依法治理民族事务促进民族团结，遵循社会团结规律，坚持正面引导，坚持齐抓共管、形成合力。

11月3日，由台湾少数民族研究会和中央民族大学中国少数民族研究中心联合主办的“新时代台湾少数民族研究学术话语体系研讨会暨台湾少数民族研究会2019年年会”在北京召开，与会专家学者对迁台少数民族的历史和生存现状进行了交流，并推举产生了新一届理事会。

11月5日，在由中国社会科学院民族学与人类学研究所主办的民族地区县域文旅产业发展70年研讨会上，中国社会科学院民族学与人类学研究所《中华民族传统文化创造性转化和创新性发展研究》课题组发布了《民族地区县域文旅产业发展指标（2017～2018年）》。

11月9～10日，由中国人类学民族学研究会主办的中国人类学民族学2019年年会在云南省昆明市召开。本次年会主题是“人类学民族学与新中国民族团结进步70年”。

12月6日，由中国民族政策研究会及中央民族大学共同主办的中国民族政策研究会2019年学术年会在北京市召开。本届年会以“国家治理体系与治理能力现代化视域下的中国民族政策”为主题，旨在进一步总结70年来中国民族政策的成功经验，推进新时代中国民族政策创新发展，深化相关领域研究。

12月20日，全国政协民族和宗教委员会以“如何有效深化民族团结进步教育，铸牢中华民族共同体意识”为主题，召开少数民族界主题协商座谈会。全国政协副主席，中央统战部副部长，国家民委党组书记、主任巴特尔出席会议并讲话。巴特尔指出，铸牢中华民族共同体意识，是新时代民族团结进步教育工作的主线。

（张金利　整理）

B.16

有关“中华民族共同体意识”的大事记、研究项目立项及学术会议情形

一 大事记

1. 2014 年 9 月 28 日至 29 日，第四次中央民族工作会议暨国务院第六次全国民族团结进步表彰在北京举行，习近平在大会中指出：“加强民族大团结，长远和根本的是增强文化认同，积极培养中华民族共同体意识。”

2. 2017 年，习近平同志在党的十九大报告中指出：“全面贯彻党的民族政策，深化民族团结进步教育，铸牢中华民族共同体意识，加强各民族交往交流交融，促进各民族像石榴籽一样紧紧抱在一起，共同团结奋斗、共同繁荣发展。”

3. 2019 年 9 月 23 日，习近平在民族团结进步表彰大会上的讲话：各族人民亲如一家，是中华民族伟大复兴必定要实现的根本保证。实现中华民族伟大复兴的中国梦，就要以铸牢中华民族共同体意识为主线，把民族团结进步事业作为基础性事业抓紧抓好。

党的十九届四中全会从 13 个方面系统总结了我国国家制度和国家治理体系的显著优势，一个重要方面就是“坚持各民族一律平等，铸牢中华民族共同体意识，实现共同团结奋斗、共同繁荣发展的显著优势”。

4. 2019 年 10 月 23 日，中共中央办公厅、国务院办公厅印发了《关于全面深入持久开展民族团结进步创建工作铸牢中华民族共同体意识的意见》，并发出通知，要求各地区各部门结合实际认真贯彻落实。

5. 2020 年 3 月 20 日，中共中央统战部、宣传部，中国教育部、国家民族事务委员会联合发文，公布了“铸牢中华民族共同体意识研究基地”入选名单，暨南大学中华民族凝聚力研究院等 10 个研究基地入选。

6. 2020 年 5 月国家民委、全国总工会、共青团中央、全国妇联印发了

《关于进一步做好新形势下民族团结进步创建工作的指导意见》，对基层群团组织开展民族团结进步创建工作提出要求，要求各级民委、工会、团委、妇联结合实际认真贯彻落实。

二　2015~2019年国家社科基金“中华民族共同体”研究项目立项情形

序号	项目类别	学科分类	项目名称	立项时间
1	青年项目	民族问题研究	中华民族共同体视域下内地就业维吾尔族文化适应研究	2015 年 6 月 16 日
2	西部项目	民族问题研究	中国朝鲜族中华民族共同体意识与民族政策研究	2015 年 6 月 16 日
3	一般项目	民族问题研究	民族主义与中华民族共同体意识在近代中国的互动研究	2016 年 6 月 30 日
4	青年项目	民族问题研究	少数民族大学生中华民族共同体意识培育研究	2017 年 6 月 30 日
5	一般项目	民族问题研究	中华民族共同体意识在边疆民族地区的生态文化底蕴研究	2017 年 6 月 30 日
6	重点项目	马列·科社	价值论视阈下中华民族共同体意识研究	2018 年 6 月 21 日
7	重点项目	民族学	中华民族共同体意识的形成与发展研究	2018 年 6 月 21 日
8	重点项目	政治学	传统“和合”思想与中华民族共同体基本内涵的学理逻辑及其培育机制研究	2018 年 6 月 21 日
9	一般项目	马列·科社	文化自信视阈下中华民族共同体意识培育研究	2018 年 6 月 21 日
10	一般项目	马列·科社	边疆民族地区青年群体中华民族共同体意识培育研究	2018 年 6 月 21 日
11	一般项目	马列·科社	新时代边疆民族地区铸牢中华民族共同体意识面临的问题与对策研究	2018 年 6 月 21 日
12	一般项目	马列·科社	西藏高校大学生国家安全教育与中华民族共同体意识培育相互促进关系及创新模式研究	2018 年 6 月 21 日
13	一般项目	民族学	铸牢中华民族共同体意识视角下的各民族交往交流交融研究	2018 年 6 月 21 日
14	一般项目	民族学	近代以来蒙古族信仰演变与铸牢中华民族共同体意识研究	2018 年 6 月 21 日
15	一般项目	哲学	中华民族共同体意识的现象学研究	2018 年 6 月 21 日

续表

序号	项目类别	学科分类	项目名称	立项时间
16	一般项目	政治学	新时代铸牢中华民族共同体意识理论基础与实践进路研究	2018年6月21日
17	西部项目	马列·科社	习近平关于“培育中华民族共同体意识”思想研究	2018年6月21日
18	西部项目	马列·科社	新时代新疆各民族铸牢中华民族共同体意识研究	2018年6月21日
19	西部项目	民族学	西藏铸牢中华民族共同体意识的问题与对策研究	2018年6月21日
20	西部项目	民族学	跨境民族地区中小学生中华民族共同体意识培育研究	2018年6月21日
21	青年项目	民族学	新时代铸牢中华民族共同体意识路径研究	2018年6月21日
22	青年项目	民族学	青海民族地区多元信仰文化互动与构建中华民族共同体意识研究	2018年6月21日
23	青年项目	民族学	新疆民族关系的国家调控与强化中华民族共同体研究	2018年6月21日
24	重大项目	民族学	改土归流与中华民族共同体建设的历史文献整理与研究	2019年12月4日
25	一般项目	民族学	铸牢中华民族共同体意识视角下西北民族地区生态移民社区建设与民族交往交流交融研究	2019年7月15日
26	西部项目	民族学	历时共时性视角下中华民族共同体建设的西北经验及其比较研究	2019年7月15日
27	一般项目	马列·科社	新时代海外侨胞中华民族共同体认同的建构研究	2019年7月15日
28	青年项目	马列·科社	新时代中华民族共同体意识建构研究	2019年7月15日
29	一般项目	民族学	铸牢中华民族共同体意识背景下东部城市民族团结心理构建研究	2019年7月15日
30	一般项目	民族学	西北少数民族流动人口社交媒介使用与中华民族共同体意识涵化研究	2019年7月15日
31	一般项目	民族学	内蒙古推进中华民族共同体建设的实践经验研究	2019年7月15日
32	一般项目	社会学	内地西藏班学生中华民族共同体意识培育研究	2019年7月15日
33	一般项目	体育学	基于中华民族共同体建构视域的两岸民间体育交流研究（1987年至今）	2019年7月15日

续表

序号	项目类别	学科分类	项目名称	立项时间
34	西部项目	民族学	中华民族共同体意识核心认同研究	2019年7月15日
35	一般项目	民族学	当代大学生中华民族共同体意识知行冲突与教育干预研究	2019年7月15日
36	青年项目	马列·科社	内地高校港澳台学生中华民族共同体意识培育研究	2019年7月15日
37	一般项目	中国文学	藏族文学性别伦理和家园情怀的中华民族共同体意识研究	2019年7月15日
38	一般项目	新闻学与传播学	新疆抗战宣传动员与中华民族共同体意识建构研究(1931—1945)	2019年7月15日
39	西部项目	民族学	新疆民族团结进步事业与中华民族共同体意识培育研究	2019年7月15日
40	一般项目	民族学	铸牢中华民族共同体意识基本要素研究	2019年7月15日
41	西部项目	马列·科社	新疆大学生中华民族共同体认知结构调查及教育对策研究	2019年7月15日
42	西部项目	马列·科社	铸牢中华民族共同体意识的历史探索、基本经验及典型案例研究	2019年7月15日
43	一般项目	民族学	中国民族祖源传说与中华民族共同体建构研究	2019年7月15日

三　2015~2019年“铸牢中华民族共同体”相关学术会议列表

	时间	会议主题	地点	主办方
1	2019年11月18日	第二届近代世族历史研究学术研讨会在中央民族大学举办:会议围绕“铸牢中华民族共同体意识与近代藏族历史研究”,“一带一路与近代西藏地方和南亚关系研究”、“近代涉藏历史人物与历史事件研究”和“近代涉藏历史档案文献研究”等四个主题进行了高质量、高密度的探讨	北京	中央民族大学
2	2019年11月9日~10日	2019年中国人类学民族学年会“人类学民族学与新中国民族团结进步70年”	云南昆明	中国人类学民族学研究会主办云南民族大学

续表

	时间	会议主题	地点	主办方
3	2019 年 10 月 26～27 日	中国民族史学会 2018 年学术年会暨“中华民族共同体的凝聚与发展”专题	湖南吉首	中国民族史学会、吉首大学
4	2019 年 10 月 15 日	中国民族学学会 2019 年学术年会暨“新中国民族学七十周年与民族学中国学派之路”学术研讨会在北京中央民族大学顺利召开围绕“民族学理论与研究方法”“精准扶贫、乡村振兴与村落发展”“人口流动、民族地区发展与城市民族工作”“铸牢中华民族共同体意识”“海外研究与旅游开发研究”“生态文明建设与非物质文化遗产保护”等议题	北京	中央民族大学
5	2019 年 7 月 19 日	中国民族史学会、中国社会科学院民族学与人类学研究所主办，民族历史研究室承办，《民族研究》编辑部协办的“清代统一多民族国家与中华民族共同体的发展”学术研讨会在北京召开	北京	中国民族史学会、中国社会科学院
6	2019 年 6 月 22～23 日	“第七届全国科学无神论论坛”“弘扬科学无神论精神，铸牢中华民族共同体意识”	新疆乌鲁木齐	中国社会科学院
7	2019 年 4 月 22～23 日	“铸牢中华民族共同体意识视阈下的中华文化”高端学术论坛	云南临沧	滇西科技师范学院、中国藏学研究中心共同主办，黑河学院、中国社会科学院、中共云南省
8	2019 年 1 月 5 日	云南大学“民族政治与连续治理”高端论坛——“中华民族与中华现代国家的构建和发展”学术研讨会	云南昆明	云南大学
9	2018 年度			
10	2018 年 12 月 23 日	“清代历史文化认同与中华民族共同体发展学术研讨会”在京召开	北京	中国社会科学院
11	2018 年 11 月 17～18 日	中国人类学民族学 2018 年年会“铸牢中华民族共同体意识：中国人类学民族学的使命与担当”	陕西西安	中国人类学民族学研究会主办、陕西师范大学承办
12	2018 年 10 月 22 日	儒家文化与中华民族共同体建设学术研讨会暨第五届河北儒学论坛的承德开幕	河北承德	河北儒学会、河北大学

续表

	时间	会议主题	地点	主办方
13	2018 年 11 月 11 日	“中华民族共同体的形成与发展”学术研讨会在京召开	北京	中央民族大学
14	2018 年 7 月 6 ~9 日	承办的“第十三届全国民族理论研究生学术研讨会暨第九届全国民族理论与民族政策教学研讨会”在贵州民族大学召开。	贵州贵阳	贵州民族大学
15	2018 年 6 月 15 ~17 日	中国民族史学会“中华民族共同体意识的历史考察”	甘肃兰州	中国民族史学会主办，兰州大学西北少数民族研究中心承办
16	2017 年 11 月 11 ~12 日	中国人类学民族学 2017 年年会“铸牢中华民族共同体意识研究”专题研讨会	湖北武汉	中国民族史学会主办，中南民族大学承办
17	2017 年 9 月 16 日	“中华文化与‘一国两制’”学术对话论坛	北京	中央社会主义学院
18	2017 年 8 月 27 日	“建构中华民族共同体”高端论坛在京举行	北京	中央社会主义学院
19	2016 年 12 月 10 日	“中华民族共同体建设的重大理论与现实问题”	云南昆明	云南大学
20	2016 后 10 月 22 日	中国民族史学会 2016 年年会暨“中华民族共同体的凝聚与发展”	四川成都	西南民族大学、西南民族研究院、中国民族史
21	2016 年 8 月 18 日	中华民族共同体意识全国学术研讨会暨中国少数民族哲学及社会思想史学会 2016 年年会在临沧市举行	云南临沧	云南师范大学、中国少数民族哲学及社会思想中学会
22	2015 年 11 月 16 日	中国民族史学会 2015 年年会暨“交融与认同:中华民族共同体的历史演进”学术研讨会	湖北武汉	中国民族史学会主办，中南民族大学承办

皮 书

智库报告的主要形式
同一主题智库报告的聚合

皮书定义

皮书是对中国与世界发展状况和热点问题进行年度监测，以专业的角度、专家的视野和实证研究方法，针对某一领域或区域现状与发展态势展开分析和预测，具备前沿性、原创性、实证性、连续性、时效性等特点的公开出版物，由一系列权威研究报告组成。

皮书作者

皮书系列报告作者以国内外一流研究机构、知名高校等重点智库的研究人员为主，多为相关领域一流专家学者，他们的观点代表了当下学界对中国与世界的现实和未来最高水平的解读与分析。截至 2020 年，皮书研创机构有近千家，报告作者累计超过 7 万人。

皮书荣誉

皮书系列已成为社会科学文献出版社的著名图书品牌和中国社会科学院的知名学术品牌。2016 年皮书系列正式列入“十三五”国家重点出版规划项目；2013~2020 年，重点皮书列入中国社会科学院承担的国家哲学社会科学创新工程项目。

中国皮书网

（网址：www.pishu.cn）

发布皮书研创资讯，传播皮书精彩内容
引领皮书出版潮流，打造皮书服务平台

栏目设置

◆关于皮书

何谓皮书、皮书分类、皮书大事记、
皮书荣誉、皮书出版第一人、皮书编辑部

◆最新资讯

通知公告、新闻动态、媒体聚焦、
网站专题、视频直播、下载专区

◆皮书研创

皮书规范、皮书选题、皮书出版、
皮书研究、研创团队

◆皮书评奖评价

指标体系、皮书评价、皮书评奖

◆互动专区

皮书说、社科数托邦、皮书微博、留言板

所获荣誉

◆2008 年、2011 年、2014 年，中国皮书网均在全国新闻出版业网站荣誉评选中获得“最具商业价值网站”称号；

◆2012 年，获得“出版业网站百强”称号。

网库合一

2014年，中国皮书网与皮书数据库端口合一，实现资源共享。

权威报告·一手数据·特色资源

皮书数据库

ANNUAL REPORT(YEARBOOK) DATABASE

分析解读当下中国发展变迁的高端智库平台

所获荣誉

- 2019年，入围国家新闻出版署数字出版精品遴选推荐计划项目
- 2016年，入选“‘十三五’国家重点电子出版物出版规划骨干工程”
- 2015年，荣获“搜索中国正能量 点赞2015”“创新中国科技创新奖”
- 2013年，荣获“中国出版政府奖·网络出版物奖”提名奖
- 连续多年荣获中国数字出版博览会“数字出版·优秀品牌”奖

成为会员

通过网址www.pishu.com.cn访问皮书数据库网站或下载皮书数据库APP，进行手机号码验证或邮箱验证即可成为皮书数据库会员。

会员福利

- 已注册用户购书后可免费获赠100元皮书数据库充值卡。刮开充值卡涂层获取充值密码，登录并进入“会员中心”—“在线充值”—“充值卡充值”，充值成功即可购买和查看数据库内容。
- 会员福利最终解释权归社会科学文献出版社所有。

数据库服务热线：400-008-6695
数据库服务QQ：2475522410
数据库服务邮箱：database@ssap.cn
图书销售热线：010-59367070/7028
图书服务QQ：1265056568
图书服务邮箱：duzhe@ssap.cn

社会科学文献出版社 SOCIAL SCIENCES ACADEMIC PRESS (CHINA) 皮书系列
卡号：538924726476
密码：[illegible]

S 基本子库
UB DATABASE

中国社会发展数据库（下设 12 个子库）

整合国内外中国社会发展研究成果，汇聚独家统计数据、深度分析报告，涉及社会、人口、政治、教育、法律等 12 个领域，为了解中国社会发展动态、跟踪社会核心热点、分析社会发展趋势提供一站式资源搜索和数据服务。

中国经济发展数据库（下设 12 个子库）

围绕国内外中国经济发展主题研究报告、学术资讯、基础数据等资料构建，内容涵盖宏观经济、农业经济、工业经济、产业经济等 12 个重点经济领域，为实时掌控经济运行态势、把握经济发展规律、洞察经济形势、进行经济决策提供参考和依据。

中国行业发展数据库（下设 17 个子库）

以中国国民经济行业分类为依据，覆盖金融业、旅游、医疗卫生、交通运输、能源矿产等 100 多个行业，跟踪分析国民经济相关行业市场运行状况和政策导向，汇集行业发展前沿资讯，为投资、从业及各种经济决策提供理论基础和实践指导。

中国区域发展数据库（下设 6 个子库）

对中国特定区域内的经济、社会、文化等领域现状与发展情况进行深度分析和预测，研究层级至县及县以下行政区，涉及地区、区域经济体、城市、农村等不同维度，为地方经济社会宏观态势研究、发展经验研究、案例分析提供数据服务。

中国文化传媒数据库（下设 18 个子库）

汇聚文化传媒领域专家观点、热点资讯，梳理国内外中国文化发展相关学术研究成果、一手统计数据，涵盖文化产业、新闻传播、电影娱乐、文学艺术、群众文化等 18 个重点研究领域。为文化传媒研究提供相关数据、研究报告和综合分析服务。

世界经济与国际关系数据库（下设 6 个子库）

立足"皮书系列"世界经济、国际关系相关学术资源，整合世界经济、国际政治、世界文化与科技、全球性问题、国际组织与国际法、区域研究 6 大领域研究成果，为世界经济与国际关系研究提供全方位数据分析，为决策和形势研判提供参考。